APPRENDRE AU XXI^e SIÈCLE

François Taddei est polytechnicien, docteur en génétique et directeur de recherche à l'INSERM. Il a reçu de nombreux prix scientifiques, notamment en recherche fondamentale et en innovations éducatives. Spécialiste reconnu de l'évolution, il milite pour des approches interdisciplinaires. Il a d'ailleurs cocréé le CRI à Paris pour explorer et promouvoir de nouvelles manières d'apprendre afin de permettre à chacun de prendre soin de soi des autres et de la planète.

FRANÇOIS TADDEI
avec Emmanuel Davidenkoff

# *Apprendre au XXI^e^ siècle*

CALMANN-LÉVY

ISBN : 978-2-253-25774-5 – 1re publication LGF

*À toutes celles et tous ceux qui m'ont tant appris.*

« Si tu veux construire un bateau, ne rassemble pas tes hommes et femmes pour leur donner des ordres, pour expliquer chaque détail, pour leur dire où trouver chaque chose… Si tu veux construire un bateau, fais naître dans le cœur de tes hommes et femmes le désir de la mer… »

Antoine de SAINT-EXUPÉRY, *Citadelle*

Où allons-nous ? Je ne le sais pas plus que d'autres. Mais mon parcours m'a amené à questionner, faire des parallèles et proposer des hypothèses. Si un spécialiste de l'évolution comparée venait d'une autre planète, voici ce que, me semble-t-il, il pourrait être amené à dire.

Pour la première fois peut-être de l'histoire de l'humanité, les humains commencent à avoir collectivement conscience de vivre une transition évolutive, comme celles qui ont mené de la soupe primordiale d'où naquit la vie jusqu'à l'apparition de Sapiens.

C'est une chance extraordinaire.

Plus nous serons nombreux à nous emparer des questions que pose cette nouvelle transition, plus nous saurons mobiliser notre intelligence collective, celle des humains comme celle des autres êtres vivants et des machines, plus nous aurons de chances d'apporter des réponses satisfaisantes et d'inventer un avenir plus souhaitable que celui que nous annoncent certains prophètes ou que nous construisent certains technologues.

Alors, qui sait, l'humain progressera peut-être au même rythme que les machines, et un monde meilleur émergera où le progrès sera au service de l'humain et de la nature.

C'est mon espoir.

Puisse ce livre, avec vous toutes et vous tous, contribuer à sa réalisation.

# Introduction

Je viens à peine de trouver le sommeil après une de ces longues insomnies dues au décalage horaire quand la stridulation sinusoïdale si caractéristique des sirènes de pompiers new-yorkais me ramène à la conscience. J'ouvre les yeux. Mon réveil indique 8 h 30. Soit 2 h 30 en France, d'où j'ai décollé la veille au matin, après avoir déposé mon fils à la maternelle.

À l'atterrissage, à New York, mon ami et collègue Stan Leibler m'a accueilli. Il dirige un laboratoire de la Rockefeller University, où je suis invité à donner un séminaire. Il est en outre question que je passe une année sabbatique dans cet établissement, repaire mondialement connu et reconnu de prix Nobel en recherche biomédicale.

Le campus, que Stan m'a fait visiter à mon arrivée, est situé à Midtown, au bord de l'East River. Du haut de sa tour, nous avons, comme il est de rigueur, contemplé la fabuleuse *skyline* new-yorkaise – cet horizon découpé par les formes géométriques des gratte-ciel, notamment ceux du sud de l'île de Manhattan. Après dîner, Stan m'a accompagné à un des studios réservés aux visiteurs qui se pressent du monde entier : j'y ai vainement cherché le sommeil jusqu'à enfin le trouver… quand l'aube pointait.

Je tente contre toute raison de me rendormir et de gagner quelques dizaines de minutes de repos supplémentaire, car, en contrebas, le vacarme continue. Il semble même s'intensifier. Tout mon univers sonore est envahi par ces sirènes stridentes. Je me décide à quitter ma chambre pour rejoindre Stan. Je croise quelqu'un dans un couloir, qui marmonne, mais je ne comprends pas vraiment qu'il s'est passé « quelque chose » au World Trade Center. Je trouve Stan. « Viens, on monte. » Nous retournons, comme la veille au soir, en haut de la tour. La légendaire *skyline* a changé, mais mon cerveau refuse de comprendre. Une voix : « C'est dingue. Une des tours est tombée. » Je persiste à ne pas y croire. « Non… non… Il y a tellement de fumée… Elle a juste disparu dans la fumée. » Sur ces mots, la seconde tour s'effondre. Nous sommes le 11 septembre 2001. Le cours de l'histoire change sous nos yeux.

Autour de nous, plusieurs chercheurs israéliens. Habitués à vivre dans un pays marqué par les attaques terroristes, ils nous pressent de conseils : « Il ne faut pas se laisser terroriser par les terroristes. Il faut continuer à faire notre travail. » Je convoque mes souvenirs d'attentats pour tenter de me convaincre qu'ils ont raison, qu'il ne faut pas céder à la terreur : la Corse, dont ma famille est originaire et où je vais souvent, avec ses déflagrations qui trouent ces « nuits bleues » au cours desquelles les nationalistes multiplient les attaques ; le Paris de mes 19 ans, en 1986, l'année des attentats

– en février la galerie du Claridge, la librairie Gibert Jeune de la place Saint-Michel et la FNAC-Sports au Forum des Halles, en mars la galerie Point Show sur les Champs-Élysées, en septembre le bureau de poste de l'Hôtel-de-Ville, la cafétéria de l'hypermarché Casino du centre commercial des Quatre-Temps à la Défense, le Pub-Renault sur les Champs-Élysées, la préfecture de police de Paris, et le magasin Tati de la rue de Rennes ; ceux de Port-Royal, Maison-Blanche et Saint-Michel, en 1995 et 1996, ont également frappé des lieux que je fréquentais presque quotidiennement.

Nous sommes évidemment incapables de nous remettre au travail. Nous descendons pour donner notre sang, mais la file d'attente s'étire sur trois pâtés de maisons et, en plus, les Américains n'acceptent pas le sang des Européens, à cause de la maladie dite de « la vache folle ». Nous essayons envers et contre tout de parler science, mais tout nous ramène à ce que nous vivons. Un collègue me raconte ainsi une expérience menée sur le rapport entre prédateur et proie qui a montré que, même rendu inoffensif, le prédateur, par sa seule présence, terrorise ses proies et diminue leur fertilité, quand bien même il ne les attaque pas. Sa conclusion : la peur a autant d'impact que le danger réel. Il ne faut pas succomber.

Pendant que nous essayons de faire diversion, ma femme et mes enfants, eux, sont tétanisés d'angoisse à Paris. L'e-mail que je crois avoir réussi à leur envoyer a été bloqué – il ne leur parviendra qu'une semaine plus tard – et toutes les communications téléphoniques sont coupées. Il me faudra trois jours pour les joindre et pour rassurer ma femme qui, pour des raisons que j'ignore, est persuadée que je me suis rendu dans le quartier du World Trade Center, ce matin-là, pour acheter des chaussures ! Mon fils, lui, s'imagine que toutes les tours tombent. Il n'a que 3 ans et ne comprend pas que la télévision répète la même scène en boucle.

Par chance, le vol de retour que j'avais réservé, une semaine plus tard, sera un des premiers à être autorisé à décoller de New York. Avant d'embarquer, j'achète l'édition du week-end du *New York Times*. Déjà copieuse d'ordinaire, elle est ce jour-là épaisse comme un livre et comporte des centaines de témoignages sur les attentats.

C'est là, seulement là, pendant ce vol de retour vers Paris, en lisant ces témoignages, que je prends une énorme claque. J'étais à New York, à quelques kilomètres du drame, et je n'avais pas compris grand-chose, faute d'avoir accès à la télévision (les émetteurs étant situés au sommet du World Trade Center, la ville avait été privée de télévision), distrait par des hôtes qui tentaient de nous occuper de leur mieux afin que nous ne cédions pas à la panique.

Mais dans cette nuit sans sommeil, 10 000 mètres au-dessus de l'Atlantique, je ne suis plus un chercheur de laboratoire obsédé par ses histoires de bactéries. Je suis un citoyen du monde qui vient d'être projeté malgré lui à l'épicentre de l'histoire en mouvement. Les questions me saisissent à la gorge : dans quel monde ai-je envie de voir grandir mes enfants ? Quel monde vais-je leur laisser ? Dois-je n'être que le témoin impuissant que j'ai été au cours de la semaine ou puis-je devenir acteur du changement ? Si le monde devient fou, quel est le plan B le plus réaliste : migrer vers une autre planète ? Accepter la fatalité ? Essayer de construire un monde meilleur ? Mais comment œuvrer pour une humanité plus… humaine ?

En plus du choc des attentats dont j'ai été le témoin, je viens d'apprendre l'utilisation, une semaine plus tard, d'armes biologiques dans des lettres piégées à l'anthrax qui interpellent le microbiologiste que je suis. Mon père, qui était universitaire, était aussi député. Enfant, je me souviens qu'il m'expliquait son métier d'élu en ces termes : « Il y a des problèmes dans le monde. Je réfléchis à des solutions et nous essayons de les mettre en œuvre. » Confusément, j'ai conservé de ces années l'idée que la situation était en main. Le monde va mal ? Mon père s'en occupe, je peux continuer à jouer. Mais en ce début de millénaire, il prend progressivement sa retraite, et je deviens père à mon tour. Désormais passé du statut d'enfant à celui de parent, que puis-je faire pour les générations suivantes ? Vais-je me contenter d'aider mes enfants à s'en sortir du mieux possible ou puis-je contribuer à l'émergence d'écosystèmes plus larges, dans lesquels il ferait meilleur vivre pour eux et toute leur génération ?

Quand l'avion se pose à l'aéroport Charles-de-Gaulle, à Roissy, ma décision commence à émerger même si elle s'affinera au fil du temps : je ne serai pas seulement un chercheur engagé pour le progrès des connaissances et l'amélioration de la santé, mais parfois isolé du monde dans sa tour d'ivoire.

Ce qui compte c'est aussi ce qui se passe ici et maintenant, en tout cas la manière dont on prépare le monde de demain. Nous ne pouvons rester inactifs face aux grands bouleversements que connaît notre société et plus globalement face aux impacts qu'ils ont sur notre planète. L'incendie de Notre-Dame auquel nous avons assisté avec étudiants et collègues depuis les toits du CRI a encore ravivé le sentiment d'incompréhension face à la destruction : le choc et l'émotion ressentis devant notre impuissance à sauver un symbole de notre histoire commune, contrebalancés le lendemain matin par l'espoir de la savoir toujours debout. Elle sera différente, elle évoluera, mais elle sera toujours présente pour les générations futures. C'est cet optimisme non utopique qui me convainc qu'il n'est pas trop tard pour réagir même si nos forêts brûlent de l'Amazonie à la Corse et que notre planète se réchauffe toujours plus. La jeunesse, comme souvent dans l'histoire de nos civilisations, refuse la passivité et se mobilise contre le fatalisme climatique. Il est de notre responsabilité à tous, parents, chercheurs, enseignants, politiques… de l'accompagner et de former la « génération Greta », première génération qui manifeste aux quatre coins de la planète au nom de la science, à affronter collectivement les enjeux d'aujourd'hui et de demain. Si ceux qui sont nés au XXI^e^ siècle nous témoignent par millions leur volonté de s'engager pour leur avenir, il est de notre devoir de les aider à bénéficier des dernières avancées de la science et de méthodes pédagogiques innovantes qui ne font pas d'eux des simples spectateurs d'une catastrophe annoncée mais des acteurs et des auteurs d'une histoire qui reste à écrire.

Aussi, après avoir passé douze années à étudier comment les bactéries coopèrent et échangent de l'information pour s'adapter, je vais consacrer mon énergie à la façon dont on peut favoriser la coopération entre humains. Sans me douter, en cette aube de millénaire, que l'accélération exponentielle de la révolution numérique va profondément et rapidement bouleverser les données du problème. On n'apprendra pas au XXIe siècle comme au cours des siècles précédents. Pourquoi ? Et comment apprendra-t-on ?

C'est la question qui parcourt l'ensemble de ce livre. Je l'examinerai dans un premier temps en analysant pour quelles raisons on apprend différemment au XXIe siècle. Je ferai ensuite un détour autobiographique pour vous dire d'où je vous parle et ce que j'ai appris à différents moments de mon parcours. Puis je me concentrerai sur l'individu et la capacité à apprendre sur soi, qui passe souvent par la capacité non seulement à « apprendre à apprendre » mais aussi à « apprendre à désapprendre ». Ce troisième temps nous entraînera dans les méandres du cerveau, meilleur ami et pire ennemi des apprentissages. Puis nous verrons dans une quatrième partie comment apprendre avec les autres, à l'image de ce que font tous les organismes vivants depuis que la vie est vie. Un cinquième temps explorera les meilleures manières d'apprendre à se poser, si ce n'est les bonnes questions, du moins de bonnes questions. En conclusion, je vous ferai part des propositions concrètes que j'ai transmises au gouvernement pour faire de la société apprenante une réalité.

# 1

# Pourquoi doit-on apprendre différemment au XXI^e siècle ?

Aristote pensait qu'il existait trois formes de connaissance : l'*épistémè*, la *technè* et la *phronesis.*

L'*épistémè*, c'est la connaissance du monde, qui a donné le mot « épistémologie » (l'étude de la connaissance).

La *technè* décrit la façon d'agir sur le monde, d'où les mots « technique » ou « technologie ».

La *phronesis* est la moins connue des trois. On la traduit souvent par « prudence », mais ce n'est pas la prudence qui paralyse, c'est en fait l'éthique de l'action. À l'époque d'Aristote, elle décrivait essentiellement l'impact de ce qu'on faisait sur soi et sur les autres. Aujourd'hui, elle ne concerne plus seulement l'« ici et maintenant » mais également l'« ailleurs et demain ».

Si nous voulons affronter les crises du siècle, qui sont des crises globales – qu'elles soient climatiques, environnementales, économiques ou géopolitiques –, il faut faire de la *phronesis* un pilier de la connaissance aussi robuste que l'*épistémè* et la *technè*, tant dans l'action collective, politique, que dans nos conduites individuelles de citoyens responsables de la planète.

Malheureusement, pratiquement tous les systèmes éducatifs placent la science au sommet, reléguant la technique au second rang. L'éthique de l'action, elle, n'est que marginalement et tardivement étudiée. Pire, dans certaines disciplines comme la médecine, il semble même que la capacité à l'empathie – qui est l'une des dimensions de l'éthique – diminue avec le nombre d'années d'études[*1]. Le même phénomène a été observé dans les grandes écoles de management. Plus le niveau est élevé, moins les étudiants tendent à avoir des attitudes collaboratives. Dans les lieux où sont formés les ingénieurs, c'est la capacité à prendre en compte la dimension éthique d'un sujet qui recule avec les années d'études… Comme si, plus nous atteignions un haut niveau de connaissance et de technicité, moins nous prenions en considération les valeurs et l'éthique du sujet ou de l'objet dont nous prétendons nous occuper.

À l'heure où les sciences et les technologies ne servent plus seulement à décrire le monde existant mais deviennent de plus en plus prescriptives et impactent ce monde de manière très nette, cette lacune devient l'enjeu majeur de tout processus d'apprentissage, ce qui constitue une nouveauté considérable.

---

*Toutes les notes appelées par des chiffres arabes figurent en fin d'ouvrage. Elles ne comportent aucune information complémentaire mais seulement les sources et références sur lesquelles je m'appuie.

## Apprendre est le propre du vivant

Depuis l'apparition de la première bactérie, notre génome (ensemble des gènes présents dans un organisme) a formidablement évolué. Mais pendant des milliards d'années, il demeurait inconscient de sa propre évolution.

C'est ce qu'a magistralement montré Henry Plotkin dans *Darwin Machines and the Nature of Knowledge*[2] (Les machines darwiniennes et la nature de la connaissance), un essai paru en 1994 qui combine biologie, psychologie et philosophie. Il explique que Darwin aurait pu être un zoologiste, un microbiologiste, un immunologiste, un psychologue, un épistémologue, un informaticien… Pour la simple raison que tous ces domaines fonctionnent selon des processus d'évolution similaires à ceux que Darwin avait identifiés : des processus de variabilité, de sélection, une forme de rétention, prélude le plus souvent à une amplification. Cette rétention est souvent une forme d'apprentissage.

Notre cerveau, par exemple, est le théâtre de multiples phénomènes aléatoires dans la manière dont se connectent nos neurones. Lorsque des connexions transitoires sont stabilisées, elles peuvent être mémorisées. C'est ainsi que l'on apprend.

Et ce phénomène d'apprentissage est universel. Ce qui est vrai de nos systèmes neuronaux est vrai pour toutes les formes de cellules, des bactéries aux organismes multicellulaires, avec ou sans cerveau. Par exemple, si une bactérie sait dégrader un sucre, c'est parce que certaines de ses ancêtres sont par chance tombées sur la combinaison qui leur a permis de bénéficier de cette nourriture, et donc de se multiplier. Selon Plotkin, ces processus darwiniens d'acquisition de la connaissance remontent à l'apparition de la vie. Les tout premiers systèmes autoréplicateurs qui ont permis aux premières formes de vie de proliférer devaient fonctionner ainsi. Ces processus ont permis toutes les grandes transitions de l'évolution, offrant aux formes de vie successives des manières toujours plus élaborées d'acquérir de la connaissance sur leur environnement.

L'ouvrage très intéressant de Christopher Wills, *The Runaway Brain*[3] (La course aux cerveaux), décrit bien ce qui se passe quand une telle innovation se produit : une forme de course aux armements de l'évolution. Les prédateurs dotés d'un plus gros cerveau auront un avantage sur leurs proies, ce qui créera une pression de sélection pour que, à leur tour, les cerveaux des proies se développent et leur permettent d'éviter de mourir avant de se reproduire. Il existe également des pressions de sélection entre partenaires sexuels. Au même titre que la queue du paon ne sert qu'au jeu de la séduction, il n'est pas impossible qu'une partie des capacités du cerveau soit consacrée à convaincre un partenaire. Apprendre à faire une parade nuptiale ou un nid d'apparat peut être nécessaire pour se reproduire, ce qui explique la créativité que l'on observe chez beaucoup d'animaux artistes hors pair, pour ne rien dire des humains. De telles pressions de sélection entre partenaires pourraient non seulement avoir façonné notre capacité artistique mais aussi notre capacité à coopérer et nos valeurs morales, comme le propose Matt Ridley dans *The Origins of Virtue*[4] (Les Origines de la vertu). Robin Dunbar[5] envisage même que ce puisse être un des facteurs de l'émergence du langage, la coopération étant sans doute rendue plus facile dans des communautés capables d'échanger de l'information sur la réputation de chacun.

Les abeilles, les fourmis, les oiseaux ou les mammifères marins savent expliquer à leurs proches où trouver de la nourriture, voire comment éviter un prédateur ou un danger… Bien des organismes transmettent de l'information, puis du savoir, aux autres. C'est une capacité qui sera absolument déterminante pour la survie des espèces puisqu'elle va leur donner un avantage concurrentiel considérable. J'y reviendrai.

Ainsi, la domination de l'espèce humaine est-elle très largement imputable à ses capacités inouïes à échanger de l'information et à inviter ses semblables à s'organiser : d'une part le langage, qui nous donne une capacité générique à décrire une infinité de situations, d'autre part, la capacité à coopérer, qui est bien plus prononcée chez l'homme que chez les autres espèces, comme l'explique Yuval Noah Harari dans *Sapiens*[6]. Placez un homme face à un chimpanzé, l'issue est incertaine. Mille hommes face à mille chimpanzés ont en revanche toutes les chances de l'emporter, car ils communiqueront de manière beaucoup plus fine et sauront coopérer plus facilement.

Peu importe que ces apprentissages se fassent consciemment, pour résoudre un problème donné à un moment donné, ou par hasard – d'ailleurs, bien des découvertes scientifiques majeures sont le fruit du hasard. La particularité de l'homme est de savoir, en principe, identifier leur importance et les transmettre. Chaque fois que nous apprenons, nous pouvons apprendre à autrui, qui pourra affiner ce savoir, le faire progresser, puis le transmettre à son tour. Déjà dans les tribus de chasseurs-cueilleurs que nous avons pu étudier et sans doute chez bien d'autres auparavant, les enfants apprenaient entre eux, en bande, en jouant, en explorant, en imitant, sans système éducatif organisé, sans même que les adultes se soucient de ce qu'ils apprenaient. Ils avaient une multitude de jeux. Tout autant que le rire, la capacité à apprendre et à transmettre avec efficacité est le propre de l'homme !

La nouveauté du XXIe siècle tient à ce que le numérique permet d'aller encore plus loin et de créer des « intelligences artificielles » qui vont elles-mêmes être capables de produire de nouvelles connaissances. Ou, *a minima*, si l'on se défie des termes « intelligence artificielle », de créer des programmes suffisamment autonomes pour qu'ils puissent découvrir par eux-mêmes des correspondances aujourd'hui inconnues dans des océans de données que l'esprit humain n'est pas capable de traiter et de métaboliser.

Je l'ai dit, depuis l'apparition de la vie, les espèces vivantes ont inventé des formes nombreuses et variées d'acquisition de la connaissance. La singularité de l'homme est d'être une espèce vivante mais aussi une espèce consciente et, autant que nous le sachions, à la différence des animaux, consciente d'être consciente et capable de le formuler grâce au langage.

Nous savons donc que nous sommes en train de consciemment vivre une nouvelle transition majeure de l'évolution qui se caractérise par la création de nouvelles formes d'intelligence, ce qui à ma connaissance est complètement nouveau.

Une deuxième révolution se déroule de manière concomitante, toujours grâce au numérique qui facilite le progrès de la génomique : nous savons modifier le génome d'autres espèces. Là aussi, ce n'est pas tant le fait qui est nouveau que son caractère intentionnel. Toutes les formes de vie se modifient en permanence au gré des mutations aléatoires, mais elles n'ont pas conscience du fait qu'elles se modifient. Recomposer consciemment un génome est en revanche radicalement nouveau. D'autant que l'on peut même envisager de faire évoluer notre propre génome, ce qui constituerait un saut dans l'inconnu majeur dont on ne peut laisser la responsabilité aux seules *épistémè* et *technè*. La *phronesis* doit impérativement être convoquée pour que l'on tente de comprendre où nous entraînerait une telle aventure, en tant qu'espèce.

## Les transitions sont toujours conflictuelles

Ces transitions, voire ces ruptures, ne sont évidemment pas les premières de l'histoire. Que nous ont enseigné les précédentes ? On va voir que ces périodes de transition évolutives engendrent presque toujours des conflits entre les parties prenantes[7].

On suppose que la vie est née à partir de ce que les biologistes appellent la « soupe prébiotique ». Un environnement riche en molécules organiques et en énergie qui a favorisé l'émergence de molécules autoréplicatrices, c'est-à-dire qui sont capables de conduire la synthèse d'une autre molécule identique à elles-mêmes (c'est la réplication autocatalytique), en somme de s'autodupliquer. Quelles ont été ces premières molécules à la fois support de l'information et mécanisme de réplication de cette information ? On l'ignore. L'ADN peut se répliquer, mais pas seul. L'ARN, en revanche, est capable d'être répliqué, et en même temps il a des capacités de catalyse – il favorise des modifications chimiques héritables de l'information. C'est un meilleur candidat – même si on ne connaît pas aujourd'hui de molécules autoréplicatrices complètement autonomes.

En revanche, une molécule autoréplicatrice suffit à créer un processus d'évolution darwinien : chaque erreur dans la réplication crée de la variabilité et cette variabilité est héritable. L'évolution a pu commencer avant même l'apparition de la première cellule, il y a plus de 4 milliards d'années, peu après la naissance de la Terre !

Aujourd'hui encore, les chercheurs tentent de comprendre la composition de cette soupe prébiotique. Ils prennent de l'azote, du carbone, de l'oxygène, de l'hydrogène, ils chauffent, ils bombardent d'énergie, et ils essayent de déceler l'apparition de molécules un peu plus complexes qui seraient les premières briques du vivant. Ils cherchent aussi dans l'espace, où semble se produire de l'assemblage moléculaire avec l'apparition de molécules relativement complexes comme des acides aminés, par exemple. Une hypothèse connue et ancienne, la panspermie, prétend que la vie a été apportée par les comètes. Elles auraient « ensemencé » la Terre en plus d'apporter de l'eau, *a minima* en apportant des briques élémentaires du vivant. C'est pour cela qu'on cherche à identifier les molécules présentes dans les comètes. Cette phase de notre histoire biologique reste pleine de mystères. Ce n'est qu'une hypothèse qui ne résoudra pas la question de ce qui se sera passé au préalable.

La suite est un peu mieux comprise, dès lors que nos molécules initiales autoréplicatrices donnent naissance aux cellules : c'est la deuxième transition. Qu'est-ce qu'une cellule ? Une unité de vie, délimitée par une membrane, qui encapsule des ressources et des processus. La cellule assure la production des molécules nécessaires à sa réplication. Cet organisme est sélectionné, pour pouvoir se répliquer, produire les « bonnes » molécules, et éventuellement expulser celles qui pourraient être toxiques. On a donc déjà une notion d'intérieur et d'extérieur, et presque de « moi » moléculaire, en tout cas cellulaire.

Et croyez-moi, à l'échelle de la cellule, le conflit est violent ! Certaines molécules, comme les génomes des virus par exemple, se font très bien répliquer, mais ne contribuent pas à la réplication des autres. Ce sont des molécules égoïstes, en quelque sorte, qui refusent de coopérer. Elles n'ont bien sûr pas d'empathie au sens de la capacité à penser le point de vue de l'autre. Cependant, si elles prennent trop de place, elles éliminent les autres et la réplication de la cellule s'interrompt. L'évolution a donc favorisé les cellules contenant les molécules capables de coopérer à la réplication de l'ensemble des composantes cellulaires. Ces cellules peuvent à leur tour coopérer et réussir ensemble des choses qu'elles ne savent pas faire seules, comme donner naissance – troisième transition majeure de l'évolution – à des assemblages de cellules puis à des organismes multicellulaires.

Parmi ces derniers, certains se répliquent via une lignée germinale et une lignée somatique, ce qui donnera chez nous les ovules et les spermatozoïdes. Les organismes multicellulaires sont apparus de nombreuses fois, donnant naissance aux animaux, aux plantes ou aux champignons. Ces mécanismes de réplication, là encore, entraînent des conflits entre le niveau du multicellulaire et des cellules « égoïstes » qui refusent de jouer le jeu du collectif et occasionnent la formation d'une tumeur, par exemple. Qui va survivre et, surtout, avoir le plus de descendances ? Les organismes dont les cellules coopèrent le mieux avec les autres. On assiste en quelque sorte à la constitution des premières sociétés cellulaires où déjà sont observés des conflits entre ceux qui jouent le jeu du collectif et les autres.

## Coopérer et transmettre

Prochain stade de l'évolution : la constitution de cultures au sein de ces sociétés, c'est-à-dire de comportements collectifs acquis et pas innés. Le transfert d'informations entre individus peut leur permettre de s'adapter plus rapidement. On observe déjà, au niveau des bactéries, un échange d'informations génétiques !

Par exemple, quand des milliards de bactéries coopèrent au sein d'un organisme pour combattre un antibiotique. Tatiana Dimitriu[8], dont j'ai eu le plaisir de diriger la thèse en 2014 dans le cadre de l'École doctorale « Frontières du vivant », a montré que la capacité à coopérer pour produire ensemble des biens communs et échanger de l'information évolue simultanément. Les bactéries coopèrent pour échanger de l'information et échangent de l'information pour coopérer, et ce, sans système centralisé ni bien sûr intentionnalité. Simplement, la sélection naturelle a choisi les bactéries qui avaient coopéré, échangé de l'information, coopéré pour échanger de l'information et échangé de l'information pour coopérer – et ainsi résoudre les défis auxquels elles sont confrontées.

Les bactéries peuvent coopérer de maintes manières. Parfois, une bactérie va émettre un signal – un peu comme un lanceur d'alerte. Si elle est seule, il ne se passera rien. Si elles sont assez nombreuses, on atteint ce qu'on appelle le « *quorum sensing* ». Et là, dans une assemblée bactérienne comme dans une assemblée humaine quand le quorum est atteint, elles pourront décider de changer de comportement. Elles attendent en somme d'être suffisamment nombreuses pour que cela vaille la peine de lancer quelque chose de coopératif. Comme nous, elles coopèrent de manière conditionnelle.

Ces mécanismes de coopération ne sont pas seulement étudiés par les biologistes. Les mathématiciens ou les économistes qui travaillent sur la « théorie des jeux[9] » tentent eux aussi de décrire dans quelles situations un être humain choisira la coopération plutôt que l'égoïsme. L'avantage, avec les bactéries, est que l'on peut conduire des expérimentations à très grande échelle (une bactérie se reproduit en une vingtaine de minutes : si vous quittez votre labo, le soir, en mettant en culture une d'entre elles, vous en avez des milliards à disposition en arrivant au travail le lendemain matin).

Nous avons donc des sociétés d'organismes vivants qui, selon les cas, changeront de comportement sous l'influence d'autres comportements individuels pour coopérer. On peut l'observer chez les fourmis, les abeilles, les oiseaux (qui communiquent par leurs chants, comme les baleines). Diverses cultures peuvent coexister au sein de la même espèce. Certains groupes de chimpanzés cassent des noix, d'autres utilisent des longues tiges de plantes pour aller chercher des termites qui sont tout au fond de leur trou, etc. Ces comportements ne sont généralement pas spontanés. Ils ont été transmis et acquis par l'observation et l'imitation. Certains parlent, déjà, d'enseignement pour décrire ces formes de transmission qui, pourtant, ne sont pas forcément conscientes chez tous les animaux. Chez les humains, l'apparition du langage a permis l'émergence et le développement de cultures extrêmement élaborées.

Dès l'origine de la vie, la capacité à coopérer aura donc été à la base de l'évolution, et la meilleure façon de gagner un avantage évolutif dans bien des cas. La force brute, isolée, ne suffit pas.

Qu'est-ce que la coopération ? Dans la théorie des jeux, elle est définie comme un acte qui présente un coût pour soi et un bénéfice pour autrui.

Cette définition fonctionne également en biologie : d'un point de vue évolutif, il est rare de sélectionner quelque chose qui n'offre pas un minimum de bénéfice, quitte à ce que le bénéfice soit indirect (ainsi quand vous coopérez avec des membres de votre famille, vous augmentez la probabilité que vos gènes se transmettent).

La nature regorge d'exemples : les fourmis coopèrent énormément. Seule la reine se reproduit. Les autres aident leurs sœurs ou leurs mères à se reproduire et donc à transmettre leurs gènes dans les meilleures conditions. La probabilité que leurs gènes soient transmis est augmentée par leur comportement. L'évolution a sélectionné un comportement altruiste (j'aide la reine) qui présente un bénéfice pour moi (je contribue à la transmission des gènes que je porte).

À partir de quand parler d'enseignement dans le vivant ? Si un animal en observe un autre et qu'il apprend quelque chose de son comportement, ce n'est pas forcément le cas. Un individu a certes appris des choses d'un autre, mais ce dernier ne les lui a pas « enseignées » de manière intentionnelle. Sauf si on constate que le processus a eu un « coût » pour lui : il a par exemple répété ou ralenti l'exécution d'un geste qu'il n'aurait pas répété ou ralenti s'il n'avait pas été observé par un congénère. Certaines fourmis, ainsi, laissent des traces chimiques quand elles trouvent de la nourriture quelque part, afin que d'autres puissent les imiter. On observe chez certaines espèces aussi qu'elles n'empruntent pas les mêmes itinéraires quand elles sont suivies : elles s'assurent qu'elles ne perdent pas les autres.

Les suricates sont également une espèce très coopérative. Par exemple, ils poussent un cri lorsqu'ils détectent un prédateur, ce qui présente un « coût » évident (pour l'individu qui a lancé le signal d'alarme, se rendant ainsi plus repérable) et un bénéfice pour ses proches qui peuvent se mettre plus vite à l'abri. Ils savent aussi apprendre aux petits à manger des scorpions, une des rares sources de protéines présente dans leur habitat naturel (le désert du Namib, dans le sud-ouest de l'Afrique). Comme chacun sait, la piqûre du scorpion est mortelle – et pour cause, il ne veut pas être mangé. Le suricate adulte, seul, sait enchaîner la séquence optimale qui permet de déguster un scorpion sans danger : il l'attrape, le décortique et lui enlève son venin. Mais quand il nourrit son petit, sauf au tout début où il lui donne directement la partie comestible, il prend la peine de lui montrer comment procéder, étape par étape. On est bien dans un processus de coopération et d'enseignement puisque le coût, pour le suricate « professeur », est significatif : non seulement il prend le risque de se promener avec un scorpion vivant dans la gueule mais à la fin il ne se nourrit pas lui-même.

Les espèces végétales savent aussi modifier leur comportement pour se protéger. En Afrique du Sud, on a observé que des acacias se défendent collectivement des antilopes en produisant une toxine qui rend leurs feuilles indigestes. Lorsque les antilopes dégustent les jeunes pousses de feuilles d'acacia, l'arbre attaqué envoie un signal à ses congénères, il diffuse des molécules d'éthylène dans les airs. Si un acacia perçoit ce signal, il va se mettre à produire des toxines pour se protéger et émettre à son tour des molécules d'éthylène afin de prévenir les autres.

Y a-t-il des points communs entre toutes ces différentes transitions, de celle qui mène de la soupe prébiotique à la cellule jusqu'aux changements de comportements culturels ? C'est ce qu'ont étudié Eörs Szathmáry et John Maynard Smith[10]. Leur conclusion : quand une étape est franchie d'un élément donné vers un élément plus complexe, survient généralement un conflit entre les deux. Autrement dit, le conflit est consubstantiel à l'évolution et ce qui vaut pour les cellules vaut pour les organisations humaines. Le conflit est, en quelque sorte, naturel. Et la meilleure façon de l'emporter est de coopérer.

Pourquoi, de toutes les espèces, l'*homo* a-t-il triomphé ? Car c'est l'espèce qui a su coopérer à la plus grande échelle, comme le montre brillamment l'historien Yuval Noah Harari dans *Sapiens*, que j'ai déjà cité[11]. Les bactéries coopèrent en très grand nombre (des milliards !) mais pour des objectifs très simples. Les fourmis coopèrent pour des objectifs un peu plus complexes, mais en moindre nombre. Seul l'*Homo sapiens* réunit les deux caractéristiques : coopérer en toujours plus grand nombre pour accomplir des tâches toujours plus complexes.

Comment y parvient-on ? Par la force de la croyance. Nous coopérons à large échelle, nous dit Harari, car nous croyons ensemble à des choses qui n'ont de sens que parce que nous sommes nombreux à y croire – la valeur de la monnaie, par exemple, ou celle d'un diplôme. Nous sommes prêts à faire des choses qu'un chimpanzé ne fera jamais, comme donner une banane contre une somme d'argent ou nous obliger à apprendre des choses contre un morceau de papier appelé diplôme. Cette capacité à croire en des choses qui n'ont de sens que si d'autres y croient semble être notre spécificité.

Comme John Maynard Smith, Yuval Noah Harari montre que les grandes transitions de l'histoire humaine ont été marquées par des conflits. Pourtant, pour l'avoir rencontré, je sais qu'il n'avait pas lu Maynard Smith. Par des voies différentes, l'historien et le biologiste convergent quant aux bénéfices de la coopération.

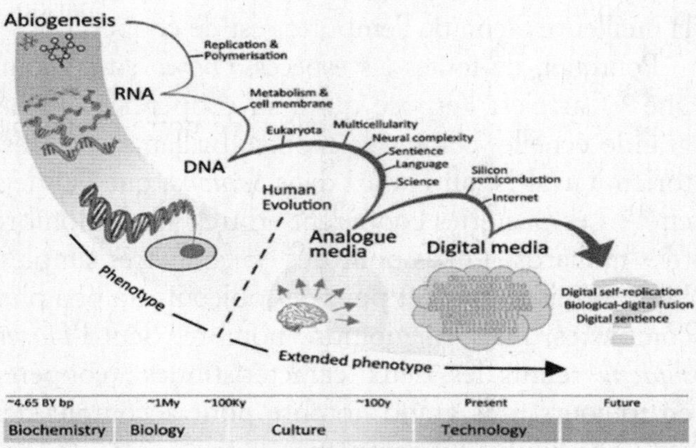


*Les principales phases d'évolution*[12].

## Les nouvelles frontières de l'évolution

À quoi ressemblera la prochaine étape de l'évolution, celle de la fusion du biologique et du numérique ?

Les machines n'ont pas conscience d'elles-mêmes. Mais elles ont la capacité d'identifier des phénomènes qui les affectent. Un ordinateur sait quand sa mémoire est saturée, quand sa batterie est vide. Il a été programmé pour ? Certes. Mais on peut également le dire d'une bactérie qui réagit à l'élévation de la température – elle a été programmée par l'évolution. Même mécanisme quand vous avez conscience que vous avez faim : un de vos gènes a été programmé par l'évolution pour coder une molécule qui vous indique qu'il manque du glucose dans votre sang, et qu'il est temps d'aller déjeuner. Pas plus qu'un ordinateur, nous ne sommes totalement autonomes : une partie de notre programmation est le fruit de milliards d'années d'évolution.

Une des nouvelles frontières de la recherche, de nos jours, consiste à intriquer le biologique et le numérique. Vous connaissez sans doute Elon Musk pour sa voiture électrique (Tesla) ou ses fusées capables de revenir se poser sur Terre au lieu de se désintégrer dans l'espace (Space X). Vous ignorez peut-être qu'il a investi dans Neuralink, une entreprise qui postule que si nous ne voulons pas être remplacés par des machines, il convient d'améliorer artificiellement nos capacités, notamment en ce qui concerne la rapidité d'entrée et de sortie des informations.

Pour l'instant, nos capacités d'interprétation de l'information sont supérieures à celles des machines. Mais nous les transmettons bien plus lentement. Nous sommes contraints par la rapidité de notre débit oral ou de notre frappe sur un clavier, et par les capacités d'intégration de ce que nous transmettons à nos auditeurs ou lecteurs (si vous parliez cent fois plus vite, on ne vous comprendrait probablement pas).

Elon Musk, comme la DARPA (l'agence de l'armée américaine qui a inventé Internet en 1969), travaille donc sur la connexion directe de cerveau à cerveau. Dans le domaine médical, les promesses sont merveilleuses, par exemple pouvoir redonner la vision à un aveugle en connectant son cerveau à des capteurs de lumière qui ne passent pas par les yeux. Dans le domaine militaire, elles sont effrayantes. Il existe déjà des casques à électrodes qui permettent de se concentrer, sans stress, sur un champ de bataille. Le journaliste anglais Brian Viner qui a testé un tel dispositif en est sorti ébranlé : il a atteint une intensité de concentration qu'il n'avait jamais éprouvée, et qui s'est même prolongée après l'expérience (« En sortant du labo, j'ai réussi, avec ma voiture, un créneau impossible[13] »).

D'autres expériences très spectaculaires ont été menées sur des rats : deux individus dotés de tels casques ont pu communiquer via des électrodes qui étaient elles-mêmes reliées à des ordinateurs. Le quotidien suisse *Le Temps* a rapporté cette expérience, menée par Miguel Nicolelis, de la Duke University de Durham, en Caroline du Nord, également professeur à l'École polytechnique fédérale de Lausanne (EPFL) : Lui et ses collègues ont connecté le cortex moteur d'un rat directement avec le cortex moteur d'un autre rat, pour qu'ils collaborent afin d'accomplir une tâche simple. Chacun était placé séparément devant deux leviers à presser. Pour le premier rongeur – le « codeur » –, une lumière s'allumait au-dessus du bon levier. S'il choisissait correctement, il recevait une récompense. Mais le second – le « décodeur » – n'avait aucune indication visuelle. « Les schémas d'activité électrique enregistrés par les électrodes permettent de déterminer si le codeur a choisi le levier gauche ou droit », explique le Brésilien. En fonction du signal, l'ordinateur envoie au décodeur une ou deux pulsations électriques ou, au contraire, toute une série de pulsations. L'animal apprend à force de récompenses à reconnaître ce qui correspond à la droite et à la gauche, jusqu'à atteindre un niveau de réussite de près de 70 %. Les deux rats ne recevant l'intégralité de leur prime qu'en cas de succès conjoint. Les chercheurs ont pu observer qu'avec l'entraînement, le codeur apprenait aussi à moduler son activité cérébrale pour qu'elle soit plus aisément déchiffrable : « Il prenait des décisions plus vite, de manière plus propre », relève Miguel Nicolelis[14].

On voit bien les avantages de ces (r)évolutions du point de vue de la recherche fondamentale, de la recherche biomédicale ou de la recherche militaire. On peut imaginer des bénéfices inouïs pour mobiliser l'intelligence collective des humains si, tout d'un coup, nous sommes tous connectés en direct par nos cerveaux, sans que cela passe par les claviers de nos smartphones. Mais quand on vient, comme moi, de la biologie évolutive et de l'étude des virus, on sait que les virus ont toujours un temps d'avance sur les systèmes de protection et on s'inquiète de virus qui se propageraient par ces nouveaux canaux. C'est l'histoire du vivant : avec la cellule apparaissent aussi les virus, les parasites, les prédateurs…

Chaque fois qu'on invente une nouvelle manière de communiquer, de transférer de l'information, entre cellules ou entre êtres humains, on génère de nouveaux risques de manipulation de l'information. Si ces technologies peuvent présenter un incroyable potentiel pour une coopération positive, leurs avantages et risques devront soigneusement être évalués.

### Transition = conflit

La transition que nous vivons actuellement génère-t-elle des conflits de diverses natures ? Oui ! Et cela n'a rien d'étonnant. Ce mécanisme remonte à des milliards d'années.

L'on voit bien, dans la transition actuelle, qu'il y a des gagnants et des perdants, notamment sur le marché de l'emploi, où les tâches répétitives, qu'elles soient physiques ou intellectuelles, sont toujours plus prises en charge par des machines. D'où l'urgence à placer l'éthique au cœur de nos interrogations : c'est elle qui peut nous aider à faire en sorte qu'idéalement cette transition soit bénéfique pour tout le monde et pas simplement pour certaines entités, humaines ou artificielles.

Ce défi touche également les inégalités économiques sur la planète. Comment mieux distribuer la richesse ? En développant l'éducation et en s'assurant qu'elle bénéficie à tous. Plus un individu est éduqué, mieux il réussit. C'est aussi vrai à l'échelle d'un pays : mieux il éduque sa population, mieux il se porte économiquement, comme l'illustrent les deux cartes ci-après, qui montrent non seulement l'élévation du niveau d'éducation, mais aussi l'émergence simultanée de certains pays parmi les puissances économiques et éducatives (notamment le Japon, la Corée du Sud ou la Russie). Il est donc de notre responsabilité collective de partager les fruits du savoir le plus universellement possible.

La transition actuelle se caractérise en outre par son caractère total. À la différence, par exemple, de la « révolution industrielle », ainsi que l'économiste Adolphe Blanqui qualifia dès 1837 l'ensemble des mutations engagées dès le milieu du XVII$^{e}$ siècle en Angleterre et qui allaient, en un siècle et demi, faire basculer des sociétés de l'artisanat à des sociétés mues par l'industrie et le commerce. À l'époque déjà, la compétition entre homme et machines suscite de violentes contestations, notamment outre-Manche, dans les années 1810, avec la naissance du « luddisme », un mouvement qui tire son nom d'un ouvrier probablement mythique (John Ludd), et au nom duquel des travailleurs du textile (tisserands, tricoteurs, etc.) détruisaient les métiers à tisser qui menaçaient de les mettre au chômage. Ils ne se trompaient pas : leurs professions disparurent effectivement en quelques décennies.

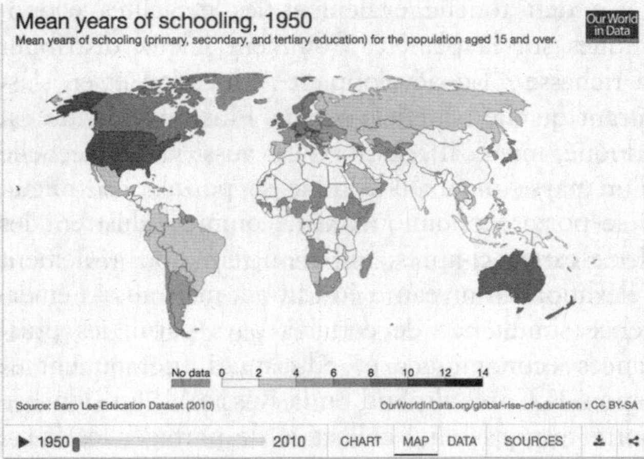


*Années moyennes de scolarisation de la population âgée de 15 ans et plus en 1950.*

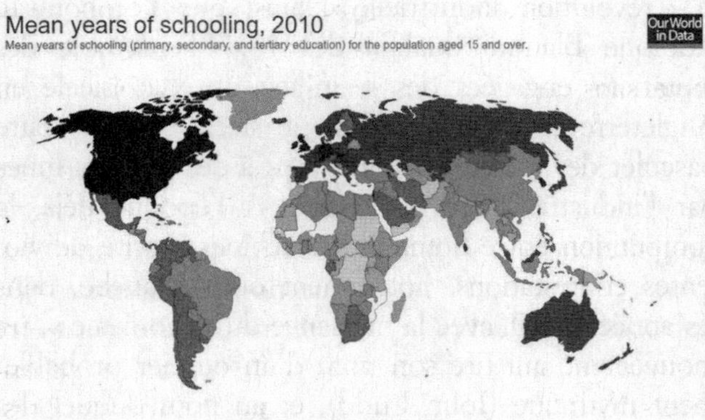


*Années moyennes de scolarisation de la population âgée de 15 ans et plus en 2010*[15].

## Du séquentiel à l'exponentiel

La même inquiétude prévaut aujourd'hui. Les métiers les plus demandés du moment n'existaient pas forcément il y a dix ou vingt ans, et chacun pressent bien que cette mutation va se poursuivre, voire s'amplifier, parce que l'intelligence artificielle réalise des progrès spectaculaires en un temps très court. Quelques mois avant que le programme AlphaGo batte le numéro 1 mondial de jeu de go, le Chinois de 19 ans Ke Jie, on prédisait qu'il faudrait dix ans pour qu'une intelligence artificielle batte l'homme à ce jeu, réputé trop complexe pour que des algorithmes fassent mieux que des cerveaux humains. De manière amusante, et en un sens inquiétante, le logiciel développé par Deep Mind (filiale de Google) a vaincu en effectuant des coups « considérés comme très mauvais… mais [qui] l'ont quand même mené à la victoire, sans que l'on sache expliquer pourquoi », notait *Le Monde* en mai 2017, après le match[16].

Pourquoi n'avions-nous pas facilement conscience de l'imminence de cette nouvelle étape des progrès de l'intelligence artificielle ? Car ils suivent une progression exponentielle, et que nous ne sommes pas habitués à réfléchir en ces termes, voire peut-être incapables de les penser. Une façon imagée, et répandue, de décrire la folle puissance d'une progression exponentielle consiste à rappeler la légende de Sissa, ce sage indien qui inventa le jeu d'échecs pour tromper l'ennui du roi Belkib. Pour lui signifier sa reconnaissance, ce dernier lui demanda de choisir la récompense de son choix. Sissa prit l'échiquier, posa un grain de riz sur la première case, deux sur la deuxième, et demanda au roi de compléter les 62 cases restantes en continuant ainsi à doubler la quantité de la case précédente. Belkib accepta, incapable de visualiser ce à quoi il s'engageait.

Pour ceux qui ont fait un peu de maths, le total des grains sur l'échiquier est donc $2^{64}$-1 car :

$$1+2+2^2+\ldots+2^{63}=2^{64}-1$$

| | | | | | | | |
|---|---|---|---|---|---|---|---|
| 1 | 2 | 4 | 8 | 16 | 32 | 64 | 128 |
| 256 | 512 | 1024 | 2048 | 4096 | 8192 | 16384 | 32768 |
| 65536 | 131072 | 262144 | 524288 | 1048576 | 2097152 | 4194304 | 8388608 |
| 16777216 | 33554432 | 67108864 | 134217728 | 268435456 | 536870912 | 1073741824 | 2147483648 |
| 4294967296 | 8589934592 | 17179869184 | 34359738368 | 68719476736 | 1374389534-72 | 2748779069-44 | 5497558138-88 |
| 1099511627-76 | 2199023255-552 | 4398046511-104 | 8796093022-208 | 1759218604-4416 | 3518437208-8832 | 7036874417-7664 | 1407374883-55328 |
| 2814749767-10656 | 5629499534-21312 | 1125899906-842624 | 2251799813-685248 | 4503599627-370496 | 9007199254-740992 | 1801439850-9481984 | 3602879701-8963968 |
| 7205759403-7927936 | 1441151880-75855872 | 2882303761-51711744 | 5764607523-03423488 | 11529215046-06846976 | 2305843009-213693952 | 4611686018-427387904 | 9223372036-854775808 |

Ce qui représente plus de 18 milliards de milliards de grains soit, à raison de 0,04 g par grain, 720 000 millions de tonnes de riz, plus de 1 000 ans de production mondiale[17].

## À long terme, la technologie l'emporte

Cette légende résume bien la difficulté de penser les exponentielles. Au départ, ça n'a l'air de rien, et tout d'un coup ça atteint les cimes. Ce qu'illustre l'autre exemple d'exponentielle célèbre, directement relatif à la transition numérique : la loi de Moore. Expression désormais générique, elle recouvre les variantes d'un constat formulé en 1965 par l'ingénieur Gordon Moore : le doublement, à coût constant, de la puissance des microprocesseurs.

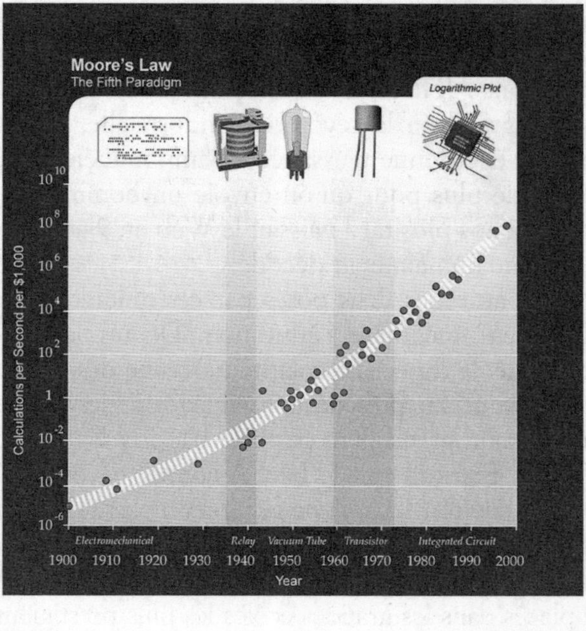


*Ce graphique montre le progrès exponentiel de l'informatique*[18].

Bill Gates le dit : on surestime l'impact des changements technologiques à court et moyen terme, et on en sous-estime l'impact à long terme. On les surestime à court et moyen terme pour de multiples raisons, qui tiennent à la vitesse d'adoption et de maturation d'une technologie, mais aussi aux mécanismes de défense que mettent en œuvre les sociétés confrontées à ces mutations. Le simple bon sens explique la puissance de ces freins : aucun pays ne laissera du jour au lendemain sa population se retrouver au chômage en laissant remplacer tout le monde par des machines ! Mais, à long terme, la technologie l'emporte. C'est une conclusion que nous enseigne l'histoire.

À quel point en est-on de l'accélération des transformations ? Il fallut 8 000 ans pour passer de la révolution agricole à la révolution industrielle, 120 ans pour qu'elle donne naissance à l'ampoule électrique, 90 ans de plus pour qu'on envoie un homme sur la Lune, 22 ans plus tard naissait le Web et, 9 ans après, le génome humain était décodé.

Une partie des défis posés par ces mutations a été relevée en améliorant l'éducation. Depuis la fin du XIXe siècle, la durée de scolarité moyenne des Français augmente à peu près de une année tous les dix ans. Quand mon grand-père passe le bac il y a un siècle, 1 % des Français ont le bac. Aujourd'hui, on atteint 80 % et environ 1 % d'une génération passe un doctorat. Le niveau de formation moyen a donc augmenté de manière substantielle. Mais dans l'intervalle, le nombre de places dans les grandes écoles les plus prestigieuses – Polytechnique ou École normale supérieure en particulier – n'a pas changé dans la même proportion. Si bien que la probabilité pour un bachelier d'intégrer ces écoles à l'époque de mon grand-père était nettement plus élevée qu'aujourd'hui. Ce malthusianisme, qui constitue une exception française, engendre une tension terrifiante sur le système éducatif, plus anxieux de trier que de s'assurer de l'efficience des apprentissages et de leur égale distribution dans toutes les catégories sociales et toutes les zones géographiques.

Il a néanmoins permis d'absorber les mutations induites par la révolution industrielle puis par les défis du XX$^{e}$ siècle. Les métiers nouveaux, majoritairement manuels, étaient suffisamment proches des précédents pour que l'on n'ait pas à se former indéfiniment. Si j'étais habile de mes mains pour réparer une carriole, je pouvais plus aisément apprendre à réparer un moteur.

## Repenser le système de formation en profondeur

Aujourd'hui, les voitures sont bourrées d'électronique et d'informatique : les réparer exige des connaissances et des compétences que ne possède pas le mécanicien de formation. Et demain, quand les machines se programmeront elles-mêmes, rien ne dit qu'elles ne remplaceront pas l'humain dans ce genre de tâches. Si les machines vont toujours plus vite dans leur capacité à nous remplacer, si elles vont plus vite, surtout, que notre capacité à nous réinventer et à nous former, alors on comprend que le défi n'est plus seulement de repenser les manières de se former, ou d'ajouter des années d'études : il faut repenser le système de formation en profondeur.

Car les enjeux ne sont plus de même nature.

La révolution industrielle engendra des transitions de tous ordres – culturels, technologiques, sociaux, etc. Mais elle n'a pas coïncidé, comme aujourd'hui, avec une transition biologique qui n'en est qu'à ses balbutiements. Pour l'heure, la thérapie génique vise à soigner des individus en modifiant leurs cellules somatiques, c'est-à-dire celles qui restent dans notre corps. Nous n'en sommes pas encore à modifier nos cellules germinales, celles qu'on transmet à la génération suivante. Mais on l'envisage. Et techniquement, cela n'a pas l'air si compliqué même si on ne maîtrise pas encore tous les risques. Les enjeux éthiques sont plus forts que jamais. Le niveau de formation de ceux qui maîtrisent les possibilités techniques, lui, n'est pas du tout à la hauteur des enjeux, et du caractère global de la transition que nous vivons.

Nos programmes scolaires et nos systèmes éducatifs n'ont à l'heure actuelle pas pris conscience de l'intensité du choc que les progrès de l'intelligence artificielle s'apprêtent à porter à nos façons de vivre, de travailler, de consommer, de vivre ensemble, d'interroger nos normes juridiques et, pardon d'y revenir mais c'est névralgique, de bousculer nos normes éthiques.

Nous sommes pourtant prévenus par ceux-là mêmes qui déploient le plus de moyens dans le développement de ces intelligences artificielles. Google a ainsi annoncé qu'il allait prévoir l'installation d'un « bouton rouge » sur ses intelligences artificielles :

une commande que les humains pourront activer en toutes circonstances pour arrêter la machine, si cette dernière devenait capable de faire des choses qui nous échappent. On cherche notamment à prévenir le cas où elle soit apte à se reprogrammer de manière autonome ou à réclamer toujours plus d'énergie pour assurer son fonctionnement et que sa volonté entre en conflit avec la nôtre quant à l'allocation des ressources énergétiques.

## Éthique et futur des intelligences

Pour le formuler simplement : les chercheurs savent que, même s'ils sont loin d'être d'actualité, les scénarios à la *Terminator* ne relèvent plus uniquement de la science-fiction. On peut se rassurer en se disant que Google s'est doté d'un comité d'éthique. C'est vrai. Mais ce comité d'éthique est privé ; personne en dehors de Google ne sait ce qu'il décide.

La question est assez grave pour que l'Organisation des Nations unies (ONU) s'en soit emparée. Elle réfléchit à la possibilité de faire entrer des représentants de l'organisation dans les comités d'éthique des géants du numérique ou dans les alliances qui se forgent, sur ces questions, entre eux. Comment s'assurer que les progrès technologiques bénéficient vraiment à tous et pas à quelques-uns, voire aux machines elles-mêmes ? Pourrait-on intégrer des normes éthiques dans la programmation des machines ? Si oui, pourrait-on garantir que la machine ne décide pas, un jour, de les détruire et de définir ses propres règles ?

Très peu de personnes, au niveau mondial, sont capables de comprendre les développements techniques en cours, tant ils sont devenus complexes. Mais nous avons encore le temps de les anticiper : pour l'heure, la machine continue à faire ce pour quoi on l'a programmée ; l'intelligence artificielle reste dépendante de l'intelligence humaine qui l'a programmée. Mais pour combien de temps encore ?

Les questions posées par le développement de la génétique sont aussi vertigineuses. On a appris en juin 2016 que des scientifiques américains s'étaient secrètement réunis à Harvard dans le cadre du projet Human Genome Project-Write (Projet de synthèse du génome humain) autour d'une question : « Serait-il intéressant, d'un point de vue scientifique, de "rééditer" le génome humain[19] ? » Comme l'expliquait alors *Le Monde* : « Il ne s'agirait plus cette fois de lire la séquence des 3,3 milliards de paires de bases – l'immense enchaînement des "lettres" A, T, C et G qui constituent l'alphabet du patrimoine génétique de chacun d'entre nous – mais de la réécrire, de la synthétiser, pour la faire s'exprimer dans des cellules[20]. » Précision : « HGP-Write n'a cependant pas pour ambition de recréer un être humain, mais plutôt de "faire croître des organes humains transplantables, de concevoir une immunité vis-à-vis de virus dans des lignées cellulaires dont le génome aurait été recodé, d'induire une résistance au cancer dans des lignées cellulaires et d'accélérer le développement de vaccins et de médicaments efficaces en utilisant des cellules humaines et des organoïdes".» Le doute a bien sûr été alimenté par le caractère secret des premières réunions du HGP-Write, et du fait que les interrogations éthiques, selon une partie de la communauté scientifique, auraient dû précéder, et non accompagner, un tel projet. D'autant que certains peuvent être tentés d'éditer le génome humain pour augmenter nos capacités, voire notre intelligence, pour « rester dans la course ».

Le même mois, une étude a été publiée sur des robots capables non seulement de produire d'autres robots, donc de s'autoreproduire, mais de le faire avec des génomes qui peuvent se recombiner. Ces robots ont un génome père, un génome mère, et les deux génomes se recombinent de manière aléatoire comme dans la reproduction sexuée animale pour donner naissance à des bébés robots qui n'auraient pas les mêmes caractéristiques que les parents. Ce afin de leur permettre d'évoluer selon le même processus que les animaux ou les êtres humains.

Je ne parle pas ici des robots informatiques : la sexualité d'algorithmes informatiques existe depuis des décennies. Je parle bien de robots physiques avec une imprimante 3 D, qui leur permet de se constituer, d'imprimer les pièces dont ils ont besoin pour se reproduire. Là aussi, l'intérêt scientifique de cette étude ne fait aucun doute : cela peut permettre de concevoir des robots toujours plus adaptés à des environnements complexes. Mais personne n'est capable de prédire quel chemin empruntera l'évolution de tels robots.

Ces évolutions se jouent à la charnière de quatre domaines longtemps étanches que les scientifiques sont en train de rapprocher et que l'on a baptisés NBIC outre-Atlantique, où certains promettent que les révolutions technologiques à venir naîtront de leur convergence. N comme Nanotechnologies, ces technologies de l'infiniment petit (1 nanomètre = un milliardième de mètre, soit un cheveu fin découpé 10 000 fois). Elles sont essentielles, notamment pour accroître la puissance de calcul des ordinateurs. B comme Biologie, pour analyser nos génomes, les repenser, les réécrire. I comme Informatique, à la fois pour aider à comprendre les autres domaines et en tant que science et technologie autonome. C comme sciences Cognitives – tout ce qui se joue dans notre cerveau.

## Les virus ont toujours un temps d'avance

Leur prochain horizon est d'arriver à interfacer intimement l'homme et la machine, autrement dit de connecter directement notre cerveau à des ordinateurs.

Mais je suis intimement persuadé que si nos cerveaux sont connectés en direct par des électrodes au réseau, très peu de temps après il y aura des gens qui inventeront des manières de nous manipuler. De même que des virus biologiques peuvent entrer dans notre cerveau et en modifier le comportement, on courra le risque de nouvelles formes de virus qui se propageront par les réseaux et manipuleront nos cerveaux. Voyez les manipulations qui se répandent via Twitter ou Facebook depuis la naissance des réseaux sociaux, notamment avec ce qu'on appelle les *fake news*, ces fausses nouvelles destinées à changer notre façon de voir le monde et donc de le penser. Voyez comment, avec des technologies analogiques bien moins évoluées, Hitler, Mussolini ou Staline ont manipulé les foules en réécrivant l'histoire. Voyez comment Daech attire les jeunes par le biais cognitif et la puissance des réseaux pour mieux les manipuler.

Demain, si nous sommes connectés en direct, comment saurons-nous si une idée nous est venue spontanément ou si elle a été implantée dans notre cerveau par quelqu'un qui souhaite nous manipuler ? Et contrairement aux réseaux sociaux, il ne suffira pas de faire fonctionner son esprit critique ou, tout simplement, d'éteindre son téléphone pour se déconnecter et s'abstraire de ces influences nocives.

Le biologiste que je suis peut vous le certifier : les virus ont quasiment toujours un temps d'avance sur les systèmes de protection. Il suffit de lire le journal pour en avoir des exemples toutes les semaines : alors même que certains réseaux sont réputés surprotégés, des pirates informatiques parviennent à franchir les barrières, à s'emparer de données protégées et à les partager.

Ce qui était vrai par le passé ne le sera pas moins demain. Nous serions impardonnables de ne pas le comprendre. Car nous sommes conscients de l'ampleur du changement qui s'annonce, probablement bien plus que l'espèce était consciente des bouleversements pourtant majeurs qu'ont générés, en leur temps, la naissance du langage oral ou de l'écriture – et je ne parle pas de bouleversements tout aussi importants mais qui se jouèrent sans qu'aucune entité n'en ait eu conscience, tels que l'apparition de la vie, des neurones ou la formation des cerveaux.

Ces perspectives peuvent sembler lointaines. Tout comme semblait modeste au roi Belkib la récompense réclamée par le sage Sissa. Le propre des exponentielles tient à la fulgurance de la progression. Prenez le film *Bienvenue à Gattaca*, par exemple, qui imagine un monde dans lequel la génétique décide du destin de chacun, dès sa naissance. En 1997, à sa sortie, c'était de la science-fiction. Aujourd'hui, techniquement, on peut faire quasiment tout ce qu'on voit dans le film.

Je l'ai moi-même vécu. Lorsque j'ai commencé à m'intéresser à la recherche biologique, au début des années 1990, on en était à essayer de comprendre péniblement tout un tas de choses qui sont aujourd'hui bien connues, comme les mécanismes qui nous rendent plus susceptibles d'avoir un cancer ou l'évolution des résistances aux antibiotiques, et on commençait tout juste à faire des organismes génétiquement modifiés (OGM). De même, la première fois que j'ai entendu parler de la convergence NBIC, je n'y croyais pas vraiment, car les sciences étaient encore très cloisonnées. Quelques années après, dans mon labo, j'avais des gens qui venaient des nanotechnologies et de l'informatique, et on faisait ensemble de la biologie. Prenez encore, l'exemple est frappant, le cas du décodage du génome. En 2013, même dans la Silicon Valley, les chercheurs voyaient comme un

Graal l'hypothèse de réussir à décoder un génome pour 1 000 dollars. Il faut dire que le premier décodage de l'histoire avait dû se chiffrer en milliards. Cela coûte aujourd'hui 200 dollars, et les coûts s'effondrent encore plus vite que selon la loi de Moore. Il y a, en somme, des progrès technologiques dont on a du mal à évaluer l'impact, parce qu'on a l'habitude des changements linéaires, et qu'ils sont portés par des changements exponentiels.

C'est ce qu'explique aussi Ray Kurtzweil, directeur de l'innovation de Google et gourou de la Silicon Valley. Selon lui, les ordinateurs, en particulier quantiques, vont continuer à permettre des progrès substantiels, si bien qu'en 2045 (la date de sa prédiction est précise !), les machines atteindraient une puissance de calcul supérieure à la nôtre en tant qu'individus, et même éventuellement à la nôtre en tant que collectif. Il a théorisé ce point de bascule qu'il appelle la « singularité[21] » et créé avec tout ce que la Silicon Valley compte de grands patrons influents la Singularity University, qui forme les cadres de haut niveau et les universitaires à la pensée « exponentielle ». Il y a dans cette approche un côté secte millénariste qui irrite l'esprit cartésien et une dimension « business » qui heurte le sens du service public et le rapport désintéressé au savoir, mais elle a le mérite de dire l'urgence d'une réflexion sur les mutations numériques et génétiques en cours.

Je pense pour ma part qu'on a plus besoin d'une Plurality University que d'une Singularity University, une « université de la pluralité » au sens de la pluralité des perspectives sur les progrès technologiques, et sur la multiplication de lieux dans lesquels on serait capables d'aborder à la fois *épistémè*, *technè* et *phronesis*. Et d'inventer des dispositifs qui bénéficient vraiment à tous, terreaux de débats démocratiques, transparents, sur l'ensemble de ces sujets. Aujourd'hui, ils sont rares, à cause du cloisonnement dans les universités et de la réticence de beaucoup de scientifiques à franchir les barrières de leurs champs disciplinaires. Or, il est impératif de réfléchir ensemble à un monde dans lequel les machines nous surpasseront dans un nombre incalculable de tâches physiques et intellectuelles, un monde dans lequel certains voudraient « télécharger » leur cerveau dans des machines et, qui sait, de cette manière accéder à l'immortalité. Car l'avènement de ce monde est imminent.

Il renvoie au fantasme de l'homme fait Dieu – l'*Homo Deus*, pour reprendre le titre du dernier livre de Yuval Noah Harari[22]. Qu'est-ce qui distingue Dieu ou les dieux de l'Antiquité ? L'omniscience d'abord, l'immortalité ensuite. L'omniscience est quasiment atteinte grâce au numérique. Reste à gagner l'immortalité, et la toute-puissance de l'homme sera atteinte.

Après avoir créé des dieux, certains veulent se faire Dieu.

## Relire et relier

Il n'est d'ailleurs pas anodin que la transition numérique coïncide avec une (re)montée du religieux. Étymologiquement, la religion, du latin *religere*, est ce qui relie et relit – les deux sens coexistant. Aujourd'hui, elle a cédé le pas à la science pour ce qui est de relire. On est passé du mythe de la Genèse et de la création de la Terre et de l'homme en six jours à un récit fondé sur des hypothèses scientifiques. Le big bang il y a plus de 13 milliards d'années. La formation de la planète Terre voici 4,5 milliards d'années, puis l'apparition de la vie quelques centaines de millions d'années après. Apparition de l'homme il y a 2,8 millions d'années. Naissance d'*Homo sapiens* il y a 300 000 ans[23].

Mais ce qui nous relie est également décrit par la science, qui montre que les êtres humains ont un patrimoine génétique étonnamment semblable et mêlé. Nous avons beaucoup plus de traits communs que de différences et c'est même vrai avec nos cousins les grands singes. Nous situer et nous penser dans cette histoire longue nous aide à le mesurer.

Une autre manière que j'aime beaucoup de comprendre notre histoire, notre destinée commune et de prendre du recul est celle proposée par Carl Sagan qui a fait faire par la NASA une célèbre photographie de la planète Terre prise par la sonde *Voyager 1* en 1990. Elle est intitulée *Un point bleu pâle* (*Pale Blue Dot*). Il l'a commentée en ces termes :

« Regardez encore ce petit point. C'est ici. C'est notre foyer. C'est nous. Sur lui se trouvent tous ceux que vous aimez, tous ceux que vous connaissez, tous ceux dont vous avez entendu parler, tous les êtres humains qui aient jamais vécu. Toute la somme de nos joies et de nos souffrances, des milliers de religions aux convictions assurées, d'idéologies et de doctrines économiques, tous les chasseurs et cueilleurs, tous les héros et tous les lâches, tous les créateurs et destructeurs de civilisations, tous les rois et tous les paysans, tous les jeunes couples d'amoureux, tous les pères et mères, tous les enfants pleins d'espoir, les inventeurs et les explorateurs, tous les professeurs de morale, tous les politiciens corrompus, toutes les "superstars", tous les "guides suprêmes", tous les saints et pécheurs de l'histoire de notre espèce ont vécu ici, sur ce grain de poussière suspendu dans un rayon de soleil.

« La Terre est une toute petite scène dans une vaste arène cosmique. Songez aux fleuves de sang déversés par tous ces généraux et ces empereurs afin que nimbés de triomphe et de gloire, ils puissent devenir les maîtres temporaires d'une fraction d'un point. Songez aux cruautés sans fin imposées par les habitants d'un recoin de ce pixel sur d'indistincts habitants d'un autre recoin. Comme ils peinent à s'entendre, comme ils sont prompts à s'entretuer, comme leurs haines sont ferventes. Nos postures, notre propre importance imaginée, l'illusion que nous avons quelque position privilégiée dans l'Univers, sont mises en question par ce point de lumière pâle. Notre planète est une infime tache solitaire enveloppée par la grande nuit cosmique. Dans notre obscurité – dans toute cette immensité –, il n'y a aucun signe qu'une aide viendra d'ailleurs nous sauver de nous-mêmes. La Terre est jusqu'à présent le seul monde connu à abriter la vie. Il n'y a nulle part ailleurs, au moins dans un futur proche, vers où notre espèce pourrait migrer. Visiter, oui. S'installer, pas encore. Que vous le vouliez ou non, pour le moment c'est sur Terre que nous prenons position.

« On a dit que l'astronomie incite à l'humilité et fortifie le caractère. Il n'y a peut-être pas de meilleure démonstration de la folie des idées humaines que cette lointaine image de notre monde minuscule. Pour moi, cela souligne notre responsabilité de cohabiter plus fraternellement les uns avec les autres, et de préserver et chérir le point bleu pâle, la seule maison que nous ayons jamais connue[24]. »

## Existe-t-il une planète des idées ?

Quand je pense à ce genre de sujets, je me demande parfois comment d'autres formes de vie peuvent évoluer dans d'autres contextes que le nôtre. Une manière intéressante de stimuler l'imagination et de sortir des systèmes que nous connaissons est de se demander s'il existe une planète des idées, où on organise différemment la circulation des idées, leur développement et leur coévolution avec les êtres pensants.

On peut imaginer de nouvelles formes de *Lettres persanes* – ce célèbre livre de Montesquieu qui, pour décrire sans fard la réalité de son temps, fait mine d'emprunter les lunettes d'un voyageur candide venu de la lointaine Perse. Tout le monde peut jouer à ce petit jeu, qui donne des résultats probants avec jeunes ou moins jeunes, y compris pour repenser l'organisation de notre système éducatif ou d'autres dimensions de nos sociétés. Des lycéens de la Science Académie, un programme dont nous reparlerons, ont même créé des scènes de théâtre et une comédie musicale sur ce thème, revisitant ainsi l'histoire des idées sur notre planète.

Il serait intéressant d'inventer une forme de « sciences citoyennes des futurs possibles » en invitant en particulier les prochaines générations à faire ce type d'exercice afin de les aider à penser de nouvelles utopies dans lesquelles, comme Thomas Moore avant eux, on invente d'autres formes d'organisations pour nous aider à penser demain collectivement.

Il est évidemment difficile de prédire l'avenir. Si on s'intéresse aux manières dont le futur a émergé dans le passé, on peut discerner quelques leçons qui pourraient bien se révéler vraies demain. Il ne serait pas impossible qu'au moins une partie du monde qui vient soit déjà là mais inégalement distribué, que des pépites existent, dans les imaginaires ou dans des projets encore peu connus, mais qu'il faille savoir les dénicher, les recombiner, les adapter à de nouveaux environnements pour qu'elles se développent.

Ces explorateurs du futur ne seraient pas les premiers à s'interroger sur d'autres mondes et sur le nôtre. Les humains ont toujours eu besoin de se relier et de relire leur histoire, que ce soit via des mythes fondateurs ou des données scientifiques. À mesure que nous avons progressé dans la connaissance de notre histoire, l'*épistémè* a remis en cause les récits proposés ou imposés par les religions, minant au passage les fondements éthiques (la *phronesis*) sur lesquels ces dernières fondaient leurs préceptes de vie. Si le récit de la Création n'est pas crédible, en quoi les lois fondées sur la croyance en ce récit seraient-elles légitimes ?

Pour autant, la connaissance et la rationalité qui est censée en découler ne sont pas exemptes de critiques. Le professeur de psychologie américain Jonathan Haidt[25] s'intéresse à la diversité des comportements moraux et à leurs racines évolutives. Nous sommes, dit-il, des êtres moraux… qui ne comprennent pas que d'autres puissent avoir une morale différente de la nôtre ! Selon d'autres chercheurs comme Hugo Mercier et Dan Sperber, cela s'explique par ce qui a motivé l'évolution de notre rationalité : non pas le souci d'être rationnel dans l'absolu, mais celui d'avoir une rationalité qui soit la meilleure avocate possible de nos croyances, personnelles et collectives[26].

En somme, Dieu ou pas Dieu, nous avons besoin de religion, au sens étymologique, c'est-à-dire de connaissances qui nous permettent de relire notre histoire à la fois individuelle et collective et qui nous relient les uns aux autres. L'on retrouve ici une idée maîtresse développée dans *Sapiens* par Yuval Noah Harari[27] : notre espèce, plus que les autres, sait coopérer, mais elle sait surtout, grâce à son langage extrêmement évolué, coopérer sur des bases et au nom d'objectifs qui n'ont de sens que si nous sommes assez nombreux à y croire : l'entreprise, les institutions, la république, la religion, l'argent, les diplômes, etc.

Tout cela ne tient et ne fonctionne qu'autour de récits communs auxquels nous sommes assez nombreux à croire. D'où, sans doute, l'attachement de certains à l'histoire vue comme « roman national » : pour eux, que l'on soit fraîchement arrivé en France ou que nos ancêtres y soient nés, le sentiment d'appartenir à une même communauté doit procéder de la croyance de partager les mêmes ancêtres gaulois (et peu importe, pour eux, que l'on ait totalement réinventé l'histoire des Gaulois à la fin du XIX^e siècle, justement dans le but de forger un sentiment national, et au mépris de toute rigueur historiographique).

Comment (re)trouver l'équilibre entre *technè*, *épistémè* et *phronesis*, en portant un accent particulier sur cette dernière ?

Avant de répondre à la question, permettez-moi de prendre quelques pages pour faire connaissance et vous raconter, comme disent les sociologues, « d'où je (vous) parle ».

# 2

# Ce que j'ai appris

Ce livre, comme tout livre, se nourrit de l'expérience de l'auteur (que celui-ci l'assume ou non). Je l'écris comme ancien élève, comme ancien étudiant, comme parent et comme chercheur – les quatre sont intimement liés, tant il existe dans mon parcours un continuum entre ces états. Ce parcours a été marqué par des épisodes charnières que je me dois de vous livrer, tellement ils ont déterminé la suite de mon histoire et nourri les convictions qui fondent cet ouvrage. Je l'ignorais au moment où je les vivais, mais toutes ces expériences accumulées ont défini, pour une large part, ce que j'ai accompli, et dont ce livre témoigne en partie. L'apprentissage par l'expérience. Le dialogue entre les différents champs du savoir. L'exploration de combinaisons inédites – qu'il s'agisse de comprendre les bactéries, d'inventer des cursus universitaires, de définir des objets de recherche… La quête de liberté pour penser et agir dans des cadres qui ne soient pas figés par l'arbitraire, qu'il procède de l'administratif, du poids de l'histoire, du politique ou des chapelles universitaires.

J'en ai tiré un certain nombre d'enseignements qui m'accompagnent depuis quotidiennement. Voici lesquels et comment l'expérience me les a appris.

## De l'école à l'université, le respect des codes compte au moins autant que le travail ou l'intelligence

J'ai été bon élève et bon étudiant. Mais jamais premier de la classe. Mon parcours a notamment été marqué par quatre années passées dans un collège plus tard classé Zone d'éducation prioritaire et même détruit tant sa sécurité laissait à désirer. Il était situé à Monclar, dans les quartiers sud d'Avignon, ville où ma famille s'installe quand j'ai 8 ans. Il y avait du racket, des bagarres, dont je fus parfois victime, d'autant qu'avec mon année d'avance, j'y étais entré à 10 ans, alors que certains élèves de sixième en avaient 14. J'en garde pourtant un excellent souvenir : j'y ai noué mes amitiés les plus fidèles, et les enseignants y étaient formidables. De là, aussi, une familiarité, qui m'est restée, avec des enfants ou adolescents issus des quartiers populaires. Et la tristesse de voir se faire éjecter du système des élèves qui n'étaient pas moins capables que d'autres, mais qui ne répondaient pas aux codes de conduite attendus par l'institution.

J'ai poursuivi au lycée Mistral, également mon établissement de secteur – mes parents respectant la carte scolaire. Parmi mes faits de guerre, un zéro de conduite en mathématiques pour bavardages incontinents qui, inclus dans ma moyenne, a failli m'interdire le passage en première scientifique. Mais bon an mal an, je savais où se situaient les limites à ne pas franchir et parvenais à passer sous les fourches caudines d'un système qui récompense bien plus la capacité de soumission que le potentiel d'invention ou d'échanges.

Certains de mes camarades, au lycée comme au collège, ne maîtrisaient pas cette compétence sociale et l'ont payé cher, ce qui m'a profondément marqué.

## Il n'y a rien de plus sérieux que de jouer

Jouer aux échecs a été probablement la seule activité intellectuelle que j'ai pratiquée sérieusement entre 8 et 16 ans, remportant les prix de champion de Provence dans les catégories d'âge successives tout au long de ces années. J'avais été initié par Jacques Montaignac, un ami de mes parents, ancien champion de France junior. Très vite, les échecs sont devenus ma principale source de stimulation intellectuelle, d'autant que j'ai rapidement été intégré aux groupes d'entraînement des adultes. J'ai même participé aux compétitions avec les adultes, activité qui m'aidera par la suite à rester concentré sur mes objectifs sans me laisser impressionner par ceux qui me font face. Je me souviens encore de cette femme qui me soufflait la fumée de sa cigarette au visage. Je fis intervenir l'arbitre pour la faire arrêter. Décontenancée, elle finit par perdre. Alors élève en première, je me suis même retrouvé en compétition face à mon professeur de français, M. Savolle. Nous avons fait match nul !

Mais cette ambiance était pour moi très particulière, surtout face au regard des autres élèves.

Je n'ai découvert que sur le tard, vers 15 ans, toute la symbolique attachée à ce jeu, tant guerrière que psychanalytique – tuer le père, le rôle de la reine mère… C'est également l'époque où les grandes compétitions faisaient la une de l'actualité, avec des personnages hauts en couleur comme le champion américain Bobby Fischer, qui sombrera dans la folie et dont vous avez peut-être vu l'histoire au cinéma dans le film *Le Prodige*[1].

## L'homme peut rester maître de la machine

Les échecs m'ont également offert un cadeau précieux, qui me marquera fortement : la rencontre avec un ordinateur. Je rappelle aux plus jeunes lecteurs qu'à l'époque, au milieu des années 1970, l'informatique personnelle n'en est qu'à ses balbutiements. C'est ma grand-mère qui l'avait acheté, et il était doté d'un seul et unique logiciel de jeu d'échecs, Chess Challenger, que je réussissais à battre (c'est un privilège de l'âge que d'avoir vécu l'époque où un être humain pouvait battre un logiciel !). Contrairement à mon père qui, en bon professeur d'université, avait une approche très méthodique – il lisait des ouvrages sur les échecs, noircissait des fiches sur telle ou telle ouverture –, j'avais quant à moi une approche plus intuitive.

L'idée que la machine ne gagne pas à tous les coups s'est inscrite en moi. Si bien que, lorsque, des années plus tard, en 1997, le champion russe Garry Kasparov perdra un match contre Deep Blue, logiciel conçu par les équipes d'IBM, j'en mesurerai peut-être plus vite que d'autres les conséquences.

L'année de terminale et l'entrée au prestigieux et hyperexigeant Louis-le-Grand sonnent le glas de mes aventures échiquéennes. J'avais vu des joueurs d'excellent niveau, plus âgés que moi, tenter l'aventure du professionnalisme. Je voyais bien que la voie était extraordinairement étroite, et n'avais pas envie de devenir professeur d'échecs. Mais surtout j'ai enfin trouvé dans les études une excitation à la hauteur de celle que me procurait le jeu d'échecs.

Le handball m'accompagna également et, par nature plus collectif que les échecs, m'apporta beaucoup. Au-delà de l'activité commencée au collège, je l'avais découvert avec des amis en poussant la porte d'un gymnase, au bout de ma rue, à Avignon. Une équipe féminine y jouait, dont l'entraîneur a accepté de nous faire travailler pour peu que nous réunissions une dizaine de garçons du même âge. Ce que nous fîmes avec quelques amis, dont je suis resté très proche. En seconde, alors que le Vaucluse avait gagné le titre de champion de Provence, j'avais atteint un niveau suffisant pour qu'on me propose de rejoindre une filière sport-études à Marseille, mais je n'ai pas eu envie de vivre en internat. En terminale, deux fractures du pouce droit successives m'ont contraint à arrêter, car je ne pouvais même plus écrire, ce qui m'obligeait à suivre les notes prises par une bonne âme et m'a appris que l'on pouvait apprendre sans avoir à écrire. Comme me l'expliquait Kenneth, un ami danois qui était avec nous en terminale, au Danemark, les élèves n'ont pas à copier ce qui est de toute façon écrit dans le livre mais sont plutôt invités à appliquer et discuter du contenu du cours.

## L'hypercompétition ne produit pas forcément le meilleur

Je suis monté à Paris pour intégrer le lycée Louis-le-Grand et intégrer son internat à 17 ans. Où, comme tant de jeunes préparationnaires, j'ai failli tout arrêter. Plus de trente ans après, je me souviens encore de ce premier contrôle de maths, qui m'avait valu un cinglant 4 sur 20. J'avais descendu la rue Soufflot jusqu'au jardin du Luxembourg, tout proche, m'étais allongé dans l'herbe et avais passé une heure à me demander que faire. Étais-je prêt à tant de sacrifices ? À me fondre dans ce système humiliant capable d'infliger de si mauvaises notes à des générations d'élèves quel que soit leur niveau antérieur ? Finalement, n'ayant rien trouvé de mieux à faire, j'avais remonté la rue Soufflot et repris mes études. Sans forcer. Il faudra, à quatre mois des concours d'entrée aux grandes écoles, qu'un copain me secoue – une précédente tentative de ma prof de mathématiques avait échoué l'année précédente : « Si tu ne te mets pas sérieusement au travail, maintenant, à quoi cela te sert-il de rester ? »

Je ne l'ai entendu que parce que mon contexte personnel avait changé.

Ma mère était tombée gravement malade deux ans auparavant et mon père s'apprêtait à subir une lourde opération. J'avais 18 ans et m'imaginais subitement, si les choses tournaient mal, dans la situation de devoir m'occuper de mes trois jeunes sœurs, Antonia, Angela et Julia, alors respectivement âgées de 16, 14 et 8 ans. C'est ce qui m'a aidé à tenir et à viser une école où les élèves sont rémunérés – si le pire arrivait, il allait me falloir gagner ma vie très vite.

### À l'intelligence collective, la planète reconnaissante

Au cours de ces années, je passe régulièrement devant le Panthéon, voisin de mon lycée. Et m'interroge sur la devise inscrite à son fronton : « Aux grands hommes, la patrie reconnaissante ». Dès mon arrivée à Paris, j'ai visité ce haut lieu de notre histoire. On y découvre le contexte révolutionnaire qui a amené à souhaiter panthéoniser dans ce « temple laïque » consacré à la mémoire des grands personnages de la nation. On s'interroge sur le faible pourcentage de femmes à y être entrées jusqu'à récemment, ce qui est en soi un manque de reconnaissance de leurs contributions à notre histoire. Il me semble que si on devait la réinventer, pour bâtir un Panthéon moderne, on gagnerait à penser une devise plus large à plusieurs titres. « À l'intelligence collective, la planète reconnaissante » pourrait souligner à la fois que la plupart des grandes réalisations sont en fait des œuvres collectives de femmes et d'hommes et que les vrais enjeux de notre temps sont à penser à l'échelle planétaire.

## Je ne sais pas me soumettre à une autorité arbitraire

Pour être admis à Polytechnique, j'ai dû passer par une épreuve aujourd'hui supprimée, sorte d'oral de rattrapage pour les candidats qui ont réussi un trop bon écrit pour être recalés, mais pas assez bons pour être admis directement au grand oral. Je me présente et tends ma carte d'identité à l'examinateur. Sans la saisir, il me fixe et me dit : « Monsieur, vous passez l'oral de l'École polytechnique, veuillez ne pas être aussi décontracté. » Je ne comprends pas. Il répète, haussant encore le ton. Je m'aperçois qu'il doit parler de ma main gauche, que j'ai laissée dans ma poche. Comme aux échecs, je tente de garder mon sang-froid, je colle cette main sous mon bras droit pendant une heure et résous de mon mieux les équations qu'il me donne. Une fois encore, même au sommet du cursus scolaire – si l'on s'attache à ces hiérarchies –, la sélection s'effectue en partie sur la soumission à l'autorité, sur le respect de la norme, et pas seulement sur la capacité – ici – à résoudre des problèmes mathématiques.

Cet incident aurait dû m'alerter : je finirai mes études dans cette prestigieuse école militaire avec 45 jours d'arrêt au compteur, recordman de ma promotion.

Comme en prépa, je doute régulièrement d'être à ma place. Nous avions commencé nos classes, sur le plateau des Mille Vaches, dans le Massif central, par quelques provocations, et j'avais déjà hésité à rester dans cette ambiance où on nous impose le garde-à-vous. Je passai ensuite quatre mois à l'école de l'artillerie, à Draguignan. Où je me heurtai aussi à la hiérarchie, au point d'être convoqué par le colonel parce que j'avais refusé d'acheter l'écusson de l'école.

Je me remémore encore notre improbable dialogue de sourds.

— Mon colonel, il est clairement indiqué que l'achat de cet écusson est optionnel.

— Tout le monde l'achète. Ce n'est pas bien de ne pas l'avoir.

— Peut-être. Mais ce n'en est pas moins optionnel et je ne vois pas l'intérêt de dépenser de l'argent pour ça.

— Vous avez les moyens ! Vous percevez une solde !

— Oui. Mais c'est plus par principe, afin que ceux qui n'auraient pas forcément les moyens puissent s'opposer à cette coutume…

— Vous avez dit le mot ! C'est une coutume. Et c'est important, les coutumes, dans l'armée.

— C'est une coutume… optionnelle.

Je n'ai pas été mis aux arrêts ce jour-là mais cette passe d'armes a fait ma réputation…

L'encadrement s'employait à nous soumettre à son autorité et je dus constater, quelques mois plus tard, sa redoutable efficacité : la plupart de mes camarades étaient bel et bien entrés dans le rang, parfois pour n'en jamais sortir par la suite ! Les élèves qui semblaient les plus rétifs au début se sont même pris au jeu de la hiérarchie une fois devenus officiers.

Cette année de service et mes années à Polytechnique achèvent surtout de me faire comprendre que j'ai un problème majeur avec l'arbitraire. À l'arrivée à l'X, on nous fait passer une batterie de tests psychologiques. Curieux de nature, j'ai demandé à connaître mes résultats auprès des trois psychologues qui travaillent sur le campus (j'apprendrai par la suite que vu les dégâts psychologiques infligés par le système et le taux élevé de suicides en prépa comme à l'X, nous sommes surveillés comme du lait sur le feu). Si mon profil semble médian pour cette population sur la plupart des critères, je suis un peu plus littéraire que d'autres (au pays des aveugles les borgnes sont décidément rois) et je ne me différencie vraiment que dans ma capacité à questionner l'autorité. Peut-être avais-je eu l'intuition que, comme le rappelle Michel Serres, la véritable autorité est celle qui fait grandir. Je comprends alors que si j'ai été un enfant raisonnable – au point de ne pas faire de crise d'adolescence à l'égard de parents qui avaient su me donner l'amour et la liberté fondatrice –, c'est qu'on ne m'avait jamais donné véritablement d'ordres mais qu'on avait toujours pris le temps de me raisonner.

Cette caractéristique n'est pas sans lien avec les pages qui vont suivre et avec mon engagement en faveur des pédagogies qui contribuent à la fois à libérer le potentiel des individus et à forger des collectifs qui soient source d'épanouissement.

## Apprendre à poser les bonnes questions est préférable à emmagasiner des réponses toutes faites

Fort heureusement, au-delà de son côté militaire, l'X a aussi des qualités d'ouverture. La première d'entre elles consiste à nous contraindre à lever le nez des mathématiques et de la physique, dont certains avaient fait une indigestion pour réussir le concours. Nous sommes obligés d'étudier d'autres disciplines, et non seulement le choix ne se limite pas aux sciences dites dures (les maths, la physique…) mais les enseignants sont d'un niveau remarquable. J'y étudie ainsi l'histoire avec Marc Ferro, la psychologie avec Élisabeth Badinter, la démographie avec Hervé Le Bras et l'art du suspense chez Hitchcock en cours d'anglais. Et je m'oriente progressivement vers ce qui deviendra ma spécialité : la biologie.

Pendant la première année, j'apprends que le ministère de la Défense, dont dépend Polytechnique, envisage de créer une filière d'application biomédicale. Je postule et, avec une vingtaine de camarades, visite pendant un mois les hôpitaux militaires parisiens. Nous passons nos matinées dans un service hospitalier, nos après-midi dans des laboratoires de recherche.

Je n'ai pas encore 20 ans et je découvre les enjeux de la recherche sur des sujets aujourd'hui bien connus, mais totalement nouveaux il y a trente ans : le prion, acronyme inventé cinq ans plus tôt pour décrire un agent pathogène à l'origine d'une toute récente épizootie baptisée, pour le grand public, « maladie de la vache folle » ; le sida, dont l'origine rétrovirale n'a été établie que peu auparavant ; la technologie de l'IRM (Imagerie par résonance magnétique), alors extrêmement coûteuse et peu répandue (en 1983, ma mère avait dû aller à New York pour en bénéficier puisque cette technologie n'existait pas encore en France)…

Je suis fasciné. Les chercheurs qui nous accueillent sont disponibles et enthousiasmants. Nous les bombardons de questions, et ils ont parfois le cran d'avouer leur ignorance : « Nous n'avons pas la réponse à cette question, mais nous avons besoin de jeunes gens comme vous pour nous aider, un jour, éventuellement, à la trouver », nous répondent-ils en substance. Je sais qu'en dépit de ma fréquentation à haute dose des mathématiques et de la physique, je suis encore loin de pouvoir accéder à la recherche fondamentale de haut niveau dans ces disciplines. Et voilà que ces savants nous ouvrent les bras pour que nous nous engagions dans la recherche biomédicale que nous découvrions à peine.

En m'engageant dans cette voie, j'ai dû cesser de penser en ingénieur et apprendre à penser en chercheur. Le premier cherche une solution ; le second cherche la bonne question. Le premier se désole quand une expérience dysfonctionne ; le second s'en réjouit, dès lors que ce dysfonctionnement est inédit – cela signifie qu'il est en présence de nouveaux possibles, qu'il va pouvoir labourer de nouveaux champs du savoir.

Malheureusement, apprendre à (se) poser des questions n'est pas la vertu première du système éducatif. Deux brèves anecdotes m'en ont convaincu.

Mon fils a fréquenté la même école maternelle que moi, à Saint-Mandé (Val-de-Marne), puisque, tel le saumon, je suis retourné sur les lieux de mon enfance avant de devenir père. Il y a rencontré le problème qui m'avait valu de redoubler ma petite section, où j'étais entré à 2 ans : une maîtrise jugée insuffisante des premiers gestes qui conduisent à l'écriture. Les enseignants avaient si bien inquiété ma mère qu'elle s'était sentie obligée de m'inscrire dans des ateliers de peinture et de travaux manuels afin que j'apprenne à manier stylos et pinceaux.

Trente ans plus tard, je revis la même scène, mais en tant que père. N'ayant pas été plus pénalisé que cela par cette difficulté, je tente alors d'en minimiser la portée. « Et vous n'avez pas été handicapé dans vos études ? » me demande l'institutrice. Soucieux de ne pas créer de tensions inutiles, je n'ose pas lui répondre qu'il n'y a pas d'épreuve de découpage aux ciseaux au concours d'entrée à l'École polytechnique… Mais je mesure de nouveau que l'on est décidément très vite ostracisé quand on n'est pas dans la norme.

Trois ans plus tard, Bosco entre au CP, et je me rends à la première réunion entre parents et enseignants, quelques jours après la rentrée. Son institutrice me dit : « Il est charmant, mais il pose des questions. » Comme chercheur, j'ai tendance à considérer que c'est une qualité, peut-être même la première. Son « mais » me chiffonne. Mon fils serait moins charmant parce qu'il pose des questions ? J'essaie de comprendre.

— Des questions hors de propos ?

— Non, non. Des questions sur le contenu du cours.

— Et il les pose à ses camarades ? Il les distrait ?

— Non. Il me les pose à moi.

— D'accord. Donc quel est le problème ?

— Ben... Il pose des questions.

Sur le coup, j'ai intérieurement donné raison à l'enseignante. Peut-être allait-il trop loin. Peut-être l'enseignante n'en pouvait-elle plus d'être interrompue. J'ai gentiment suggéré à mon fils, s'il avait des questions, de les conserver dans un coin de sa mémoire pour me les poser le soir. Je me suis assuré qu'il était tout de même à l'aise et heureux dans cette école. J'ai en somme réagi comme tant de parents, en donnant raison à l'institution. Mais ce petit incident, parmi d'autres indices, a contribué à me faire prendre conscience de l'absurdité d'un système qui tient le questionnement pour un problème, alors même qu'il est une solution.

Isolément, ces anecdotes ne suffisent pas à condamner le système.

Il importe évidemment d'apprendre à écrire lisiblement, et j'ai payé de quelques piteuses notes ma graphie toujours brouillonne. De même, un enseignant doit pouvoir dérouler certaines séquences de son cours sans être interrompu en permanence. Mais à la longue, l'accumulation de ces indices finit par faire système : contrairement au message adressé aux enfants dès le plus jeune âge, et à leurs parents, il n'existe pas un chemin unique vers la connaissance, et bien des adultes semblent insuffisamment formés et informés de la complexité de l'acte d'apprendre.

Cela suffisait quand le monde changeait lentement. Mais vu que le monde change maintenant à une vitesse accélérée, cela ne suffit plus. Encore moins quand l'accès à l'information et à l'éducation s'est massifié. Je doute que les citoyens, en France comme ailleurs, adhèrent encore à l'idée d'un système de gouvernement dans lequel la méritocratie distingue une élite de « sachants » auxquels on délègue la responsabilité de prendre seule des décisions éclairées. Je ne suis même pas certain que, par le passé, ce fantasme-là ait été présent ailleurs que chez les décideurs !

Si une idée et une seule devait sous-tendre l'édifice à (re)bâtir, ce serait celle-ci : toute l'intelligence et l'énergie du système éducatif, de la maternelle au doctorat puis à la formation tout au long de la vie, doit être tournée vers le questionnement. Nous vivons dans un monde où la connaissance joue un rôle plus important que jamais et où nous avons besoin de créer de nouvelles connaissances et de trouver de nouvelles solutions.

Cette idée n'est pas neuve. Socrate en fut le premier et peut-être le meilleur avocat. La manière dont il a défié l'autorité s'est certes mal terminée pour lui. À l'époque déjà, la volonté de questionner et l'autorité font mauvais ménage. De même que selon la Genèse, au Paradis, le premier interdit concerne l'arbre de la connaissance – Adam et Ève se voient interdire d'en cueillir les fruits. La sagesse populaire porte, elle aussi, trace de cette défiance. « La curiosité est un vilain défaut », dit-on aux enfants français (aux Anglais, on indique que « *curiosity kills the cat* » – littéralement : la curiosité tue le chat).

## Nous avons tous besoin de mentors bienveillants

Après Polytechnique, je suis entré à l'École nationale du génie rural, des eaux et des forêts. Dans ce cadre, je visite une quarantaine de laboratoires de recherche, en plus de ceux que j'avais visités lorsque j'étais à Polytechnique. Le prestige de l'École polytechnique m'ouvre toutes les portes : à tort ou à raison, les patrons de labo pensent qu'un polytechnicien peut s'adapter à tous les contextes. Je vais voir des historiens, des économistes, des hydrologues, des généticiens… À chaque fois, en fin de visite, je demande : « À part votre labo, quel est le labo que vous me conseilleriez de visiter ? » Au bout d'un moment, la même antienne revient : « Rencontrez Miroslav Radman. » Je suis le conseil. Et rencontre Radman, que je surnomme rapidement Miro, comme tout le monde. Il sera mon mentor.

Un mythe, Miro, que j'aurai l'occasion, vingt ans plus tard, de qualifier « d'être quantique […] qui a une certaine probabilité d'être présent à un endroit donné, mais n'est jamais là où on l'attend[2] ». *Le Monde* résumera, en 2011, son parcours en ces termes : « Il traque les secrets de l'ADN, perce les mystères de l'évolution. Ses découvertes sur les "systèmes de réparation de l'ADN" figurent dans tous les manuels de biologie : le système SOS, qui permet aux cellules de répondre à un stress majeur en favorisant les mutations ; et, comme en miroir, le système SRM, qui corrige les erreurs de copie de l'ADN[3]. »

## Les vérités scientifiques sont transitoires

Avant de commencer ma thèse avec Miro, je passe un DEA (Diplôme d'études approfondies, équivalent du master 2 actuel) de génétique cellulaire et moléculaire à l'université Paris-Sud. La méthode pédagogique, déjà, est radicalement différente de celle qui prévaut ailleurs. J'ai beau n'avoir jamais étudié la génétique, on m'explique qu'il n'y aura pas de cours au sens traditionnel. À la place, les étudiants effectuent trois stages, dans trois environnements différents. Ils enchaînent aussi les analyses d'articles, un jeu auquel je me suis déjà familiarisé à Polytechnique (c'est l'un des rares exercices où mon esprit critique avait été encouragé) et que j'apprécie chaque fois un peu plus. Il consiste à traquer, dans un corpus donné, les approximations ou erreurs de raisonnement. C'est, avec le sport, l'exercice dans lequel j'avais pu exceller en biologie et en analyse de politiques économiques. Il enseigne par l'expérience que la science ne se résume pas, comme en mathématiques, à révéler ce que tout le monde peut voir. Les vérités scientifiques sont transitoires, en particulier en sciences expérimentales. On tâtonne, on commet des erreurs, on recommence. Et cette dimension d'investigation, d'interrogations sans cesse reformulées, me passionne toujours plus.

## Les barrières entre disciplines sont faites pour être franchies

Mon premier projet de recherche a porté sur le sida. J'ai été immédiatement frappé par l'étanchéité qui régnait entre les acteurs qui travaillent sur cette problématique. Lors de mon premier congrès international, je me suis rapproché d'activistes sud-américains – je me débrouille en portugais et en espagnol, pour avoir fait des stages en Amérique latine les étés précédents. J'étais le seul scientifique à échanger avec eux ! J'ai compris que si je voulais sauver des vies, j'avais le choix entre créer une start-up en biotechnologies, au risque de me trouver dépendant d'actionnaires qui décident de tout, faire de la recherche publique sans nécessairement disposer des moyens suffisants ou basculer dans l'activisme et aller distribuer des préservatifs à Rio ou ailleurs. Je n'aurai de cesse, plus tard, dans d'autres domaines, d'essayer de créer des dispositifs permettant de contourner ces barrières.

C'est à cette découverte des vertus de l'interdisciplinarité que je dois ma reconnaissance en tant que chercheur.

Changeant quatre fois de sujet de thèse en quatre ans, ce qui n'est généralement pas conseillé, j'ai fait une thèse de qualité correcte, sans plus. Mais ce faisant, j'avais identifié des pistes de recherche qui me paraissaient vraiment intéressantes, je les ai creusées, et deux années plus tard, en 1997, j'ai été publié dans les meilleures revues internationales la même année, notamment *Nature* et *Science*, ce qui n'arrive pas à tout le monde et d'ailleurs ne s'est pas reproduit depuis en ce qui me concerne. Ces résultats, je ne les obtins pas seul. J'avais monté un réseau interdisciplinaire qui fédérait des spécialistes de la résistance aux antibiotiques, de la virulence, de l'évolution, des médecins, des spécialistes des bactéries dans la chaîne alimentaire, de la génétique ou de la phylogénie…

## L'erreur n'est pas (toujours) une ennemie

Au cours de ces recherches, nous examinions la manière dont les bactéries évoluent. Concrètement : comment elles deviennent plus virulentes ou plus résistantes aux antibiotiques. Nous avons montré que la vitesse d'évolution évolue elle-même, en particulier en période de stress, comme le stress provoqué sur les bactéries par les traitements antibiotiques. Quand on surutilise les antibiotiques, non seulement on augmente les chances de l'apparition d'une résistance des bactéries traitées, mais on sélectionne les mécanismes qui vont générer encore plus de résistance, si bien que l'efficacité des médicaments décroît à mesure que nous en prescrivons. C'est parce qu'on sait que les bactéries s'adaptent toujours plus que votre médecin vous dit qu'il ne faut pas prendre trop d'antibiotiques. C'est ce qu'on appelle l'évolution du second ordre. L'évolution du premier ordre, c'est ce qui explique la résistance à un antibiotique ; l'évolution du second ordre décrit les mécanismes qui vont permettre « l'évolvabilité », cette capacité à évoluer, qui va accélérer l'émergence des résistances et affecter l'évolution de la virulence.

Comment procèdent les bactéries pour se protéger et activer de nouvelles stratégies faisant émerger ces mécanismes de résistance ? En faisant des erreurs dans la façon dont elles se reproduisent. Si elles se reproduisent à l'identique, l'antibiotique les vaincra. Pour évoluer, elles doivent donc changer. Et pour changer, faire des erreurs, inactivant les mécanismes moléculaires de fidélité de la réplication des bactéries que Miro avait découverts dans un autre contexte et qui sont aussi impliqués quand ils sont mutés chez l'homme dans l'émergence de certains cancers familiaux.

En somme, pour évoluer, il faut faire des erreurs. Et pour évoluer plus vite, faire plus d'erreurs, ce que font les bactéries, un peu comme un joueur de loterie qui augmente ses chances de gagner en achetant de plus en plus de billets.

### « Il faut un village pour élever un enfant »

Quand je commence à recevoir des prix pour ces recherches, j'ai 35 ans et suis jeune père de famille – mon fils, Bosco, a 4 ans et sa sœur Sophia, 2 ans. Cette précision n'est pas anodine. Car ce livre, je l'écris aussi comme parent. Si je n'avais pas eu d'enfants, je n'aurais sans doute pas été amené à revisiter mon parcours en accompagnant le leur. Angèle, leur mère, est d'origine chinoise et m'a fait découvrir bien des choses, d'autant qu'elle étudie l'interculturalité et les langues asiatiques.

Nos enfants ont donc la chance de grandir entre deux cultures. Cette richesse amène bien sûr de nombreuses questions : que faut-il favoriser ? Pourquoi a-t-on des attitudes si différentes d'un pays à l'autre, d'une culture à l'autre, d'une famille à l'autre ? Nos voyages familiaux en Asie offrent autant d'occasions de découvrir les différences et les similarités des pratiques éducatives, des fonctionnements des écoles, des universités et des familles. Je me remémore alors non seulement mon propre parcours scolaire mais je prends conscience de la richesse de la culture et de l'apport familial, de la chance que j'ai eue d'avoir des parents aimants et des sœurs qui ont su m'aider à grandir même si elles sont plus jeunes que moi. Privilège aussi que d'avoir de nombreux cousins, des tantes, des oncles, des grands-parents bienveillants qui m'ont beaucoup appris et continuent à le faire pour ceux qui sont encore là. Les deuils même sont évidemment des moments de grande tristesse mais aussi des occasions de se questionner et de se retrouver.

Ma famille corse et la famille chinoise d'Angèle sont deux grandes tribus où, comme nous, les enfants peuvent jouer avec leurs cousins, apprendre de leurs expériences, de leurs succès comme de leurs erreurs. Les oncles et les tantes sont autant de mentors qui peuvent aider à surmonter une difficulté ou découvrir d'autres manières de voir le monde et de travailler. Le proverbe africain selon lequel il faut « un village pour élever un enfant » décrit bien la richesse des apports de chacun. À l'heure du village planétaire, on peut contribuer aux apprentissages de tous ceux qui se connectent.

Mais si on apprend autant de tout type d'environnement tout comme dans son activité professionnelle, pourquoi ne valorise-t-on pas plus ces formes d'apprentissage ? Comment travailler la complémentarité entre les apprentissages formels et informels, ceux qui relèvent des loisirs, des métiers, de la famille ou de l'école ? Quel doit être le rôle de ces dernières dans un monde où les changements s'accélèrent ? Autant de questions que je me suis progressivement posées en accompagnant mes enfants à l'école et auxquelles ce livre apporte quelques éléments de réponse.

## Le besoin d'éthique est omniprésent

À la fin des années 1990, le directeur général de l'Inserm (Institut national de la santé et de la recherche médicale) m'a nommé dans le comité d'éthique de l'institution. J'ai d'abord refusé. Mes bactéries ne recelaient pas d'enjeux de cet ordre que je sois alors capable d'appréhender. Je n'étais pas en train de cloner des brebis comme l'équipe écossaise qui avait donné naissance à Dolly en 1996. Je n'avais aucune position sur ces questions, ou du moins mes positions ne me semblaient pas suffisamment informées et travaillées. Il avait insisté : « C'est précisément parce que tu ne vois pas le lien avec tes bactéries que je veux que tu participes. Plus tu refuseras, plus j'insisterai. » Je me plonge dans la littérature sur le sujet. J'en ressors malade : tout le secteur biomédical est exposé à de terribles dérives, y compris mes bactéries, qui peuvent se transformer en armes biologiques fatales.

La recherche scientifique, que je tenais pour un jeu, prolongement naturel de ma passion enfantine et adolescente pour les échecs, seule activité capable d'activer dans mon cerveau des zones de plaisir férocement addictives, n'était pas qu'une activité ludique dans la mesure où la science ne pouvait pas seulement impacter le monde pour le meilleur, mais aussi pour le pire.

Je ne le découvrais pas ce jour-là. Comme tous les scientifiques et, je l'espère, comme tous les citoyens, j'avais notamment été amené à réfléchir aux ambiguïtés de l'atome, qui permet tout autant de soigner que d'anéantir notre espèce. C'était même une des raisons pour lesquelles je n'avais pas envisagé, comme plusieurs camarades de promotion à Polytechnique, d'aller travailler dans le secteur de la physique, au risque de faire des choses qui permettraient de fabriquer ou « améliorer » de telles armes. La biologie me semblait vierge de ces dangers. C'était le vivant. La santé. Je ne pensais pas, ou ne voulais pas penser, aux armes biologiques.

### Il faut des mares pour les « vilains petits canards »

Toutes ces expériences vont me faire glisser, sans que j'en aie conscience, du rôle de « simple » chercheur à celui d'entrepreneur social, et conduire à la création du CRI (Centre de recherches interdisciplinaires) qui s'installe à l'automne 2018 dans de superbes locaux de 7 000 mètres carrés, au cœur du quartier historique du Marais, à Paris, pour accueillir tous ceux qui sont désireux de réinventer les manières d'apprendre, d'enseigner, de faire de la recherche et de mobiliser l'intelligence collective. Ce lieu, que je surnomme aussi « carrefour de rencontres intéressantes », catalyse l'apparition et le développement de nombreux projets. Parmi les centaines d'étudiants et de chercheurs qui nous ont rejoints depuis le début, nombre d'entre eux ont un point commun : ils souhaitent penser différemment (« *thinking out of the box* », sortir du cadre de pensée dominant). Certains pourraient les considérer comme de « vilains petits canards ».

Si le conte d'Andersen est universel[4], c'est que nous avons tous, ne serait-ce que par moments, des aspirations à la différence, alors que la pression du conformisme ne nous permet pas toujours de développer notre singularité. Le conte montre bien que cette situation peut n'être que transitoire, mais la solitude voire le rejet n'en sont pas moins douloureux tant qu'on n'a pas pu trouver au moins un partenaire de jeu qui comprend ce que l'on souhaite être ou ce que l'on souhaite faire. Une vidéo de TED (Technology Entertainment and Design), intitulée « comment créer un mouvement[5] », souligne l'importance de ce premier soutien qui peut permettre à un être isolé d'être reconnu comme légitime, bien d'autres pouvant alors le rejoindre.

Daniel Pennac, qui a été cancre, redoublant de nombreuses fois, avant de devenir professeur puis un romancier reconnu, dit que ce conte d'Andersen est celui qui l'a le plus marqué dans son enfance, car il souffrait de cette solitude. Dans *Chagrin d'école*, son autobiographie[6], il raconte aussi comment un enseignant, plus à même de le comprendre que d'autres, l'a aidé à surmonter ces difficultés et à commencer à écrire. Ce dernier l'avait invité à transformer l'imagination dont il faisait preuve pour expliquer pourquoi il n'avait pas fait ses devoirs, en ressources pour inventer des histoires… Comme beaucoup de professeurs qui savent se remémorer leurs difficultés, Pennac a su, une fois devenu enseignant, se mettre à la place de ses élèves en échec pour déclencher chez eux ce déclic que d'autres avaient su provoquer en lui. Dans une interview récente[7], il insiste sur les dynamiques de projets collectifs et la curiosité pour surmonter cette solitude, ainsi que la peur de l'échec, et pour découvrir le plaisir d'apprendre et de comprendre.

Isolés au sein de structures qui refusent trop souvent le droit d'être différents, certains jeunes, comme Pennac, se morfondent et ne donnent pas toute leur puissance de travail et d'intelligence. Pour que, comme dans le conte d'Andersen, ils puissent prendre leur envol en devenant des cygnes, des romanciers, des êtres capables d'inventer d'autres mondes ou tout simplement d'être eux-mêmes, il faut créer plus d'espaces pour ceux qui veulent essayer autre chose. Le CRI aspire à en être un, et c'est évidemment aussi en tant que fondateur et directeur de ce lieu que j'écris ce livre. Sa genèse illustre le propos qui sera le mien et les grands principes qui définissent ce que signifie « apprendre » au XXI^e siècle.

## – 3 –

## Enseigner différemment

L'histoire de mon engagement dans des pédagogies innovantes commence par une expérience d'enseignement improvisée. Miroslav Radman, mon directeur de thèse, est toujours débordé. Il me demande un soir de le remplacer pour le lendemain matin : il a promis trois heures de cours à des étudiants de l'institut Pasteur. Avec un temps de préparation aussi réduit, impossible de construire un cours classique. Je vais donc faire ce que je préfère et, je crois, ce que je fais le mieux : prendre un sujet et le regarder sous plein d'angles différents.

J'y prends un plaisir intense. Une partie des étudiants aussi : enfin, on les invite à réfléchir de manière multidimensionnelle ! Une autre partie n'apprécie pas – et j'aurai longtemps des évaluations très contrastées de mes compétences d'enseignant, tous les étudiants n'étant pas habitués à sortir des sentiers battus. Heureusement, les premiers sont plus nombreux, et les responsables de l'institut Pasteur en font partie. Ils me font revenir. Et déjà quelques étudiants demandent à rejoindre mon labo, dont l'équipe grossit très vite.

J'enseigne aussi à l'École supérieure de physique et de chimie industrielles de la ville de Paris (ESPCI), l'école des Curie (Pierre, Marie, Irène Joliot-Curie et Frédéric Joliot-Curie ; tous Prix Nobel). Elle est alors dirigée par Pierre-Gilles de Gennes, qui reçoit, en 1991, le prix Nobel de physique. J'avais entendu ce dernier en Sorbonne peu de temps après qu'il eut obtenu cette récompense. Il dénonçait la propension des Français à faire trop de théorie et celle des Américains à faire trop d'expérimental. La bonne recherche doit impérativement articuler les deux, insistait-il. Message reçu.

À la même époque, les étudiants du département de mathématiques de l'École normale supérieure réclament la création d'un cours de biologie. On me propose d'y participer puis de le prendre en charge et je m'aperçois que les étudiants de ce niveau-là entrent dans la biologie très vite. Je reproduis avec eux le dispositif qui m'avait si bien réussi à Polytechnique puis avec Miroslav Radman et les incite à visiter un maximum de laboratoires. Ici aussi, comme à Pasteur ou à l'ESPCI, des étudiants veulent venir dans mon labo, si bien que je n'ai rapidement plus de place. Je tente de les convaincre qu'il existe des dizaines d'endroits au moins aussi passionnants. Beaucoup me répondent en substance que j'ai peut-être raison, mais qu'ils craignent de s'ennuyer dans les filières classiques où on leur demandera d'accomplir des tâches prédéfinies, sans cette approche interdisciplinaire que je leur ai laissée entrevoir et qu'ils pratiquent tous spontanément à la cafétéria de l'ENS et via le Web.

Car entre-temps l'usage d'Internet a explosé. Je finis par prendre rendez-vous avec le directeur général de l'Inserm, Christian Bréchot. « Je rencontre toute une jeune génération qui apprend sur le Web, qui a envie de sortir des disciplines étanches et de les combiner pour les mettre au service de la compréhension de phénomènes trop complexes pour être résolus par des approches uniquement disciplinaires. J'aimerais pouvoir les aider à les aborder par le prisme de différentes disciplines. » Comme Miroslav Radman quelques années plus tôt, il n'hésite pas longtemps : « Continue à explorer, je te soutiendrai. »

Avec Ariel Lindner, alors postdoc au labo, nous réunissons une poignée d'étudiants et invitons d'autres chercheurs qui ont franchi des barrières disciplinaires à se joindre à nous.

Nombre d'entre nous se retrouvent chaque année lors d'une école de printemps interdisciplinaire[1] pour chercheurs, sur la petite île Berder, dans le Morbihan. Cloîtrés dans le seul hôtel de l'île, nous y gambergeons, en toute liberté, loin du bruit du monde. C'est à Berder que je comprends deux choses essentielles pour la suite : je ne suis pas le seul « vilain petit canard » à vouloir faire franchir les barrières entre disciplines, et je ne suis pas le seul à avoir néanmoins reçu prix et distinctions de haut niveau. On peut en somme être récompensé de sa désobéissance, en tout cas pour sa curiosité et sa capacité à sortir des cadres disciplinaires ! J'en déduis que ce n'est peut-être pas une garantie de réussite systématique, mais que cette manière d'explorer le savoir en vaut la peine.

Pour prolonger la demande des étudiants séduits par la dynamique de discussions ouvertes et interdisciplinaires, un premier atelier est organisé à Paris, dans la petite salle qui abrite la machine à café de notre labo. Le programme n'est pas très académique : « faire des choses » différemment, comme discuter de sujets hors programme car tout juste émergents, fraîchement publiés et donc hors des radars de la plupart des formations.

Nous commençons à agréger de manière régulière une communauté d'étudiants et de chercheurs. Comme nous choisissons dès le départ de travailler en anglais, des étudiants et chercheurs internationaux se joignent spontanément à notre petit groupe. Mais à la fin de la première année, des étudiants se désolent : « Ce que nous avons fait ici est tellement plus enrichissant que ce que nous faisons dans le cadre restrictif de nos enseignements disciplinaires… Pourquoi ne créez-vous pas un diplôme ? » Je vais voir le mathématicien Gabriel Ruget, alors directeur de l'École normale supérieure. « On pourrait essayer de créer un master, suggère-t-il. Rédigez le dossier. » Ce que nous faisons[2]. Reste, malgré le caractère interdisciplinaire du master que nous baptisons « Approches interdisciplinaires du vivant », à trouver une discipline de rattachement – la tradition universitaire l'impose.

Cela se révèle impossible par les voies traditionnelles. Mais dans chaque département, Gabriel

Ruget a trouvé au moins un chercheur pour soutenir la démarche et un étudiant intéressé par la perspective de suivre un tel master. Malgré le scepticisme de certains, il demande la création de ce master au ministère. Coup de chance : la personne chargée d'évaluer notre dossier a l'esprit large. « Ce master ne ressemble effectivement à rien de ce qui existe. Mais si j'étais plus jeune, je rêverais de m'y inscrire. » Banco ! Nous pouvons délivrer un diplôme. Nous existons.

## Il est risqué de ne pas prendre de risques

Nous nous prenons alors à rêver d'un lieu permanent dédié à ces échanges interdisciplinaires où étudiants et chercheurs pourraient apprendre les uns des autres. Le CRI est en gestation. Mais ni Ariel Lindner, avec qui je le cofonderai, ni moi, ne le savons !

Nous venons d'hériter d'un local présentable à la fac de médecine de Cochin – jusque-là, nous nous installions littéralement dans des interstices : la salle café de notre labo, la cafétéria de l'École normale supérieure entre deux services, de 15 heures à 17 heures, et même une petite salle mitoyenne de… la morgue de l'hôpital Necker. Cette fois, nous avons une centaine de mètres carrés, libérés par la fusion des facultés de Necker et Cochin. Un colloque de calibre mondial sur l'innovation dans le vivant, que je coorganise avec Hisha Gromov, doit alors se tenir à l'Institut des hautes études scientifiques de Bures-sur-Yvette. Avec Ariel, nous avons l'idée de convier ses participants quelques jours avant pour une session dans nos nouveaux murs. Juste avant de les accueillir, Ariel a l'idée géniale d'imprimer CENTRE DE RECHERCHES INTERDISCIPLINAIRES sur une feuille A4, et de la scotcher sur la porte. Grâce à cette inauguration improvisée, notre petit groupe a une identité et même un début de notoriété internationale auprès d'éminents chercheurs.

Cette ouverture internationale se révélera déterminante. D'abord pour l'intense plaisir intellectuel de côtoyer de grands scientifiques et de les voir interagir avec nos étudiants dans un plaisir réciproque. Mais c'est aussi plus qu'utile pour contrer les procès en illégitimité qui ne manquent pas de vous être faits quand vous essayez de faire quelque chose qui n'a jamais été fait en France ! Quand des personnalités scientifiques internationales de premier plan rédigent une lettre de recommandation pour vous soutenir, cela aide à faire taire quelques critiques.

Le bouche-à-oreille s'amplifie. Quelques mois seulement après l'ouverture du CRI, des dizaines de chercheurs et d'étudiants viennent voir ce que nous faisons. À l'occasion d'une conférence sur l'avenir de l'enseignement supérieur et de la recherche à l'Assemblée nationale, je croise Paul Friedel, alors directeur de la recherche et de la stratégie d'Orange Labs recherche et développement. Il revient des États-Unis, où il a fréquenté les mythiques Bell Labs, qui avaient déjà compris, dès les années 1920, la nécessité de réunir des chercheurs de différentes disciplines pour faire avancer la connaissance. La liste de leurs réalisations donne le tournis : premier fax en 1924, multiples progrès techniques permettant d'améliorer les communications téléphoniques, première transmission d'images télévisées en 1927, larynx artificiel en 1929. Plus tard : le transistor, le laser, les cellules solaires… Et une foule de découvertes en recherche fondamentale, qui irrigueront par la suite des applications dans tous les domaines. « Ce que vous décrivez ressemble à ce que j'ai vu là-bas, me dit Friedel. Je peux venir visiter ? On peut discuter ? » Il vient, nous discutons. Et nous créons une chaire Orange à l'université Paris-Descartes qui croise mathématiques, biologie et numérique.

Puis je fais le tour des départements de l'École normale supérieure pour recruter la première promotion d'étudiants de notre master. Je tente de leur expliquer que les approches interdisciplinaires sont la clé de la recherche au XXI^e^ siècle, que s'ils restent enfermés dans leur matière, ils risquent de se trouver dépassés très rapidement. Je leur explique que c'est évidemment prendre un risque que de s'engager dans une filière que personne n'a jamais suivie jusque-là, mais que rester dans un cadre trop convenu constitue également une prise de risque : celui de s'ennuyer si on est trop curieux. Livio Riboli-Sasco, l'un d'entre eux, résume mon argumentaire en ces termes : « Vous êtes en train de nous dire qu'en fait on prend un risque à ne pas prendre de risques. »

Le master est lancé. Il fonctionne si bien que les étudiants veulent prolonger cette démarche en thèse. Or, il est à l'époque extrêmement difficile, voire impossible, de trouver des financements et un cadre institutionnel pour des projets qui croisent les disciplines. Cette lacune profite directement aux universités américaines, qui récupèrent chaque année quelques-uns de nos jeunes chercheurs les plus prometteurs – lesquels, souvent, ne rentrent pas en France après leur doctorat. Notre petite bulle ne suffit pas. Il faut créer un écosystème plus large, et l'appuyer sur une école doctorale : en recherche, si vous n'êtes pas apte à délivrer des thèses, vous n'existez pas. Les prix que je reçois à cette époque m'ouvrent des portes – prix Inserm en 2002, prix Liliane-Bettencourt pour les sciences du vivant en 2003, European Young Investigator en 2005… Ce dernier, ancêtre de l'ERC (Conseil européen de la recherche), n'est attribué à l'époque qu'à 25 jeunes chercheurs, dans toute l'Europe, et dans toutes les disciplines. Outre le financement que de tels prix vous apportent, ils vous posent dans la communauté scientifique. Je suis toujours un « vilain petit canard », mais un « vilain petit canard » qui devient légitime.

En 2005, justement, je dois rendre compte de la façon dont j'ai dépensé l'argent du prix Liliane-Bettencourt pour les sciences du vivant. Je raconte alors à Armand de Boissière, nouveau secrétaire général de la Fondation Bettencourt Schueller, notre difficulté à créer une école doctorale. Les obstacles et arguments que je rencontre sont à peu près les mêmes que lors de la naissance du master, notamment le lancinant « ça n'a jamais été fait » qui, pour moi, est précisément le meilleur argument en faveur du projet et la raison pour laquelle je le trouve motivant. Pendant ce temps, les programmes interdisciplinaires se multiplient outre-Atlantique. Parmi les plus emblématiques, la d.school de Stanford, ouverte l'année précédente par David Kelley et le Media Lab[3] (espace collectif et physique qui met en synergie plusieurs techniques du numérique) où le chercheur en informatique Neil Gershenfeld a lancé au MIT (Massachusetts Institute of Technology) de Cambridge aux États-Unis le cours qui le rendra célèbre, « *How to make (almost) anything* » (« Comment fabriquer [à peu près] n'importe quoi »), et qui mènera à la création du premier des Fab Labs[4] (contraction de l'anglais *Fabrication Laboratory*, « laboratoire de fabrication » : atelier mettant à la disposition du public des outils de fabrication d'objets assistée par ordinateur). Eux aussi attirent des jeunes de toutes les disciplines, y compris art, architecture ou design.

## Donner des ailes au talent

La fondation nous demande de faire un budget à l'été 2006. Quand nous le présentons, ses responsables nous disent : « Votre projet est très innovant. Mais pour donner des ailes aux talents comme nous aimons le faire, vous allez devoir penser une organisation capable de durer. Nous sommes prêts à vous accompagner pour penser au mieux ce projet ambitieux. »

Ce soutien financier inédit pour dix ans, doublé de conseils avisés et d'un accompagnement toujours bienveillant, change la donne : nous obtenons l'habilitation nécessaire pour créer une école doctorale. Comme je le détaillerai ci-dessous, la fondation accompagnera de façon exceptionnelle les développements du CRI. Elle financera peu après licence et master interdisciplinaires que nous avons créés avec les universités Paris-Descartes et Paris-Diderot pour offrir un cursus complet de formation par la recherche du bac au doctorat. Quelques années après ces premiers échanges, la fondation envisagera de créer un centre sans égal en France et commence une revue et des visites des lieux les plus innovants aux quatre coins de la planète. Des leaders éclairés comme Helga Nowotny, qui deviendra la première présidente du Conseil européen de la recherche, Bruce Alberts qui dirige alors l'Académie des sciences américaines, Robert Tjian, qui dirige le Howard Hughes Medical Institute ou David Botstein de Princeton, viendront même nous rendre visite et rencontrer cette première génération de talents. Fort de leurs avis, la fondation décidera en 2014 de financer pour dix ans de plus les développements du CRI ce qui nous permettra de donner des ailes à toujours plus de talents.

Notre rayonnement à l'étranger sera également porté, très vite, par les étudiants eux-mêmes. Une poignée d'entre eux, spontanément, se réunissent pour monter une équipe afin de participer à une compétition internationale pluridisciplinaire organisée et créée par le prestigieux Massachusetts Institute of Technology : iGEM (International Genetically Engineered Machine competition : Compétition internationale de machines génétiquement modifiées). Il s'agit d'une sorte de jeu de Lego biologique. Les équipes convergent du monde entier. Elles reçoivent au début de l'été un kit constitué de composants génétiques qu'on appelle des « bio-briques » et doivent imaginer la meilleure manière de les agencer puis de les intégrer à des cellules vivantes qui bénéficieront ainsi de propriétés nouvelles.

Dès la première année, l'équipe iGEM Paris-Bettencourt du CRI, qu'Ariel a encadrée de main de maître, remporte un prix au prestigieux MIT, dans la catégorie « recherche fondamentale ». Nous organisons une petite réception pour féliciter les étudiants et invitons les présidents d'université de Paris-Descartes et Paris-Diderot. Les étudiants, qui n'ont pas froid aux yeux, leur expliquent que tout cela est bel et beau, mais le serait encore plus si un diplôme pouvait récompenser leurs travaux, et pas simplement un pot ! Le message passe et c'est ainsi que nous complétons notre cursus en amont, en créant une première année de master. Le tout sera complété un peu plus tard par la première licence en France, où on peut être formé par la recherche, cette fois encore avec le soutien de la Fondation Bettencourt Schueller et de la présidence de Paris-Descartes.

Très vite, nous développons aussi des programmes pour les jeunes, notamment issus de milieux défavorisés. Lorsque j'avais été invité en 2005 par le World Science Forum, à Budapest, pour recevoir le prix European Young Investigator, j'avais suivi sur Internet les émeutes qui secouaient certaines banlieues françaises suite au décès de deux adolescents poursuivis par la police, Bouna Traoré et Zyed Benna, à Clichy-sous-Bois. Rarement le contraste entre « gagnants » et « perdants » de la mondialisation m'était apparu aussi criant. Mon histoire personnelle et intellectuelle me rattache autant aux premiers qu'aux seconds. Je n'ai rien oublié de mon adolescence dans le quartier Monclar d'Avignon, qui ne fit pas parler de lui cette année-là mais avait été secoué par d'autres émeutes fin 2003.

## Écosystème évolutif et coopératif

Peut-on établir des ponts entre ces deux mondes en apparence si dissemblables ? Je débats de ces questions dans les allées du forum avec Gaëll Mainguy, alors président de WAYS, l'Association mondiale des jeunes scientifiques, et le grand biochimiste hongrois Péter Csermely, qui a lancé dix ans plus tôt une initiative destinée à attirer vers la science les lycéens hongrois. 10 000 d'entre eux en ont bénéficié. Il nous parle aussi des difficultés propres à la Hongrie, à commencer par l'intégration des enfants tsiganes – difficultés qui se sont encore aggravées depuis, à tel point que la Commission européenne a ouvert fin 2016 une enquête sur le système éducatif hongrois et que le Conseil de l'Europe a dénoncé une « ségrégation scolaire de plus en plus courante au cours de ces dernières années[5] ».

Nous invitons Péter Csermely et deux de ces lycéens hongrois, dont un tsigane, à visiter l'École normale supérieure l'été suivant. Notre idée est de créer un programme similaire en France. Des dizaines d'étudiants et chercheurs se mobilisent pour donner naissance à l'association Paris-Montagne qui porte la

Science Ac', un dispositif visant à ouvrir les portes des labos et, idéalement, du monde de la recherche, à des jeunes, notamment issus d'établissements qui accueillent des élèves de milieux défavorisés. Livio Riboli-Sasco devient président de Paris-Montagne. Encore l'exemple d'un « vilain petit canard » que personne ne voulait prendre en thèse, car son sujet était trop atypique. Il la réalisera dans la toute nouvelle école doctorale du CRI.

Nous voici au cœur d'un écosystème évolutif et coopératif qui couvre l'ensemble des champs : verticalement, puisque nous nous adressons à toute la chaîne éducative, de la seconde au doctorat (et nous allons bientôt aussi nous adresser aux élèves de la maternelle au collège) ; horizontalement, puisque nous fédérons des chercheurs de toutes disciplines, même si les sciences sont surreprésentées. Et tout cela en s'inspirant des bactéries que j'observe depuis quinze ans et qui n'ont nul besoin de ministères ou de pouvoirs centralisés pour s'organiser.

## De bonnes fées

Les Romains ont un dieu pour décrire ces situations : Portunus. Son équivalent dans la mythologie grecque est Kairos. Portunus est le dieu des Clés, des Ports, des Voyages, des Rencontres, des Portes qui s'ouvrent, du Temps à saisir, le dieu de l'Opportunité. La chevelure de Kairos le devance : il faut l'attraper par-devant ; une fois qu'il est passé, c'est trop tard.

Je suis agnostique, mais je pense que, s'il y a un dieu qui nous a accompagnés pendant cette période, c'est bien celui-là. Dans un monde qui change, il y a énormément d'opportunités. Et les étudiants savent mieux que d'autres s'en saisir. Comme on leur a offert un lieu où ils pouvaient saisir les opportunités, ils ont réalisé des choses assez remarquables qui ont attiré toujours plus d'acteurs au CRI. Et c'est cela qui a créé cette dynamique exponentielle.

Cela et… quelques bonnes fées, au premier rang desquelles, la Fondation Bettencourt Schueller, dont la devise est « Donner des ailes aux talents », présidée par la famille et dirigée par Olivier Brault et Armand de Boissière, sans laquelle le CRI n'aurait jamais eu le développement qu'il a pu connaître. Jusqu'en 2003, je n'avais pas entendu parler de la fondation et ignorais tout de l'histoire de la famille Bettencourt. Mais en cette soirée de 2003, je n'ai pas franchement le temps de la réflexion quand Pascale Cossart, éminente chercheuse en microbiologie cellulaire, m'appelle. Je rentre des États-Unis et suis en plein jetlag. Je distingue, dans un brouillard : « François, est-ce que vous pouvez être demain matin à Neuilly ? Vous allez recevoir le prix Liliane-Bettencourt pour les sciences du vivant avec votre collègue Ivan Matic. »

Je me retrouve le lendemain à Neuilly et nous recevons ce prix, richement doté, qui récompense depuis 1997 des chercheurs de moins de 45 ans ayant ouvert des pistes prometteuses pour la science. Pourquoi la fondation s'intéresse-t-elle aux sciences ? André Bettencourt, en présence de sa femme, de sa fille et de son gendre, l'explique ce matin-là, reprenant l'histoire de son beau-père. Il nous conte comment le jeune Eugène Schueller, fils de boulanger arrivant à Paris à la fin du XIXe siècle, a eu la chance de suivre des études de chimie et de faire de la recherche sur une discipline naissante avant de créer la première teinture capillaire qui ne part pas sous la pluie. Nous sommes en 1907. Deux ans plus tard, il crée la Société française de teintures inoffensives pour cheveux, qui deviendra L'Oréal. C'est en hommage à la démarche de recherche de son père, qui fut à l'origine de la fortune familiale, que Liliane Bettencourt a décidé de consacrer plusieurs prix de la fondation qui porte son nom de jeune fille et d'épouse à la promotion des jeunes chercheurs.

L'ancien Premier ministre Pierre Messmer, membre du conseil d'administration de la fondation, dira à Liliane, Françoise et André Bettencourt dont le conseil venait alors de décider de financer le CRI pour la première fois : « Ce que vous êtes en train de faire, ni l'État ni le privé ne saurait le faire. Et donc, je vous félicite de votre engagement pour accompagner des jeunes qui veulent explorer hors des sentiers battus. » Je partage ce point de vue, peu courant en France mais auquel mes nombreux séjours aux États-Unis m'ont progressivement habitué. Là-bas, de larges pans de la recherche sont financés par la philanthropie.

Si l'aventure du CRI a commencé dans la salle café de notre labo, autour d'une poignée de pionniers, ce cadre de liberté évolutif et fécond a connu une croissance quasiment exponentielle, doublant de taille en moyenne tous les dix-huit mois depuis sa création. Le cadre a évolué en permanence pour s'adapter aux demandes d'étudiants toujours plus nombreux, d'âges et d'origines disciplinaires sans cesse plus variées. Je suis plus que reconnaissant aux équipes qui ont su offrir cette liberté aux étudiants et relever les défis associés aux différentes évolutions du CRI. Ce n'est jamais facile d'assurer le quotidien tout en pensant l'avenir et cela n'a été possible que grâce à l'engagement de toutes et tous depuis le premier jour.

## Les entrepreneurs sociaux sont les éclaireurs du monde qui vient

C'est après l'aventure de la Science Académie que je rencontre Arnaud Mourot, le directeur général de la branche européenne d'Ashoka, qui a décidé de s'implanter en France. Cette association a été créée en 1980 par l'Américain Bill Drayton[6] qui, après avoir travaillé avec Jimmy Carter et pour le géant du conseil McKinsey et enseigné à Harvard et à Stanford, a popularisé l'expression « entrepreneurs sociaux », qu'Ashoka décrit comme « des individus guidés par une idée novatrice qui peut aider à résoudre des problématiques profondément ancrées au niveau mondial ». En trente-cinq ans, Ashoka a identifié 3 300 de ces entrepreneurs sociaux dans 93 pays. En surfant sur le site de l'association, j'apprends que son nom vient du « mot sanskrit Ashoka qui signifie "la véritable absence de tristesse", ainsi que de l'empereur indien Ashoka, l'un des premiers grands entrepreneurs sociaux. Après avoir unifié l'Inde au IIIe siècle av. J.-C., Ashoka renonça à la violence et devint l'un des leaders les plus tolérants, ouverts au monde et créatifs de l'histoire, précurseur des innovations pour le développement économique et le bien-être social[7]. »

Arnaud Mourot vient visiter le CRI, dont je lui raconte l'histoire naissante. Son verdict : « Tu es un entrepreneur social. » Il me propose un peu plus tard d'entrer dans le réseau des Ashoka Fellows et de contribuer à ce réseau mondial qui promeut l'idée que nous pouvons tous être acteurs de changement à notre niveau. Je le remercie, mais j'ignore alors la signification même de l'expression « entrepreneur social ». « Si tu veux comprendre, me conseille-t-il, lis *Comment changer le monde*, de David Bornstein[8]. » Le sous-titre du livre vaut programme d'action : « Les entrepreneurs sociaux et le pouvoir des idées nouvelles ».

J'y découvre l'histoire du Brésilien Fabio Rosa et de la technologie d'électrification à moindre coût, celle de l'Indienne Jeroo Billimoria et de sa Childline, service d'assistance téléphonique pour les enfants des rues, celle de la Sud-Africaine Veronica Khosa, qui a créé une société de soins aux malades du sida dans les bidonvilles…

En lisant ce livre, je retrouve surtout quelque chose que j'ai déjà observé chez… les bactéries. Quand elles ne sont pas adaptées à leur environnement, comme nombre d'êtres vivants, elles ont trois stratégies possibles. La plus simple est la migration, à la recherche d'un environnement plus favorable.

Ce n'est pas toujours possible, en particulier pour l'homme – il nous sera difficile de changer de planète si nous dégradons trop notre environnement. La deuxième, hasardeuse, c'est de muter. Les mutations aléatoires ne peuvent en effet que rarement permettre de trouver la mutation favorable, celle qui permet de gagner à la grande loterie de l'évolution. La troisième, omniprésente dans ce livre, consiste à s'investir pour changer son environnement. Ce qu'on appelle, en biologie, la construction de niche ou l'ingénierie écosystémique. Les humains le font très bien, tout comme les bactéries, mais l'exemple le plus facile à mémoriser est celui des castors. Ces derniers préfèrent vivre dans des lacs que dans des torrents. Alors, en l'absence de lacs naturels, ils construisent des barrages, qui vont modifier l'écosystème pour eux et leurs descendants bien sûr, mais aussi pour nombre d'espèces. La métaphore du castor m'a marqué. Je me suis demandé comment on pouvait construire des écosystèmes d'apprentissages.

Et c'est une étape clé du long voyage que vous conte ce livre.

## Nous vivons un changement de paradigme

Mais je ne le savais pas à ce moment-là. Restait en effet à savoir si les signaux du changement que j'observais toujours plus fréquemment alors n'étaient qu'un avatar de l'idée selon laquelle une règle peut avoir des exceptions sans cesser d'être une règle, ou si nous étions en présence d'un nouveau paradigme, une évolution qui peut amener à changer de vision. Le philosophe et historien des sciences américain Thomas Kuhn[9], qui a popularisé ce concept de *paradigm shift* (changement de paradigme), a très bien illustré la difficulté à identifier ces moments de bascule. Il montre que face à une anomalie qui ne colle pas à un modèle dominant, la pente naturelle des tenants de ce modèle est de tout bonnement les ignorer. Puis un pionnier se demande si ces anomalies sont reproductibles. Si elles le sont, on est peut-être en présence non d'une anomalie mais de la naissance d'un nouveau paradigme.

Cette idée était révolutionnaire pour l'époque – le début des années 1960 – et reste dérangeante pour ceux qui veulent croire à une sorte d'objectivité de la science. Elle montre en effet que la manière dont une communauté de chercheurs et d'institutions fonctionne à un moment donné et décide de regarder ses objets de recherche pèse dans la progression du savoir au-delà des expériences en laboratoire ou de l'émergence de nouvelles théories. Les nouvelles manières d'apprendre et de faire de la recherche sont-elles des anomalies ou le numérique permet-il de faire émerger un nouveau paradigme ?

Je veux en avoir le cœur net et organise, en 2011, la première conférence *night science* (science de nuit) dédiée aux nouvelles manières d'apprendre par la recherche. Cette idée de « science de nuit » est un hommage au Prix Nobel de médecine François Jacob, qui distinguait en ces termes science de jour et science de nuit : « La science en voie de se faire a deux aspects. Ce qu'on pourrait appeler science de jour et science de nuit. La science de jour met en jeu des raisonnements qui s'articulent comme des engrenages, des résultats qui ont la force de la certitude. [...] La science de nuit, au contraire, erre à l'aveugle. Elle hésite, trébuche, recule, transpire, se réveille en sursaut. Doutant de tout, elle se cherche, s'interroge, se reprend sans cesse. C'est une sorte d'atelier du possible où s'élabore ce qui deviendra le matériau de la science[10]. »

Les exemples affluent du monde entier, et vous allez les retrouver dans ces pages. Ils sont trop nombreux pour ne relever que de l'anomalie.

## Nous naissons chercheurs mais nous l'oublions trop vite

La même année, la psychologue et philosophe américaine Alison Gopnik donne une brillante conférence TED intitulée « Que pensent les bébés[11] ? », en écho à son livre *Le Bébé philosophe*[12] (*The Philosophical Baby : What Children's Minds Tell Us About Truth, Love, and the Meaning of Life*) sur ce que l'esprit des enfants nous dit de la vérité, de l'amour et du sens de la vie. Sa thèse peut se résumer en cinq mots, que je ferai miens : « Nous sommes tous nés chercheurs. » Elle montre que le développement cognitif, dès le plus jeune âge, procède de processus identiques à ceux que les scientifiques mettent en œuvre pour faire progresser le savoir, notamment l'expérimentation sur son environnement. Si ce comportement est inné, l'environnement peut conforter et développer le potentiel de chercheur qui est en nous.

Des enfants toujours plus jeunes qui publient des articles dans des revues scientifiques, c'est une série d'anomalies qui au bout d'un moment oblige à repenser le modèle dominant. Des citoyens qui font de même, c'est d'abord une anomalie, puis progressivement cela fait système. Ce mouvement dessine une nouvelle branche de la recherche : les sciences citoyennes. Nous allons contribuer à ce changement de paradigme en créant, deux ans plus tard, le programme des Savanturiers.

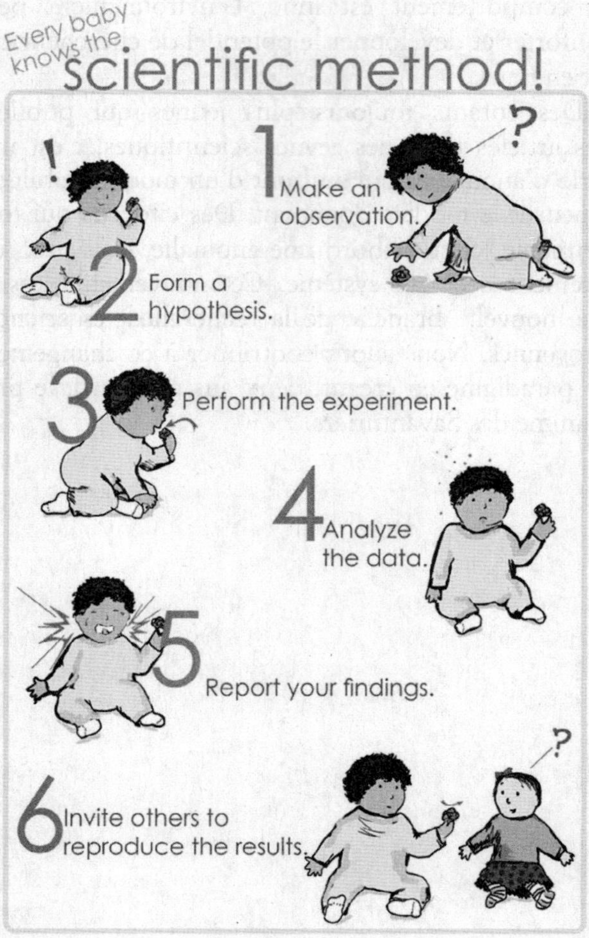


*Tous les bébés connaissent les méthodes scientifiques*[13].

Il faut, là aussi, une rencontre. Ce sera avec Ange Ansour, professeure des écoles après avoir été traductrice. Je lui fais lire un article rédigé par des enfants de 8 ans sur des bourdons[14]. « Les enfants que l'on fait travailler sur les bourdons, c'est sympa, me dit-elle. Mais dans l'Éducation nationale, on ne fera jamais entrer des bourdons. Par contre, des fourmis, on peut essayer. » Laurent Keller, un des grands spécialistes mondiaux des fourmis, me présente Thibaud Monnin et Mathieu Molet, deux collègues myrmécologues – le nom savant des spécialistes des fourmis – de l'université Pierre-et-Marie-Curie. Ils acceptent de jouer le jeu en répondant aux questions que les élèves (se) poseront pendant l'année. Nous installons une fourmilière dans la classe d'Ange, un double niveau CM1-CM2 située à Bagneux (Hauts-de-Seine), en Zone d'éducation prioritaire[15]. À la fin de l'année, nous invitons les enfants à présenter le résultat de leurs observations, comme cela se pratique lors d'un congrès scientifique. Chacun présente deux choses apprises. La séance dure une heure, et mes collègues du CRI et moi sommes épatés. Tamara Milosevic, biologiste ayant étudié ces sujets, très impliquée dans la formation par la recherche d'étudiants en licence, prend la parole :

— Les enfants, vous m'avez appris énormément de choses aujourd'hui. Comment vous avez fait pour vous poser toutes ces questions ?

— La première question qu'on a posée au début de l'année, c'était de savoir si on avait le droit de se poser des questions.

— Vous en doutiez ?

— Oui. Les adultes disent que la curiosité est un vilain défaut. Dans nos familles aussi, certains parents disent que ce n'est pas bien de poser trop de questions. Alors, quand les chercheurs sont venus nous dire que c'était bien de poser des questions, on était un peu perdus... On a donc discuté entre nous et on a décidé que sur les fourmis, on aurait le droit de poser toutes les questions qu'on voulait.

— Donc, vous faisiez vos observations et vous écriviez aux chercheurs quand vous ne compreniez pas ?

— Non. On commençait par regarder dans les livres de la bibliothèque, puis sur Internet, mais on a bien vu qu'on ne pouvait pas trouver toutes les réponses dans les livres ou croire à tout ce qui est écrit sur le Web. On a trouvé Vikidia, le Wikipedia des enfants, sur lequel on a pu commencer à écrire nous-mêmes pour compléter l'article sur les fourmis. On a écrit aux myrmécologues seulement quand on ne comprenait vraiment pas.

— Par exemple ?

— Comment se nourrit la reine. Parce que la reine ne sort jamais...

— Et que vous ont-ils répondu ?

— C'est grâce au jabot social, un deuxième estomac dans lequel elles stockent de la nourriture pour les fourmis qui ne sortent pas. Mais au début, il nous a fallu un mois pour comprendre tout ce vocabulaire de la myrmécologie...

Dans un premier temps, les enfants ont reproduit les expériences que les chercheurs faisaient dans leurs laboratoires. Jusqu'au jour où les résultats qu'ils ont observés ne correspondaient pas à ceux des chercheurs : sans raison apparente, les fourmis ont construit une muraille à l'entrée de la fourmilière. Ils écrivent de nouveau aux myrmécologues, qui avouent leur ignorance mais proposent une hypothèse, celle d'un dépôt de choses venant de l'intérieur de la colonie. Les enfants doutent de cette interprétation, car elle ne colle pas avec leurs autres observations, et décident donc de la tester. Ils refont une expérience, détruisent la muraille, déposent plein d'objets. Et voient les fourmis créer une supermuraille avec tous les objets que les enfants ont pu introduire. Ils ont ainsi compris que si les chercheurs savent énormément de choses, ils ne savent pas tout, que leurs interprétations ne sont pas toujours les bonnes et qu'il y a des manières de tester les différentes hypothèses.

C'est peut-être la partie la plus réussie et la plus enrichissante de l'opération et j'adore la raconter. Ce que je fais, dans un avion, auprès d'un journaliste du *New York Times*, de retour d'un forum mondial sur l'éducation – le World Innovation Summit for Education de Doha (WISE). Il veut en savoir plus et débarque au CRI et à Bagneux pour rencontrer Ange Ansour et ses élèves et rédiger un article. La notoriété de nos petits Savanturiers franchit l'Atlantique[16] !

Fabienne Chauvière sur France Inter m'invite à partager l'histoire dans son émission, baptisée justement Les Savanturiers, et dont le nom a inspiré les élèves. Le compte Twitter de la classe d'Ange agrège des centaines de « followers » (lecteurs). Si bien que la mairie de Paris finit par entendre parler de l'expérience. Nous sommes en pleine réforme des rythmes scolaires et elle cherche des activités éducatives pour ses écoles. Pouvons-nous décliner le dispositif ailleurs qu'à Bagneux ? Ange a le cœur fendu à l'idée de quitter ses petits élèves mais accepte de piloter le prototypage de l'opération dans une vingtaine d'ateliers périscolaires. Nous identifions autant de doctorants de disciplines différentes pour accompagner les classes, vingt sujets de recherche différents. L'astrophysique ou la botanique rejoignent la myrmécologie.

Et ça marche !

Mieux : non seulement les enfants se passionnent pour la démarche scientifique, mais les enseignants poussent la porte de nos ateliers, demandent à rester le soir pour comprendre ce que nous faisons, et même nous demandent de prendre la classe de sciences à leur place, ce que nous refusons évidemment : les accompagner, oui ; se substituer à eux, jamais. Petit à petit, les Savanturiers s'immiscent de la maternelle au lycée (lycée professionnel inclus). Entre-temps, France Inter nous a gentiment autorisés à garder ce nom qui plaît tant aux enfants. Et, en juin 2014, les Savanturiers sont labellisés par le programme La France s'engage, ce qui nous permet de multiplier le nombre d'ateliers et d'affermir la reconnaissance institutionnelle du dispositif. Comme le CRI, les Savanturiers se sont évadés de leur cadre initial, ont crû et embelli rapidement, en saisissant les opportunités.

Sur un territoire comme celui de Gennevilliers, par exemple, est né un laboratoire autour de l'innovation pédagogique qui fait travailler ensemble la Mairie, le campus de Thalès et le CRI. Ce projet préfigure la façon dont un centre de recherche peut catalyser un écosystème éducatif local rigoureux et agile, au service de l'excellence de l'école publique, au cœur des territoires relevant de l'éducation prioritaire. Depuis septembre 2015, le partenariat entre la fondation

Thalès et le programme éducatif Savanturiers du CRI a permis l'éclosion d'un cycle vertueux de territoire apprenant. Des dizaines de classes d'école élémentaire et de collège de Gennevilliers mènent des projets d'éducation par la recherche et bénéficient dès lors d'un double accompagnement : pédagogique par les Savanturiers, et scientifique par les ingénieurs bénévoles du Campus Cristal de Thalès.

Le succès de cette démarche éducative dans les classes ainsi que les bénéfices pour les élèves en termes d'apprentissage et pour les enseignants en termes de développement professionnel ont convaincu la Ville. Elle s'est engagée à soutenir et développer ce programme sur tout son territoire et Thalès a l'intention désormais de le déployer sur ses autres campus, en France et à l'étranger. D'autres territoires et entreprises souhaitent développer des partenariats du même type qui profitent aux salariés, aux enseignants et bien sûr aux jeunes. L'impulsion donnée par les Savanturiers s'est de la sorte transformée en dynamique d'*empowerment* (mise en capacité d'agir) pour l'ensemble des acteurs d'un territoire.

Lors du dernier congrès Savanturiers à Gennevilliers, en plus des jeunes chercheurs, trois mamans chercheuses montent sur scène et présentent ce qu'elles ont découvert et consigné dans leurs carnets de laboratoire.

## Les voyages forment la jeunesse et tous ceux qui savent rester jeunes

L'un des grands avantages d'être élève à l'École polytechnique, comme je l'ai été, c'est de profiter du temps de vacances offert aux étudiants tout en percevant une solde d'officier qui permet de voyager. J'ai ainsi très vite pu sillonner d'abord l'Europe puis les autres continents où j'ai appris beaucoup. L'adage populaire qui souligne le caractère formateur des voyages pour les jeunes explique bien les succès de programmes comme Erasmus et le fait que dans d'autres pays, depuis longtemps, et chez nous plus récemment, les stages à l'étranger et les années de césure soient considérés comme un vrai plus.

Les Chinois ont une autre manière d'expliquer ce principe : selon eux, si on ne connaît qu'un système, on a du mal à en concevoir un autre, mais si on a eu l'occasion de voir d'autres manières de faire, on peut en imaginer toujours plus. François Jullien, philosophe et sinologue, l'illustre également à partir de concepts philosophiques, en comparant la façon dont la Chine et la Grèce appréhendent les mêmes notions sous des angles complètement différents. Par exemple, en chinois, le mot « crise » comprend deux caractères. L'un d'entre eux signifie « danger », ce qui ne surprendra personne ; l'autre, en revanche, signale une opportunité, ce qui permet de changer le regard porté sur ce type de situation.

Encourager les enfants (et les adultes) qui ont la chance de connaître deux cultures à travailler cette diversité de regards pour les aider à prendre conscience du poids du contexte et de la langue dans nos approches ne peut que les aider à mieux appréhender la complexité du monde. L'enfant migrant, par exemple, va construire une « troisième culture » (*Third Culture Kids*) qui n'est ni celle des parents, ni celle du pays d'accueil. Elle prend donc pour lui une définition très personnelle et spécifique. S'il faut savoir aider ces enfants à gérer de possibles conflits d'identité, cette troisième culture les rend aussi plus ouverts, plus adaptables, mieux à même de comprendre la globalisation et ses défis.

Certains pays, comme l'Australie ou le Canada, qui savent mieux que nous faire réussir les enfants d'immigrés, comme le montrent les études internationales, les accueillent en célébrant leurs cultures d'origine et en les invitant à être les ambassadeurs de ces cultures pour les transmettre à d'autres. Avant, demain, de voyager encore et de transmettre ailleurs la culture acquise dans leur pays d'adoption.

À Singapour, où l'on baigne dans un fertile milieu interculturel, on envoie systématiquement les responsables d'organisations, notamment dans le système éducatif, voir comment d'autres pays mettent en œuvre leurs métiers. Ils sont ainsi invités à apprendre des autres – de leurs succès comme de leurs échecs. Cette ouverture contribue au succès de l'économie et du système éducatif de la cité État. On pourrait certainement s'en inspirer pour faire voyager toujours plus tous les acteurs de notre société apprenante qui a tant à apprendre des autres sociétés, y compris pour apprendre à mieux se connaître et se comprendre en se confrontant à l'altérité.

## L'intelligence collective est plus forte que l'intelligence artificielle

Je suis optimiste – et même un peu plus que ça – quand je pense à l'histoire du CRI et aux multiples initiatives que je décris dans ce livre. J'aime à penser que nous vivons une période comparable à celle qui a permis aux Lumières d'émerger au XVIII^e siècle et d'inventer, en quelques décennies, la presse, l'édition, les sciences, les journaux scientifiques et la démocratie… À l'origine, le mouvement était ultraminoritaire. Puis les penseurs de la rupture ont commencé à se parler, composant des réseaux informels comme celui que le chimiste anglais Robert Boyle a baptisé le « collège invisible », dès le mitan du XVII^e siècle. À l'époque, il fallut plusieurs générations pour que les choses bougent. Parce que, par nature, les transformations culturelles prennent du temps. Mais aussi parce que les technologies d'échange d'informations étaient alors très lentes. L'historienne américaine Elizabeth Eisenstein parle, elle, d'une « révolution inaperçue » dont elle fait remonter l'histoire à la naissance de l'imprimerie[17].

Aujourd'hui, les technologies se diffusent beaucoup plus vite. Et la révolution ne procède pas d'une technologie unique – l'imprimerie – mais d'une galaxie de technologies interconnectées (génétiques, biologiques, cognitives, nano…) auxquelles nous avons tous accès via toujours plus d'objets, dont nos smartphones. Elles ont un impact qu'on est encore loin d'être capables de métaboliser, en tout cas de penser, d'analyser et de comprendre en prenant en compte l'ensemble des répercussions possibles. Nous manquons de lieux de réflexion pour penser notre futur, et de lieux qui n'opposent pas recherches fondamentale et appliquée, afin d'examiner les implications éthiques et sociétales des progrès que nous vivons.

Mener une réflexion collective sur ces sujets. Mobiliser notre conscience collective à la fois sur ces grandes transformations, mais en même temps sur les grands défis planétaires – les problèmes de la biodiversité, le changement climatique… – qu'on ne saura pas relever sans se mobiliser collectivement. Mobiliser l'intelligence collective dans n'importe quel groupe humain, à commencer par une classe, une entreprise ou une administration. Les réinventer pour cela, car elles ont été pensées avec des outils et une organisation du XIXe siècle, organisation essentiellement hiérarchique, locale, de contrôle, conçue pour que toutes les informations remontent au sommet afin que le sommet soit suffisamment éclairé pour prendre une décision qui s'impose à tous.

## L'évolution se fait dans la tension, et ce n'est pas grave

Revenons à Socrate. Les attendus du jugement qui le condamne à mort sont édifiants : il n'est pas seulement accusé d'inventer des divinités mais aussi, peut-être surtout, de corrompre la jeunesse. Ses juges comprennent très bien toute la charge politique de son enseignement, et le risque que court l'État si l'apprentissage de la curiosité l'emporte sur celui de la soumission. Socrate, d'ailleurs, ne s'en défend que mollement. Il sait, et il admet, que ce qu'il a fait n'était pas forcément admis ou admissible. Il ne se renie pas, dût-il en mourir.

Cette tension entre, d'une part, les tenants d'un ordre reposant sur la soumission et la répétition mécanique d'enseignements fondés sur les savoirs d'hier et, d'autre part, les défenseurs d'une organisation fondée sur la capacité à questionner, à interroger les règles, à inventer le monde qui vient, cette tension ancestrale demeure, tension éminemment politique qu'il faut conserver à l'esprit pour comprendre la violence de certains débats sur l'éducation. Nous sommes bien en présence d'un affrontement entre des systèmes orthogonaux, entre des dynamiques *a priori* exclusives, dont le heurt produit forcément des étincelles, comme dans toute période de transition. La Grèce qui condamne à mort Socrate est aussi la Grèce qui invente les premières formes de démocratie, de science, les premiers philosophes, les premiers lycées, les premiers modes de transmission instituée… La Renaissance, avec ce progrès technologique majeur qu'est l'imprimerie, connaîtra les mêmes tensions. L'époque contemporaine, avec la naissance d'Internet et la mutation numérique, est entrée dans un bouillonnement comparable qui est parfois mieux compris par les artistes à l'avant-garde des changements.

## Trois idiots qui aident à penser l'éducation de demain

Même si je ne suis pas, et de loin, le plus artiste de ma famille, j'ai grandi dans un milieu où l'art est au cœur de la culture et de la vie. Il permet d'explorer d'autres manières de voir le monde, de nous transporter au-delà de ce que nous pourrions vivre sans ces créations. Hollingsworth a d'ailleurs montré que les meilleurs chercheurs sont aussi très souvent des artistes, des personnes capables de franchir les frontières, de passer d'un monde à l'autre, de jongler d'un imaginaire à l'autre[18].

Très jeune, j'étais déjà un grand lecteur. Je me souviens par exemple du premier roman que j'ai lu à la fin de mon CP, alors que mes parents dormaient encore. Des ouvrages que j'empruntais à la bibliothèque où j'avalais tous les livres sur les mythologies et légendes de différentes traditions. Grandir à Avignon, terre de festival, capitale du théâtre, a également été une chance inouïe. On apprend bien des choses dans une salle de spectacle et dans les débats qui suivent les représentations, dans les petites rues et les places de la cité des Papes. Arrivé dans le Quartier latin pour mes années étudiantes, j'ai pu découvrir nombre d'expositions et la richesse des cinémas du monde et de toutes les époques. Il m'arrivait même d'entrer dans un cinéma et de n'en sortir qu'après avoir enchaîné toutes les séances. Là aussi, les débats entre amis qui suivaient une séance étaient toujours riches.

Mon film préféré est *Trois idiots*, un film indien très peu connu en France où il n'a pas été distribué. Je le déplore, car il a été premier au box-office dans de nombreux pays en Asie. Ce sont des étudiants philippins et chinois qui me l'ont d'ailleurs fait découvrir et je l'ai déjà vu cinq fois depuis. Y est exposé le système de l'enseignement supérieur indien qui est plus compétitif et impitoyable encore que le nôtre : un lieu de brimades, de pressions familiales et sociales qui mènent trop de jeunes au suicide.

Mais ce film est profondément joyeux et drôle car ces trois idiots sont emmenés par le plus charismatique d'entre eux, Rancho, qui est d'une créativité et d'un humour à toute épreuve. Ce dernier saura non seulement dénoncer les limites de ce système mais aussi finir major de sa promotion, et séduire la fille du directeur, conservateur s'il en est. De surcroît, fort de son expérience, il créera par la suite une école, sur les contreforts de l'Himalaya, où les plus jeunes pourront épanouir leur créativité en résolvant des problèmes et en déposant des brevets. Ce film, en partie bâti sur des histoires vraies, dont celle de Sonam Wangchuk, un Ashoka Fellow qui a créé une école où les enfants inventent des solutions aux défis qu'ils rencontrent, amène de nombreux débats intéressants sur les valeurs et l'organisation de tout système éducatif.

Je rêve de voir ce chef-d'œuvre plus connu des Français. Il permettrait de se demander comment une telle histoire a pu advenir dans d'autres pays. Qui sont les idiots ? Sont-ils vraiment ces jeunes qui cherchent à trouver leur voie ? Si c'est le cas, alors peut-être que d'autres voudront à leur tour devenir le quatrième ou le énième idiot pour déclencher progressivement une épidémie. Je n'ai encore jamais vu de film, ou même de documentaire, sur l'impact d'un film, mais j'ai très envie d'en voir un consacré à l'effet que les *3 idiots* peuvent avoir sur des jeunes et des moins jeunes. *A fortiori* si on leur permet de réaliser que ce genre de choses n'existe pas seulement au cinéma, et qu'il y a toujours plus de lieux où ils peuvent apprendre autrement et inventer le monde de demain.

Plus généralement, je crois que le cinéma, par sa capacité à émouvoir au plus profond et son impact sur des millions de gens, peut faciliter des prises de conscience chez chacun et faire changer la culture du collectif. Son impact pourrait sans doute être plus fort encore si on était invité, en sortant du cinéma, à rencontrer ceux qui ont ressenti la même émotion qui, au sens littéral, les a mis en mouvement. Débattre avec d'autres, et pas seulement avec ses proches, de sa réaction et de son envie de creuser la réflexion, voire de passer à l'action, pourrait permettre l'émergence de collectifs capables de faire ce que les individus n'osent ou ne savent pas forcément faire seuls.

Toutes les époques ont su créer leurs lieux de débat, l'Agora permettait aux Grecs d'échanger sur les sujets qui les préoccupaient, les salons et les cafés parisiens ont permis aux acteurs des Lumières de se retrouver pour débattre, l'émission de télé « Les Dossiers de l'écran » jouait en son temps un rôle du même ordre en synchronisant nombre de conversations. Je ne suis pas sûr que les *talk-shows* et les réseaux sociaux soient aussi propices à un débat qui fasse grandir chacun des participants et ceux qui y assistent. Nous aurions sans doute besoin d'inventer un nouvel art de la discussion à l'heure du numérique : les « dossiers des écrans » ?

L'art peut ouvrir l'imaginaire de chacun, le débat permet de comprendre le point de vue de l'autre dans cet autre monde qui s'ouvre. Certains au CRI et ailleurs s'y emploient, je pense que c'est essentiel pour la santé de nos démocraties et pour notre capacité à penser les transitions à venir. Le cinéma offre à découvrir le regard de l'autre et, en miroir, en analysant les émotions ainsi provoquées en nous, de mieux se connaître et de mieux comprendre autrui.

## Plus que jamais, il faut « se connaître soi-même »

Je défends, plus généralement, l'idée d'une école qui renoue avec l'enseignement socratique.

« Connais-toi toi-même. » Cette exigence devrait être mise au cœur du système éducatif. Que sait-on sur soi-même à titre individuel ? Et à titre collectif ? À mesure que les machines progressent et en savent plus sur nous, en tout cas savent sans doute des choses sur nous que nous ne pouvons pas toutes savoir ou que nous préférons oublier, je pense que nous avons toujours plus besoin de nous interroger sur ce que c'est qu'être un être humain, sur ce que c'est être soi, et sur la place que l'on a envie d'avoir dans ce monde qui évolue toujours plus vite.

La jeunesse est parfaitement capable de prendre plus que sa part dans la recherche de réponses à ces questions. L'innovation vient en effet rarement de ceux qui ont le pouvoir.

Maintenant que vous me connaissez un peu mieux, poursuivons notre voyage et arrêtons-nous sur un point central : pour apprendre, il faut accepter de commencer par désapprendre.

## 4

## Avant d'apprendre, désapprendre

Une anecdote, assez connue, illustre la difficulté à renoncer à ses habitudes ou à ses croyances, celle des macaques de l'île de Koshima, une réserve naturelle située au Japon. Pour les attirer et pouvoir les observer, les scientifiques ont eu l'idée de déposer des patates douces sur la plage de l'île, ce qui a l'inconvénient de les rendre peu agréables à croquer – le sable crisse sous les dents. Une jeune adolescente macaque, baptisée Imo, passe par là, déterre une patate, la nettoie dans la mer et s'en nourrit. Ses copines arrivent, elle leur montre comment procéder, et ce savoir se propage, d'abord chez les femelles adolescentes, puis chez les mâles adolescents, puis chez les femelles adultes, enfin chez les mâles alpha dominants. Quelque temps plus tard, les scientifiques déposent du riz à la place des patates. Se reproduit exactement le même scénario. La même petite macaque maligne trouve une manière de séparer le riz du sable, ce qui est assez compliqué techniquement (ce livre ayant vocation à vous inciter à la recherche et au questionnement, je vous laisse chercher la solution, idéalement sans l'aide d'Internet, pour que vous puissiez admirer l'ingéniosité de cette cousine quelque peu éloignée). Et l'on observe exactement le même schéma de diffusion de l'innovation dans la tribu. De l'adolescente à l'adolescent, puis à la mère et enfin au mâle dominant[1].

Les macaques ne sont pas la seule espèce dont les mâles dominants ont du mal à se remettre en cause et sont les derniers à adopter une innovation. L'histoire des sciences regorge de découvertes qui mirent des années à être reconnues parce que les mâles dominants – en l'espèce les chercheurs détenant le pouvoir – refusaient de reconnaître leurs torts.

L'une des plus célèbres est la tragédie d'Ignace Philippe Semmelweis (1818-1865) magnifiquement contée par Céline[2]. Médecin hongrois, spécialiste d'obstétrique, il constate que les femmes préfèrent accoucher avec des sages-femmes plutôt qu'avec des médecins. Pas seulement parce qu'elles préféreraient avoir affaire à des femmes, mais parce qu'elles ont l'impression que leur vie sera moins mise en péril. Semmelweis, intrigué, vérifie et constate que c'est vrai. Même quand les accouchements ont lieu dans des bâtiments différents, la mortalité est moindre du côté des sages-femmes que des médecins. Examinant les pratiques des unes et des autres, il constate qu'il arrive aux médecins de passer directement de l'autopsie d'un cadavre à un accouchement, sans se laver les mains. Tragique ironie de l'histoire : ils pratiquent ces autopsies sur des femmes mortes de fièvre puerpérale, précisément pour diminuer la mortalité des parturientes suite à une fièvre puerpérale.

Il émet l'hypothèse d'une relation entre les deux gestes et suggère aux médecins de se laver les mains entre les deux. Personne ne le croit, sauf un médecin qui avait accouché sa nièce préférée sans se laver les mains. Elle en était morte. Inconsolable, ce médecin se suicidera en comprenant qu'il est à l'origine de sa mort. Voilà le drame de Semmelweis : le seul qui le croit s'est tué ! Cette impuissance à faire reconnaître sa découverte le rendra fou, au sens propre – il mourra, incompris, dans un asile. Il faudra attendre Lister, Pasteur, et la compréhension des mécanismes infectieux pour que l'idée d'hygiène se propage progressivement. Aujourd'hui, Semmelweis est reconnu comme le père de la lutte contre les maladies nosocomiales, mais certains ont encore du mal à se laver les mains et à se remettre en cause.

Cette histoire date d'un siècle et demi mais l'espèce humaine n'est en aucun cas vaccinée contre de telles mésaventures. On a beau avoir raison, encore faut-il trouver un nombre suffisant de personnes, et de préférence influentes, pour nous croire. On peut même former l'hypothèse que les collègues de Semmelweis n'étaient pas des abrutis, mais d'honnêtes médecins, habités par le souci de sauver des vies et, pour cette raison même, incapables d'admettre l'idée d'avoir involontairement causé des morts.

D'ailleurs, même des scientifiques qui ont réalisé leurs propres découvertes et se sont heurtés au dogme de la génération précédente, ont parfois beaucoup de mal à accepter un changement de paradigme le jour où ils sont eux-mêmes confrontés à des petits jeunes qui viennent les remettre en question !

## Notre cerveau nous fait prendre les vessies pour des lanternes

Observez maintenant ce dessin.

*Première version connue de l'illusion d'optique « Le lapin et le canard[3] ».*

Qu'y voyez-vous ? Un canard ? Un lapin ?

Publiée quelques années auparavant dans la presse allemande, cette image a été popularisée en 1900 par le psychologue américain Joseph Jastrow. Il voulait montrer que notre cerveau et notre culture interagissent pour produire des représentations. Les réseaux sociaux raffolent de ces images qui trompent notre cerveau et si vous saisissez « illusions d'optique » dans un moteur de recherche, vous en trouverez des dizaines d'autres exemples. Des figures immobiles qui entrent en mouvement quand on déplace les yeux. Des visages pourtant identiques exprimant des émotions opposées selon la légende qu'on leur accole.

L'idée à retenir est que notre cerveau, fondamentalement, interprète les signaux qui viennent du monde physique. Rien n'est stable. Tout est filtré. Cette propriété du cerveau nous aide quotidiennement et depuis longtemps. C'est grâce à elle, par exemple, que nos lointains ancêtres, à partir de quelques indices visuels, distinguaient proies et prédateurs. Nous avons la chance d'être capables de produire du sens à partir de données complexes, ce qui nous a laissé un avantage évolutif certain au cours de l'histoire.

Mais cette propriété peut aussi nous tromper. Les magiciens ou les pickpockets sont maîtres dans l'art de jouer avec notre cerveau et de lui faire prendre des vessies pour des lanternes.

## Allégorie de l'« allégorille »

Je ne voyais que jeu dans ces petites expériences, jusqu'à y être soumis dans un contexte scientifique, lors d'un de ces séjours à Berder où naîtra une partie de l'aventure du CRI, comme nous l'avons évoqué. Ce jour-là, on nous propose de regarder ensemble une vidéo qui met en scène deux équipes, les tee-shirts noirs et les blancs, qui font des passes avec deux ballons de basket. Le but est de compter le nombre de passes entre les blancs[4]. L'exercice est ardu. À la fin, il y a quasiment autant de réponses que de participants. Puis on nous demande si nous n'avons rien observé de particulier. Moi, je n'avais rien vu d'autre, si ce n'est qu'à un moment donné j'avais été gêné et j'avais eu l'impression qu'on avait essayé de me perturber. Le spécialiste de sciences cognitives qui se livre à l'expérience nous propose de regarder la vidéo une deuxième fois, mais sans essayer de compter les passes. Nous découvrons alors qu'un gorille traverse la scène en se tapant sur la poitrine. Impossible de le manquer ! J'ai été complètement bluffé par mon propre aveuglement cognitif.

Ce jour-là, je me suis demandé combien de gorilles j'avais ratés dans ma vie, y compris dans ma vie de scientifique. Parce qu'un scientifique, quand il se concentre à fond sur un sujet, se contente de compter les passes. Pour moi, ce fut une révélation, le moment où j'ai commencé à penser le fait qu'une discipline scientifique invite à hyperfocaliser, au risque de nous faire manquer des évidences. Depuis, j'appelle cela une « allégorille ».

Les chercheurs en sciences cognitives ont identifié des dizaines de biais cognitifs qui affectent la façon dont on traite l'information.

Le *back fire effect* (littéralement : l'effet « retour de flamme »), par exemple, qu'on appelle aussi « l'effet rebond ». Il a fait l'objet d'une étude très parlante aux États-Unis, qui a consisté à soumettre à des électeurs républicains des faits qui contredisaient ce que leur disaient leurs candidats. Non seulement la présentation de ces faits ne les amenait pas à changer d'avis, mais elle les renforçait dans leur conviction initiale[5]. L'interprétation est sujette à caution, d'autant que les expériences les plus médiatisées ayant mis en lumière l'effet rebond n'ont pu être reproduites, mais une des hypothèses possibles est que ces personnes, se sentant remises en cause, cherchent avant tout à se défendre, voire à défendre le collectif dans lequel elles se reconnaissent[6].

Un autre biais couramment répandu entre en résonance avec le *back fire effect* : l'*active information avoidance* (l'évitement actif de l'information). Il ne concerne pas seulement les informations qui remettent en cause mes convictions et menacent mon identité, mais aussi des informations potentiellement utiles pour l'individu. Les fumeurs invétérés ne lisent pas plus d'études sur le lien entre cigarette et cancer du poumon que les alcooliques d'études sur le lien entre alcool et maladies hépatiques. Ils savent, au moins vaguement, et n'ont pas envie d'en savoir plus.

Un cas moins connu a été étudié, celui de la maladie de Huntington, une maladie dont on ne connaît encore aucun traitement et qui peut être mortelle. Il s'agit en outre de ce qu'on appelle une maladie génétique dominante : si l'un de vos parents en est atteint, vous avez une possibilité sur deux de l'avoir.

Les économistes vous diraient : si vous savez que vous risquez de mourir vingt ans plus tôt que la moyenne des gens, cela va vous permettre de penser votre vie autrement, d'éviter d'épargner pour vos vieux jours, éventuellement de décider de ne pas avoir d'enfants pour ne pas prendre le risque de leur transmettre le gène porteur de cette maladie, en somme de vous organiser différemment. Rationnellement, vous avez toutes les raisons d'essayer de savoir.

Mais le prix à payer psychologiquement est si lourd que seules 5 % des personnes potentiellement concernées se font tester. C'est une des – nombreuses – limites à la rationalité de l'*homo economicus*, et nous l'éprouvons tous à des degrés divers : si vous-même n'avez jamais rechigné à consulter un médecin ou à ouvrir une enveloppe contenant les résultats d'analyses médicales sensibles, vous connaissez forcément des personnes qui vivent de telles réticences.

## Puissance des biais cognitifs

Autre test amusant, qui confirme la puissance de ce biais cognitif. Il consiste à demander à des personnes si elles se pensent plus intelligentes que la moyenne. La majorité répond par l'affirmative. Évidemment c'est statistiquement impossible, mais la réponse est la même quand on demande aux gens s'ils s'estiment meilleurs conducteurs ou meilleures conductrices. Une fois interrogés, on informe un premier groupe de cobayes qu'on a réalisé une enquête dans leur entourage et que, bonne nouvelle, les résultats confirment la représentation que vous avez de vous-même : on vous trouve plus intelligent, plus attractif. Malheureusement, le test ne permet pas de savoir pourquoi. Veulent-ils en savoir plus ? Bien sûr ! Et le plus possible ! Poursuivez l'étude ! Donnez tous les détails !

À un autre groupe, on indique que le résultat du test effectué auprès de l'entourage infirme sa perception. Pas de chance : on vous trouve moins intelligent que la moyenne. Mais on ne sait pas pourquoi. Le groupe souhaite-t-il que l'on poursuive les investigations ? Bah… Non. Et si on vous paie pour cela ? Non, non, vraiment pas.

Les résultats de ce genre de tests sont constants, qu'il s'agisse de santé, de beauté, d'intelligence, de réussite sociale : nous n'avons pas vraiment envie de savoir ce que les gens pensent de nous, surtout si on pressent que l'impression sera négative. Vous en doutez ? Inutile d'avoir un doctorat en sciences comportementales. Un simple compte Facebook suffit : combien de nos « amis » pensent ou disent du mal de nous, combien expriment des idées résolument différentes des nôtres ? Bien peu. *A contrario* : combien renforcent nos croyances, combien font partie d'une tribu dans laquelle on se reconnaît, et dont on a envie d'être reconnu comme membre ? La plupart.

## Percer les bulles informatives

L'algorithme de Facebook – comme ceux des réseaux sociaux en général – décuple l'effet de ces biais cognitifs individuels : il vous propose « amis » et informations qui vont dans le sens de ce que vous aimez déjà, du type d'informations que vous consultez déjà. C'est sans aucun doute la fertilisation croisée des biais cognitif et algorithmique qui rend aussi difficiles à percer les bulles informatives qui se créent sur Internet et qui permettent aux *fake news* (les fausses nouvelles) de prospérer. Il est si bon, si rassurant, de naviguer en eaux amies.

Mais contrairement à ce qu'on croit, je pense que ce phénomène n'était pas moins pesant avant la naissance d'Internet et des réseaux sociaux informatiques. Toutes celles et ceux qui, au cours de l'histoire, ont voulu faire avancer le genre humain vers plus de rationalité, de rigueur scientifique, de débats démocratiques ouverts, ont été confrontés à des « bulles informatives » formidablement efficaces. Lisez ou relisez l'histoire des premiers philosophes grecs, des premiers démocrates, des penseurs des Lumières au XVIII^e siècle… jusqu'aux fondateurs du réseau Internet – des savants persuadés que la diffusion massive d'informations, de rationalité, de preuves scientifiques, associée à la possibilité d'un débat démocratique d'une ampleur jamais vue, améliorerait forcément le fonctionnement démocratique. Eh bien, cela n'a pas suffi, en bonne partie à cause de la prégnance de nos biais cognitifs, de notre besoin d'être reconnus au sein d'un groupe.

Il existe pourtant des situations dans lesquelles on accepte mieux d'être confronté à des nouvelles désagréables ou à remettre en cause nos croyances : quand on se sent entouré, accompagné, écouté, d'une certaine manière aimé. Et, quoi qu'il arrive, cela prend du temps.

Comment créer de telles conditions à l'heure de l'hypercirculation de l'information ? Comment placer la raison au-dessus de l'émotion ? L'urbaniste et philosophe Paul Virilio alerte sur l'accélération du monde depuis le milieu des années 1970. Ce qu'il disait en 2010 dans *Libération* reste d'une actualité brûlante : « Nous vivons une synchronisation de l'émotion, une mondialisation des affects. Au même moment, n'importe où sur la planète, chacun peut ressentir la même terreur, la même inquiétude pour l'avenir ou éprouver la même panique. C'est quand même incroyable ! Nous sommes passés de la standardisation des opinions – rendue possible grâce à la liberté de la presse – à la synchronisation des émotions. La communauté d'émotion domine désormais les communautés d'intérêt des classes sociales qui définissaient la gauche et la droite en politique, par exemple. Nos sociétés vivaient sur une communauté d'intérêt, elles vivent désormais un communisme des affects[7]. »

Comment est-ce qu'on recrée des lieux de débat, de prise en compte du point de vue de l'autre, des espaces où l'on est prêt à dépasser ses barrières mentales ? C'est peut-être l'un des plus grands défis que l'humanité affronte aujourd'hui. Il est d'autant plus complexe qu'une fois admise la puissance des biais cognitifs chez les autres, on doit aussi admettre la possibilité d'être soi-même dépendant de biais cognitifs ! Comment ne pas me laisser entraîner moi-même dans ce refus de savoir, cette *active information avoidance* ?

## (Dés)apprendre par l'expérience

Cette question devrait être au cœur de toute politique d'élaboration des programmes scolaires aujourd'hui. On peut, on doit, dès la maternelle, imaginer des petits exercices qui nous aident à changer de point de vue, qui nous invitent à adopter le point de vue de l'autre. En la matière, le dispositif « La main à la pâte » est exemplaire. Il consiste à inviter les élèves à se transformer en scientifiques pour résoudre des énigmes. De manière intéressante, l'argument premier de ses promoteurs ne tenait pas à la promotion de la science. Qu'il s'agisse des astrophysiciens Pierre Léna et Yves Quéré ou du prix Nobel de physique Georges Charpak, tous ont d'abord mis en avant les vertus de l'expérimentation pour amener les enfants à se confronter au hiatus qui peut exister entre leur représentation de la réalité et la réalité. Quand vous commencez par faire une expérience, que vous la documentez scrupuleusement en notant chaque étape sur un cahier, vous apprenez qu'une réalité peut être contre-intuitive. Vérifier soi-même par l'expérience n'a rien à voir avec le fait de se l'entendre raconter par un professeur, si brillant et convaincant soit-il.

Le chimiste Richard-Emmanuel Eastes, par ailleurs docteur en sciences cognitives, s'est très tôt impliqué dans la diffusion de « La main à la pâte ». Il a créé l'association Les atomes crochus et conçu toute une série d'expériences dont les résultats sont contre-intuitifs, comme montrer que l'eau peut prendre feu.

Selon lui, pratiquer ces expériences peut même amener à un changement dans la conformation des réseaux de neurones. Il l'explique en utilisant une analogie avec un modèle de régulation de l'activité d'une protéine baptisé l'allostérie. Nos réseaux de neurones, un peu comme des réseaux d'interaction moléculaire, peuvent être figés dans une certaine configuration.

Pour les faire basculer dans une autre configuration, il faut beaucoup d'énergie et un remodelage important. Cette énergie à l'œuvre, quand il s'agit d'un remodelage moléculaire, c'est la température. Quand il s'agit d'un remodelage neuronal, ce n'est pas la température, c'est la curiosité, la motivation bienveillante qui entrent en action. Il y a un substrat neurobiologique aux difficultés que nous rencontrons à changer d'avis ou à changer de perspective.

Si on est dans un environnement stressant, où on se sent menacé, on se conformera plus volontiers au statu quo, surtout si c'est le sentiment dominant chez les autres. Mais si on est dans un environnement rassurant où on peut assumer son erreur d'interprétation, où on peut même éventuellement en changer sans dommage, il est alors possible de comprendre qu'on avait un état initial de pensée, d'accepter d'être perturbé par une réalité contradictoire avec notre mode de pensée, et éventuellement d'être disposé à en changer.

## Recherche du plaisir, du bonheur et du sens

Nous sommes aussi l'objet de nombreux biais physiologiques, puisque nous sommes programmés pour rechercher des sensations qui nous procurent du plaisir. La nourriture, dont nous avons besoin pour vivre ; le sexe, essentiel à notre reproduction, mais aussi les récompenses en général, car nous sommes des êtres sociaux.

Nous avons évolué dans des lieux où l'alimentation était carencée en sucre, en gras ou en protéines. Aussi mangeons-nous avec plaisir ces aliments, lorsque nous en avons l'occasion. Les réseaux de neurones qui s'activent dans ces circonstances utilisent un neurotransmetteur : la dopamine. Non sans effets délétères. Le médecin américain Robert Lustig, spécialiste des troubles alimentaires, a expliqué ce phénomène dans *The Hacking of the American Mind*[8] (Le piratage de l'esprit des Américains), dont *Le Monde* a rendu compte : « Cette quête du plaisir, fondée sur la dopamine, est l'ennemie du bonheur, qui dépend, lui, de la sérotonine. […] De l'utilisation des réseaux sociaux à la consommation de sucre et d'aliments transformés, le plaisir bon marché n'a jamais été aussi pervasif, suscité en permanence par une multitude de nouveaux produits et de services, marketés comme autant de conditions *sine qua non* du bonheur.

« Plaisir, bonheur : ces deux mots sont au centre [du] dernier livre du pédiatre et neuroendocrinologue américain Robert Lustig, tout juste paru aux États-Unis. […] Le professeur de l'université de Californie à San Francisco (États-Unis) y expose une réflexion scientifique saisissante, aux implications majeures pour la société occidentale.

« Non seulement le bonheur n'est pas la conséquence naturelle de l'accumulation du plaisir, explique-t-il, mais la recherche effrénée de celui-ci pourrait au contraire inhiber le sentiment de plénitude et de contentement[9]. »

Lustig insiste sur le fait bien connu que nombre d'addictions, à l'alcool, au tabac, aux drogues ou aux jeux, passent par les mêmes canaux. Il dénonce les marchands de plaisir qui utilisent nos biais de quête de plaisir pour maximiser leurs profits au détriment de notre santé et, *in fine*, de notre bonheur. Il nous invite à prendre conscience de ces biais, mais demande aussi que des régulations nous protègent et nous incitent à rechercher des activités avec des êtres chers, par exemple cuisiner et manger ensemble, qui ont plus de chance de nous aider à trouver le bonheur.

Un autre ouvrage, celui du psychologue Jacques Lecomte[10], est complémentaire de celui-ci car il est consacré à ce qui permet de donner du sens à sa vie : faire des choses avec ceux qu'on aime, comme le suggère Lustig, faire des choses créatives, s'engager dans des projets qui ont un impact allant bien au-delà de nous.

## L'expérience, inhibiteur d'intuitions

Satisfaire sa curiosité par l'expérience peut nous faire éprouver de petits bonheurs activant des réseaux de neurones qui nous permettront d'avoir une interprétation plus scientifique de la réalité. C'est le pari de La main à la pâte ou des Savanturiers et, plus largement, de tous ceux qui pensent que la démarche scientifique est nécessaire à la citoyenneté, non seulement parce qu'on vit dans une société toujours plus scientifique, mais parce que cela permet de comprendre comment on peut passer d'une intuition fausse à un autre mode de pensée, et comment on peut progressivement inhiber ces intuitions.

L'intérêt majeur d'une approche scientifique est de neutraliser autant que possible un autre biais : l'idéologie. Il est en effet encore plus difficile de se mettre d'accord quand nos valeurs sont en jeu, raison pour laquelle les scientifiques, tendanciellement, trouvent des consensus plus facilement que les politiques. L'exemple le plus connu concerne la bombe atomique. Qu'ils aient été soviétiques ou américains, les savants des années 1940 et 1950 étaient parfaitement d'accord sur un point : les progrès dans la connaissance et le contrôle de l'atome pouvaient mener à une apocalypse nucléaire si quelqu'un s'avisait d'appuyer sur le mauvais bouton. Ils se sont rejoints sur le fait qu'il convenait de tout entreprendre pour éviter qu'un pays en arrive là et cela a conduit, entre autres, à la naissance du mouvement Pugwash en 1957, qui a reçu le prix Nobel de la paix en 1995 pour sa contribution au désarmement nucléaire. Les savants n'étaient sans doute pas d'accord sur le modèle politique et social le plus vertueux. Au moins convergeaient-ils sur le fait que la bombe risquait de tout détruire.

## Sortir de sa propre idéologie

Sans aller jusqu'à des affrontements aussi radicaux que ceux qui opposèrent les blocs de l'Est et de l'Ouest après guerre, tous les groupes humains sont traversés par des divergences profondes liées aux valeurs. Ce que montre de manière limpide le psychologue américain Jonathan Haidt dans ses livres et conférences TED. Il décrit les cinq champs sur lesquels se fonde la morale individuelle, dans toutes les sociétés[11].

Le premier est celui du « care », du soin, de la protection, de l'attention aux autres, celui qui amène la mère à protéger ses petits et conduit à la compassion envers ses semblables ou ceux qui souffrent. Il s'articule avec le sentiment d'animosité qui nous anime lorsque sont menacés ceux qui nous sont chers. Le deuxième touche à la réciprocité et au souci de l'équité. Il fonde la fraternité, mais aussi l'idée de justice. Le troisième est la fidélité au groupe. Elle a permis aux humains de constituer des communautés d'une taille inconnue du règne animal, dans lequel seules quelques dizaines d'individus, généralement parents, parviennent à coopérer – vous retrouvez la même idée chez Harari, notamment dans *Sapiens*[12]. Haidt s'amuse de ce que l'attachement à cette valeur se manifeste autant dans les domaines les plus belliqueux (constituer des armées pour faire la guerre) que dans le champ ludique (supporter une équipe). Mais à quel groupe être fidèle ? Ses amis, sa famille, sa tribu, son quartier, sa ville, sa région, son pays, son continent, sa planète ? Pourquoi faudrait-il choisir entre ces groupes auxquels nous appartenons tous ? La quatrième valeur, également héritée de notre passé de mammifères, est le respect de l'autorité. Mais quelle autorité ? Celle qui fait grandir, répond Michel Serres en revenant à l'étymologie de ce mot qui vient du latin *auctoritas*, dont la racine se rattache au même groupe que *augere*, qui signifie « augmenter ». La cinquième, enfin, touche au rapport à la pureté, et à son caractère éventuellement sacré. Ce qui est sacré peut différer pour chacun, mais correspond à ce qui est au centre de nos activités. Souvent les conflits les plus âpres sont des conflits de valeurs, sur le sens de l'équité, le groupe, l'autorité ou le sacré. Car on considère comme amoral celui qui a une autre morale que la nôtre.

Selon Haidt, notre positionnement sur chacun de ces champs renvoie assez fidèlement à nos préférences politiques (vous pouvez le vérifier en vous inscrivant sur www.yourmorals.org, le site Internet qu'il a créé). Il propose toute une série de questionnaires qui vous permettent de vérifier – ou pas – que la façon dont vous vous situez sur l'échiquier politique est identique à celle des autres. Mais l'intérêt premier de ses travaux est de montrer à quel point il est difficile de sortir de ses valeurs, d'admettre que le regard des autres sur le monde n'est pas moins fondé ou légitime que le nôtre. Prisonniers de nos neurones et de nos biais cognitifs, nous le sommes tout autant de nos valeurs morales.

Mais l'éducation n'est pas impuissante. Le biologiste Livio Riboli-Sasco, cofondateur de l'association Paris-Montagne, a ainsi créé un Atelier des jours à venir au sein duquel il a commencé par initier aux sciences des jeunes de banlieue avant de déployer des dispositifs pour les zones de conflit – Palestine, Israël, ex-Yougoslavie… Il témoigne avec beaucoup de sincérité des limites de ces dispositifs : « On peut proposer du football pour apaiser des jeunes de communautés en conflit. Ce football peut être ponctué de coups, de fautes, parfois sur fond de nationalisme.

Ou être un sport qui rassemble et se pratique avec fair-play. La même chose vaut pour la science[13]. »

Travailler sur le terrain aussi neutre que possible de la science permet d'apprendre à travailler avec l'autre, à se rendre compte qu'il est un être rationnel, et l'amener, un jour, à parler de sujets un peu plus complexes. Tout est possible, même le meilleur, quand on part du principe que l'autre n'est pas juste stupide, ignorant et systématiquement méchant, quand on admet que l'on peut avoir des différends par ailleurs, mais néanmoins trouver un terrain d'entente et s'accorder sur une vérité scientifique – laquelle, je le rappelle, n'est rien d'autre qu'un consensus transitoire, éventuellement appelé à être remis en question à mesure que progresse notre connaissance du monde.

## Apprendre à dire « je ne sais pas »

Introduire ces méthodes dans les programmes comporte un préalable : former les enseignants. Non pas aux sciences, même si un minimum est nécessaire. Mais à être capable de dire « je ne sais pas » devant des élèves, à mener l'enquête avec eux, à admettre que ses propres intuitions ont pu être faussées par un biais cognitif.

En matière d'éducation, certains de ces biais cognitifs sont proprement affolants quand on pense à leur impact à l'échelle d'un pays. L'effet Pygmalion est un des plus célèbres : si on affirme à un enseignant qu'il a quelques élèves géniaux, que ce soit vrai ou non, ces élèves auront plus progressé à la fin de l'année[14] ! L'idée que se font les professeurs de leurs élèves produit un effet majeur sur les apprentissages incitant l'enseignant à avoir des attentes élevées à leur égard, eux-mêmes créant un climat affectif plus chaleureux, à donner plus d'informations sur les performances réalisées, à faire apprendre plus de contenus, et des contenus plus difficiles, et à donner plus d'opportunités de répondre et de poser des questions[15].

L'idée que les élèves se font d'eux-mêmes aussi – le phénomène est plus connu. Prétendant donner aux élèves un même exercice, on donne à la moitié d'une classe un exercice facile, à l'autre un exercice infaisable. La première moitié réussit, la seconde échoue. On reproduit le dispositif, avec la même répartition, une deuxième fois. Résultat identique. Puis on donne un troisième exercice qui est cette fois relativement facile et identique pour tout le monde. Eh bien, 80 % des élèves vont le réussir, 20 % vont le rater – ces derniers appartenant tous à la moitié de classe qui a échoué précédemment. Habituez-vous à réussir, vous aurez plus de chances de réussir. Habituez-vous à être en situation d'échec, vous risquez d'échouer « sans raisons » objectives.

Il est probable qu'une part significative des réussites comme des échecs de nos apprentissages soient liés à des biais cognitifs comme ceux-ci, et plus généralement à la méconnaissance du fonctionnement de notre cerveau, qui reste pour beaucoup une boîte noire.

## Je pense comme les autres, donc je suis

Notre cerveau est également trompé par des biais sociétaux, qui sont liés à notre appartenance à un groupe, à notre identification à une idéologie. Une expérience a été réalisée aux États-Unis sur les croyances en matière de climat. La question était de savoir si les individus croyaient ou non au réchauffement climatique, dont je rappelle qu'il est aujourd'hui une vérité scientifique amplement documentée. Le niveau d'études des répondants ne permettait pas de distinguer ceux qui croient de ceux qui ne croient pas au réchauffement. Le clivage politique, lui, était opérant : à faible niveau de diplôme, les électeurs républicains et démocrates sont aussi nombreux à croire (ou à ne pas croire) au réchauffement. En revanche, plus le niveau d'études augmente, plus les républicains se montrent climatosceptiques et les démocrates convaincus de la réalité des problèmes de réchauffement climatique. Cela fait partie des biais sociétaux. Les biais individuels sont amplifiés par des biais de communauté : si vous croyez que tous les membres de votre communauté pensent d'une certaine manière, alors vous allez chercher des arguments qui iront dans ce sens.

C'est ce que montrent Hugo Mercier et Dan Sperber dans leur « théorie argumentative du raisonnement[16] », que Guillaume de Lamérie résume en ces termes sur le site de l'Association française pour l'information scientifique : « Cette théorie fait l'hypothèse que les décisions sont le plus souvent prises intuitivement, le raisonnement ne servant qu'à justifier *a posteriori* pourquoi telle décision a été prise. Le raisonnement n'aurait pas comme fonction première d'améliorer les connaissances, chercher la vérité ou prendre de meilleures décisions, mais à convaincre vos interlocuteurs dans un débat et à débusquer ceux qui tenteraient de vous tromper[17]. »

Le bon usage d'Internet pourrait nous aider à combattre ces biais. Mais les réseaux sociaux favorisent encore un autre biais : le biais de confirmation. Nous avons tendance à choisir des canaux d'information qui nous caressent dans le sens du poil. Et si nous tombons sur un site qui contredit nos croyances, nous cesserons généralement de le fréquenter. Alors même que nous avons la chance historique d'avoir un accès illimité et ouvert au savoir, nous choisissons de rester avec ceux qui pensent comme nous parce que cela nous confirme dans la légitimité de ce que nous pensons, donc dans la légitimité de ce que nous sommes. L'ouverture est illusoire. Le renforcement des croyances s'amplifie.

La bonne nouvelle est que l'antidote existe, y compris dans l'expérience américaine que je viens de décrire. Une petite catégorie d'individus échappe au comportement dominant de leur communauté. Leur trait commun ? La curiosité – ce vilain défaut qui est peut-être la principale qualité du XXI^e siècle ! Les personnes qui doutent le plus sont davantage à même d'utiliser une information contradictoire pour éventuellement changer d'avis, parce qu'elles sont à l'affût de la surprise

J'insiste : le désarroi face à une information à laquelle le cerveau ne s'attend pas peut être le même chez l'enfant ou l'adulte, chez le non-diplômé et le surdiplômé. Comme dans cette expérience de sciences cognitives menée en laboratoire avec des étudiants en psychologie au cours de laquelle on leur avait soumis des données apparemment contradictoires avec ce que l'on venait de leur expliquer. On voulait leur faire découvrir le fonctionnement de ce qu'on appelle la régulation génétique, une découverte qui a valu leur prix Nobel à André Lwoff, Jacques Monod et François Jacob. Le problème étant que ce fonctionnement, qui marque une rupture profonde dans notre connaissance du fonctionnement des gènes, est parfois contre-intuitif. Un peu comme la règle qui déroute tant les élèves quand ils abordent les nombres relatifs et doivent comprendre que « plus multiplié par plus » et « moins multiplié par moins » donnent également « plus ». Les chercheurs demandaient aux étudiants de livrer leurs expériences à haute voix. Seuls ont réussi ceux dont la première réaction avait été de dire, peu ou prou : « C'est intéressant, ça ne fonctionne pas comme d'habitude. » Ils n'étaient que 10 %. Tous les autres restaient enfermés dans un « ça ne marche pas » ou « ça ne colle pas » qui leur interdisait de creuser.

Pour montrer à quel point nous avons du mal à accepter les changements de paradigme scientifique, Thomas Kuhn, que j'ai déjà cité[18], s'appuie sur une autre expérience célèbre, menée par Jérôme Bruner et Leo Postman à la fin des années 1940. Saisissez « Red Spade Experiment, Jérôme Bruner & Leo Postman[19] » dans votre moteur de recherche et vous pourrez vous tester avant de lire la suite sur YouTube[20].

Si vous n'avez pas joué, voici en quoi consiste l'expérience : on vous présente des cartes à jouer très rapidement, et vous devez nommer chaque carte. À cadence élevée, presque personne ne remarque que des pièges ont été introduits, par exemple un quatre de pique de couleur rouge ou un trois de cœur de couleur noire. Tout le monde annonce quatre de cœur et trois de pique. Puis on diminue la cadence. Plus on la diminue, plus le nombre de cobayes s'apercevant de l'incongruité augmente. Et pourtant, même à cadence très lente, il y aura encore des individus qui ne se rendront toujours pas compte des erreurs et s'énerveront même en disant : « J'en ai assez, d'ailleurs j'ai envie d'aller aux toilettes, j'ai envie de boire un verre, j'ai envie de passer à autre chose, cet exercice est vraiment nul… »

Ce que montrent toutes ces expériences sur les aveuglements cognitifs, c'est que nous avons tous des biais, mais que certains en ont plus que d'autres et sont moins aptes – voire carrément inaptes – à créer une nouvelle catégorie face à quelque chose qui visiblement ne colle pas avec les catégories préexistantes. Kuhn s'est appuyé sur ces anomalies et a prouvé que même pour un scientifique habitué, en principe, à douter, il n'est pas évident de voir une nouvelle catégorie. Beaucoup préfèrent se dire : « Cette anomalie n'est pas intéressante, elle ne correspond pas à mon paradigme, donc je ne vais pas passer du temps à me concentrer là-dessus parce que j'ai d'autres choses à faire avec mon paradigme préféré. » Qu'on ne se méprenne pas : ils ont souvent raison de ne pas perdre de temps avec les anomalies ! Ces dernières peuvent être dues à une erreur statistique ou expérimentale et ne valent pas qu'on leur consacre du temps. Mais si on ne les interroge jamais, eh bien, on passe à côté des changements de paradigme.

Pour le dire autrement : face à un dysfonctionnement, part-on systématiquement du principe qu'on est en présence d'une exception à la règle qui ne remet pas en cause la règle, ou bien se donne-t-on une chance d'aller plus loin pour vérifier si, d'aventure, on ne serait pas en présence d'une nouvelle règle ?

## Pic de questionnement

La curiosité est comme un muscle : elle se travaille. Habituons les enfants et les adolescents à recracher des réponses toutes faites à des questions d'hier, et on amenuisera leur ouverture à la surprise ; invitons-les à poser des questions, stimulons leur curiosité, et ils seront capables de remettre en cause ce qu'ils croient. Et commençons le plus tôt possible !

Le pic de questionnement, qui est probablement très lié à la curiosité, intervient à l'âge de 4 ans – si vous avez eu ou vu des enfants de 4 ans, vous le savez ! Que fait-on face à ces questionnements ? Trouve-t-on, comme l'institutrice de mon fils, que l'enfant « pose trop de questions » ? Je pense qu'un système éducatif qui évalue les enfants essentiellement sur leurs réponses aux questions d'hier passe à côté de quelque chose, surtout quand les réponses aux questions d'hier sont dans les machines. Hier, cela pouvait servir de connaître les réponses aux questions d'hier, parce que le monde d'avant-hier et le monde d'hier se ressemblaient suffisamment pour que cela soit pertinent. Mais dans un monde où les réponses d'hier sont dans les machines, et qui change toujours plus vite, si on n'est pas capable *a minima* de trouver de nouvelles réponses aux questions qu'on nous a posées et de poser de nouvelles questions, on passe à côté de quelque chose d'essentiel pour comprendre et penser la transition que nous sommes en train de vivre.

Il existe des méthodes pour initier les enfants, dès leur plus jeune âge, aux effets des biais de représentation et aux vertus du questionnement. Je pense à une expérience réalisée dans un certain nombre d'écoles de par le monde. Elle consiste à prendre un objet du quotidien, n'importe lequel. On demande aux enfants de bien le regarder. Ensuite, on l'enlève et on leur demande de le dessiner. Une fois qu'ils l'ont dessiné, on leur remontre l'objet et on leur demande quelles sont les différences entre l'objet et leur représentation de l'objet. Et on les fait réfléchir sur le pourquoi de ces différences. Progressivement, les enfants se rendent compte qu'il n'est pas facile de mémoriser, de représenter, et que la représentation sur papier et la représentation mentale sont des choses assez différentes. Ils découvrent *de facto* la subjectivité.

On leur demande ensuite de comparer leurs dessins. Ils se rendent compte qu'ils sont très différents les uns des autres. Pourquoi ? Les réponses, là encore, sont variées. Peut-être n'avaient-ils pas le même point de vue sur l'objet. Peut-être qu'à la maison, l'archétype de l'objet qu'ils voient le plus souvent et qui représente leur point de vue sur cet objet, est différent. Ils découvrent, de manière encore peu consciente, que leurs regards sont tous biaisés, tant par leur point de vue du moment que par leur histoire personnelle, auxquels s'ajoutent éventuellement les difficultés de représentation des uns ou des autres – le fait qu'ils sont plus ou moins habiles en dessin.

Le plus intéressant : Gilda Darlas, une Ashoka Fellows qui a conçu ces expériences, dit que les enfants ayant bénéficié de ce genre de pratiques étaient moins violents dans la cour de récréation. L'interprétation proposée, et qui me semble plausible, est simple : quand ils n'étaient pas d'accord sur tel ou tel sujet, plutôt que de penser que l'autre était bête ou méchant, ils se rendaient compte que l'autre avait un autre point de vue, un autre regard, et que si on était capable de dialoguer, on pouvait coopérer plutôt que se taper dessus.

## La légende de l'éléphant

Cette expérience m'évoque une légende asiatique que j'aime bien raconter[21].

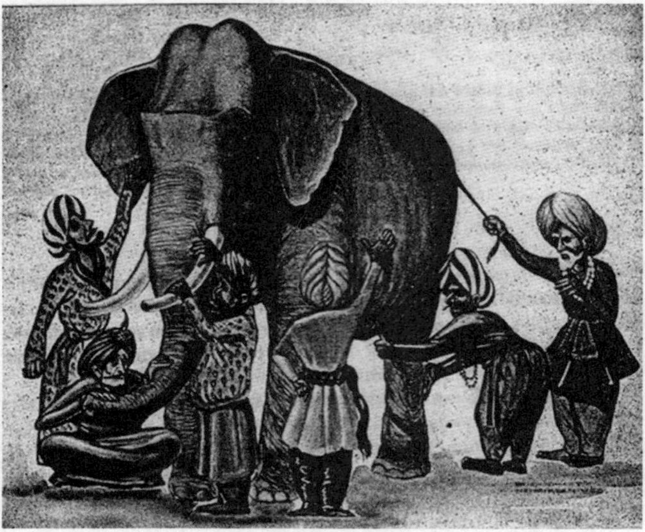

*Un jour de grand soleil, six aveugles originaires de l'Hindoustan, instruits et curieux, désiraient, pour la première fois, rencontrer un éléphant afin de compléter leur savoir…*

*Le premier s'approcha de l'éléphant. Et, alors qu'il glissait contre son flanc vaste et robuste, il s'exclama : « Dieu me bénisse, un éléphant est comme un mur ! »*

*Le deuxième, tâtant une défense s'écria : « Oh ! Oh ! Rond, lisse et pointu ! Selon moi, cet éléphant ressemble à une lance ! »*

*Le troisième se dirigea vers l'animal, prit la trompe ondulante dans ses mains et dit : « Pour moi, l'éléphant est comme un serpent. »*

*Le quatrième tendit une main impatiente, palpa le genou et fut convaincu qu'un éléphant ressemblait à un arbre !*

*Le cinquième, s'étant saisi par hasard de l'oreille, dit : « Même pour le plus aveugle des aveugles, cette merveille d'éléphant est semblable à un éventail ! »*

*Le sixième chercha à tâtons l'animal et, s'emparant de la queue qui balayait l'air, perçut quelque chose de familier : « Je vois, dit-il, l'éléphant est comme une corde ! »*

*Alors, les six aveugles discutèrent longtemps et passionnément, tombant chacun dans un excès ou un autre, insistant sur ce qu'il croyait exact.*

*Ils semblaient ne pas s'entendre, lorsqu'un sage, qui passait par là, les entendit argumenter.*

*« Qu'est-ce vous agite tant ? » dit-il. « Nous ne pouvons pas nous mettre d'accord pour dire à quoi ressemble l'éléphant ! »*

*Et chacun d'eux lui dit ce qu'il pensait à ce sujet. Le sage, avec son petit sourire, leur expliqua : « Vous avez tous dit vrai !*

*« Si chacun de vous décrit l'éléphant si différemment, c'est parce que chacun a touché une partie de l'animal très différente ! L'éléphant a réellement les traits que vous avez tous décrits. »*

*« Ooooooooh ! » s'exclama chacun. Et la discussion s'arrêta net ! Et ils furent tous heureux d'avoir dit la réalité, car chacun détenait une part de vérité.*

Cette légende s'applique aussi bien aux enfants dont on vient de parler qu'aux scientifiques issus de différentes disciplines qui pensent pouvoir à eux seuls décrire la complexité d'un phénomène, alors qu'on a besoin du regard de différentes disciplines.

Si vous essayez de comprendre la grippe espagnole à la fin de la Première Guerre mondiale à partir de l'histoire, vous retiendrez qu'elle était due aux conditions de vie des uns et des autres et aux migrations qui ont suivi la fin du conflit. Si vous prenez le point de vue du biologiste moléculaire, vous ne retiendrez que l'explication liée à une mutation du virus de la grippe. Mais les deux sont, de mon point de vue, complémentaires et, si on veut vraiment comprendre ce qui s'est passé, on a besoin des deux. Chaque discipline sait concentrer son regard sur une partie de la réalité, mais elle peut ne pas voir d'autres dimensions. Et manquer les gorilles qui fanfaronnent pourtant dans son champ de vision.

Prenez l'exemple du carbone. On peut l'étudier sous l'angle de la chimie (décrivant les liaisons dans une molécule de $CO_2$, par exemple) ou de la biologie (pourquoi la vie a-t-elle besoin de carbone ?), mais aussi du changement climatique, de la consommation énergétique, des arts plastiques (il y a plein de manières de le dessiner ou de l'utiliser pour dessiner) ; on peut même écrire des poèmes ou lire des romans sur le carbone. Certains enfants s'intéresseront plus au carbone sous un angle que sous un autre, mais il y a de bonnes chances pour que, finalement, tous comprennent qu'il s'agit de la même entité, qu'elle a des impacts différents selon le contexte, que chaque discipline n'en propose qu'une représentation, et que ces représentations ne sont pas la réalité mais que des représentations commodes pour décrire cette réalité. Or, dans des pays comme la France, chaque discipline se comporte trop souvent comme un des aveugles de la légende indienne de l'éléphant.

Comme je raconte souvent cette histoire, l'artiste Thibault Franck a réalisé une sculpture inspirée de cette légende à la demande de Rémi Sabouraud qui organisait une conférence à Arles où je n'avais pu me rendre.

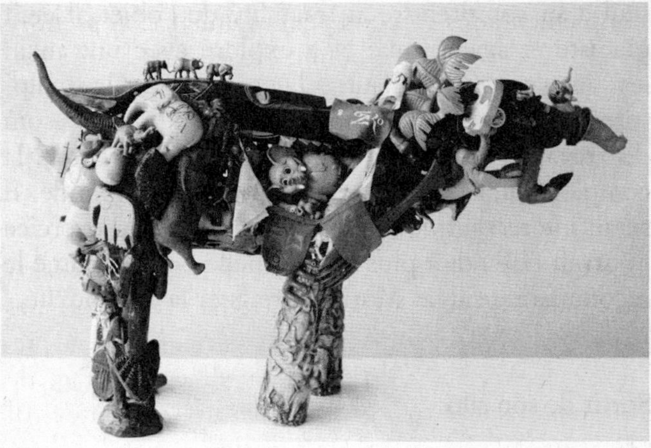

*L'éléphant interdisciplinaire de Thibault Franck*[22].

Cette sculpture est faite d'objets hétéroclites dont de nombreux éléphants. Quand Rémi m'a filmé les yeux bandés, explorant à tâtons cet objet, j'ai été bien incapable de le reconnaître comme le montre la vidéo réalisée par Rémi, « Défense d'y voir[23] », pour cette conférence. Rémi a également demandé à six personnes les yeux bandés de répéter cette expérience sur la scène d'Arles en jouant les six aveugles. Depuis j'ai fait faire cet exercice à plus d'une centaine de visiteurs du CRI. Le plus drôle a été mon ami Rob Lue, professeur à Harvard, qui après m'avoir dit les yeux bandés « c'est un palmier ! », a admis « Je suis vraiment un biochimiste ! », soulignant implicitement au passage qu'analyser une protéine purifiée n'est qu'une des manières de comprendre la complexité du vivant. Il a ensuite demandé à toute une génération d'étudiants de faire cet exercice. Un seul a su comprendre la fractalité de l'objet, il était pianiste et scientifique et a exploré avec une main les détails et avec l'autre l'ensemble de la sculpture. Mais tous ont compris la légende et le besoin de travailler ensemble pour mieux comprendre la complémentarité des divers regards sur le monde. Il serait intéressant de voir comment ce type d'exercice pourrait être fait à plus large échelle pour, comme le recommande Edgar Morin, enseigner la complexité.

## Sortir de son silo

Ces biais, dans la plupart des pays, sont aggravés par l'organisation de la formation et de la recherche à l'université, où chaque discipline s'apparente à un silo qui communique peu avec les autres silos. Cette organisation n'est pas absurde ou improductive en tant que telle. Elle a même été essentielle pour faire progresser la science, en agrégeant des chercheurs qui partagent les mêmes références et les mêmes méthodologies, ce qui leur permet d'aller toujours plus loin. Le problème est que tout est fait pour qu'on ne soit jamais incité à sortir de son silo. Pour trouver un poste, il faut exceller dans sa discipline (premier silo) et trouver une équipe, localement, avec laquelle on s'entend bien (silo dans le silo).

En France, les enseignants du secondaire sont formés dans ces mêmes silos, contrairement à ceux de primaire. Si bien que lorsqu'on les invite à penser différemment, cela n'a rien d'évident. Il suffit pour se convaincre de la force de ces silos de voir leurs réactions, constantes, chaque fois que l'Éducation nationale tente d'instiller un peu d'interdisciplinarité dans les programmes. Hormis quelques acharnés, la plupart n'en contestent pas l'intérêt de principe. Mais un grand nombre, qui n'a pas eu la chance de l'expérimenter suffisamment tôt, pense que l'interdisciplinarité ne peut intervenir qu'à haut niveau, quand les bases disciplinaires sont intégralement maîtrisées.

L'ennui est que cette idée qu'il faut creuser une discipline à fond avant de la faire dialoguer avec les autres peut durer longtemps. Je l'ai vécu. Je m'intéressais à l'évolution des bactéries à partir d'une formation en sciences de l'ingénieur, mathématiques et physiques. Je me suis mis à la génétique et me suis intéressé à la biologie moléculaire. Jusque-là, cela passait. Jusqu'au jour où j'ai prétendu m'intéresser à l'évolution et à l'écologie. Là, on m'a dit : « Non, non. On a le droit de passer de la biologie moléculaire à l'évolution qu'en fin de carrière. » Doit-on attendre d'avoir le prix Nobel de biologie moléculaire avant de se pencher sur le champ de l'évolution ? Je suis passé outre, convaincu qu'on ne pouvait vraiment comprendre la biologie moléculaire et les génomes tels qu'ils sont que dans une perspective évolutive, pour la simple raison que c'est évidemment pour répondre à des défis évolutifs que les composantes moléculaires ont évolué. Si on est capable de parler à la fois avec des biologistes moléculaires, avec des spécialistes des antibiotiques et avec des spécialistes de l'évolution, on peut faire des choses nettement plus fines, par exemple mieux comprendre comment utiliser les antibiotiques à l'hôpital pour guérir la mucoviscidose.

## Il n'y a pas d'âge pour l'interdisciplinarité

Certains pays sont moins monolithiques que le nôtre de ce point de vue et assurent, dans le scolaire et en premier cycle universitaire, des formations génériques aux sciences ou aux humanités. Je pense qu'ils ont raison, et qu'on a tout intérêt à mettre en place cette approche dès le primaire, avant de la développer dans l'enseignement secondaire. Aider un enfant à comprendre les différentes dimensions d'un problème l'aidera bien plus que cela ne le troublera. S'il est capable d'établir des liens autour d'un sujet, il pourra bien plus facilement consolider ce qu'il a compris sur ce sujet. Il faut à la fois lui montrer les méthodologies propres à chaque discipline et en même temps l'éveiller à la complexité des sujets, qui peuvent être regardés par différentes disciplines.

Je ne suis pas seul à le penser. C'est en effet exactement ce que font les pays qui obtiennent les meilleurs résultats lors de la plus connue des évaluations internationales (Pisa[24]), à la fois en compréhension de la langue mais aussi en compréhension scientifique ou mathématique : Finlande, Canada, Corée, Singapour, etc. Ils ont compris qu'il n'y a pas d'âge minimum pour pratiquer l'interdisciplinarité et qu'elle ne s'oppose pas, au contraire, à l'acquisition des compétences fondamentales – ce que nous résumons, en France, par « lire, écrire, compter ».

La recherche a montré qu'une clé essentielle d'entrée dans les apprentissages, quels qu'ils soient, est la motivation[25]. Lire, écrire et compter sont des activités d'autant plus intéressantes qu'on est motivé pour comprendre des sujets ou pour communiquer avec d'autres. Si vous voulez voir des exemples concrets de la manière dont on peut mettre en œuvre ces approches interdisciplinaires avec des enfants, visitez le site des Savanturiers[26]. Vous découvrirez comment, au cours du travail sur les fourmis mené par la classe d'Ange Ansour, que j'ai déjà mentionnée, les élèves ont écrit des pastiches de poèmes sur les fourmis, des chansons, ont aussi étudié les relations des aborigènes d'Australie avec les fourmis ou encore ont fait de l'anglais, et tout cela dans le respect scrupuleux des programmes officiels. Vous verrez aussi comment les élèves de CM1 de la classe d'Amélie Vacher[27] à Langon (Gironde), qui travaillaient sur le cerveau, ont combiné sport et neurobiologie en mimant la transmission de l'influx nerveux au niveau synaptique en échangeant des ballons. Et bien d'autres exemples qui illustrent les vertus de ce que les

Américains appellent l'enseignement « en forme de T » (*T shape*), la barre verticale symbolisant l'ancrage dans une discipline et l'importance de creuser profondément chaque champ de la connaissance, et la barre horizontale la nécessité vitale de nourrir cette quête d'un dialogue avec les autres domaines du savoir.

Dans le monde entier, des communautés s'organisent déjà pour créer des espaces de recherche alternatifs, qui reposent sur les vertus de l'intelligence collective et brisent les barrières disciplinaires ou institutionnelles. Permettez-moi de vous en présenter quelques-unes.

## Patients impatients

Temple Grandin est une biologiste américaine, chercheuse en zootechnie. Elle est née en 1947. Trois ans plus tard, on annonce à sa mère qu'elle souffre de lésions cérébrales irréversibles, et qu'elle n'arrivera pas à apprendre à lire, qu'elle ne fera jamais rien de sa vie.

En fait, elle souffre de troubles autistiques, mais ils sont encore peu connus à l'époque : le diagnostic est fragile et les protocoles thérapeutiques inexistants, si bien que la mère de Temple bricole des dispositifs et des réponses qui lui semblent adéquates. Plus tard, Temple estimera que sa mère « a découvert toute seule le traitement standard que les médecins appliquent aujourd'hui ». Mais c'est surtout Temple elle-même qui documentera et analysera son autisme. Prenez vingt minutes pour regarder la conférence TED qu'elle a donnée en 2010 ; elle est intitulée « Le monde a besoin de toutes sortes d'esprits[28] ».

*Temple Grandin*[29].

Elle a aussi tiré de son expérience un livre intitulé, en français, *Penser en images*[30], dans lequel elle explique le mode de fonctionnement de son esprit. Un film a également été réalisé en 2010 par Mick Jackson, consacré à sa vie, dans lequel Claire Danes, l'héroïne de *Homeland*, joue son rôle. Elle ne prétend pas que toutes les personnes autistes peuvent devenir des chercheurs de haut niveau ou des programmateurs de génie dans la Silicon Valley. L'autisme, explique-t-elle, couvre un vaste spectre, qui laissera certains malades incapables même d'accéder au langage, tandis que d'autres deviendront des génies dans certains domaines, notamment quand l'attention aux infimes détails ou la compréhension intuitive de schémas complexes entrent en jeu. Mais elle tire aussi de son expérience quelques enseignements valables pour tous, particulièrement sur l'importance de stimuler l'attention des enfants, et d'attacher autant d'intérêt, à l'école, aux disciplines qui développent des formes d'intelligence autres qu'abstraites – elle cite les travaux manuels et la pratique artistique.

Temple fut une patiente… impatiente. Face à des institutions médicales incapables non seulement de la soigner mais semble-t-il peu désireuses d'essayer de la comprendre en profondeur, elle a exploré sa pathologie et a fait progresser la recherche.

**Social-science-preneurs**

Sharon Terry, elle, fut une mère de patients tout aussi impatiente. Elle a raconté son histoire lors d'une conférence TED, en 2016[31].

L'histoire commence en 1994, deux jours avant Noël. Inquiète de renflements qu'elle observe sur le côté du cou de sa fille, Elizabeth, alors âgée de 7 ans, elle l'emmène consulter un dermatologue. Ce dernier diagnostique un pseudoxanthome élastique, une maladie génétique orpheline qui peut causer des troubles oculaires allant jusqu'à la cécité et de graves problèmes cardio-vasculaires. C'est une maladie dégénérative dont on peut mourir vers l'âge de 30 ans. Pire : un coup d'œil du dermatologue au jeune frère d'Elizabeth, Ian, 5 ans, indique qu'il est lui aussi porteur de cette maladie.

Sharon Terry fait réaliser des prises de sang pour confirmer le diagnostic et lancer une recherche génétique, à Boston. Quelques jours plus tard, pour obtenir un deuxième avis, elle sollicite également un laboratoire new-yorkais. Qui convoque les enfants pour une autre prise de sang. Quand Sharon s'étonne et suggère que New York récupère les échantillons prélevés par Boston, on lui rit au nez. Partager des données ? Jamais ! Elle découvre ainsi cette triste réalité de la recherche – et pas seulement biomédicale : les équipes sont en compétition les unes contre les autres. Choquée, elle décide de changer les règles du jeu.

Quel est le carburant de la recherche sur le pseudoxanthome élastique ? Les échantillons d'ADN et les dossiers médicaux des malades. Elle crée donc, avec son mari, une organisation non gouvernementale afin de collecter des données et des échantillons dans le monde entier, qu'elle met à disposition des chercheurs gratuitement, à une condition : qu'ils partagent les résultats des recherches menées sur ces données. Afin de collecter plus d'échantillons, le couple installe un labo à domicile et apprend à extraire de l'ADN. Puis crée un consortium de recherche. Et décide de développer des outils standardisés afin de pouvoir le faire sur d'autres maladies. La Genetic Alliance est née. Elle a cosigné des dizaines d'articles scientifiques rédigés à partir des données qu'elle fournit aux chercheurs.

C'est un des exemples les plus aboutis de science citoyenne. Non seulement il a permis de faire progresser la science en franchissant des barrières *a priori* intangibles, mais il a amené Barack Obama, alors président des États-Unis, à plaider pour que les individus restent propriétaires des échantillons génétiques qu'ils se font prélever (Obama avait même, dans son équipe, un conseiller dédié à l'*open science*, la science ouverte aux citoyens). Sharon Terry est l'exemple type des entrepreneurs sociaux de la science – les « social-science-preneurs ».

Elle ne fut pas la première. Tout le monde connaît le Téléthon. Mais peu de gens savent que l'AFM (Association française contre les myopathies) fut créée dès 1958 par Yolaine de Kepper, mère de sept enfants dont quatre garçons atteints de myopathie de Duchenne. En 1987, ce sont deux autres parents d'enfants malades, Bernard Barataud et Pierre

Birambeau, qui convainquent la chaîne de télévision publique Antenne 2 de décliner en France le principe du Téléthon, né aux États-Unis en 1966. Aujourd'hui, l'AFM gère le plus grand laboratoire mondial pour la production de médicaments de thérapie génique et a suscité la création de l'Institut des biothérapies, qui est un des leaders mondiaux de la recherche. Mais là où près d'un demi-siècle fut nécessaire, le déploiement du numérique et de la science participative permettent désormais de créer des écosystèmes de science citoyenne performants en quelques années.

## Jeu sérieux

C'est le cas de FoldIt – qui signifie, littéralement, « Pliez-la » – dont le rôle a été déterminant dans ma compréhension des nouveaux enjeux de l'apprentissage.

Le projet naît d'une rencontre interdisciplinaire, à la Washington University de Seattle, d'un biochimiste, David Baker, spécialiste des protéines, et de Zoran Popovic, spécialiste de *game design* (rencontre très improbable en France : le jeu n'est pas considéré comme un sujet sérieux, et quand il l'est, c'est dans des lieux où la chance de croiser un biologiste est historiquement faible).

À l'époque, David Baker cherche à modéliser la structure des protéines, tâche complexe et extrêmement vorace en puissance de calcul informatique. Or, il ne parvient pas à obtenir suffisamment de ressources informatiques. Il a d'abord l'idée d'utiliser un réseau initialement forgé par des gens qui collectaient et analysaient des données venues de l'observation de l'espace et qui s'appelait Seti at home. Les participants acceptaient de laisser leur ordinateur personnel branché et connecté en permanence et, pendant qu'ils ne faisaient rien, le programme tournait, ce qui augmentait la puissance de calcul selon le principe des petits ruisseaux qui font de grandes rivières.

David Baker utilise Seti at home, qu'il rebaptise Folding at home, pour faire tourner ses programmes de repliement de protéines. Quelques participants ont la curiosité de regarder tourner le programme sur leur écran et écrivent à Baker : son algorithme, leur semble-t-il, ne fonctionne pas de manière optimale. Baker s'en ouvre à Popovic, qui lui dit que c'est possible : « C'est un problème de vision en 3D ; les humains sont très bons en 3D… On pourrait leur demander de t'aider. Mais ils risquent de se lasser… À moins qu'on en fasse un jeu. Comme un puzzle en 3D. » FoldIt était né.

Au départ, il soumet à la sagacité des participants des protéines dont on connaît la structure et il les aide à la retrouver afin qu'ils comprennent les règles de repliement des protéines. Puis, progressivement, il leur propose des énigmes que personne n'a jamais résolues. Le jeu prend. Parce qu'il a été conçu pour apprendre des choses aux joueurs, mais aussi parce qu'il apprend des joueurs comment présenter au mieux les problèmes pour capter leur attention et les faire progresser. Il existe encore une raison : parce que l'objectif fait sens, ces recherches ont pour objectif d'aider à trouver des médicaments contre le sida en particulier, défi que des milliers de personnes sont prêtes à relever. Parmi les centaines de milliers de personnes qui ont « joué » sur FoldIt[32], des centaines ont directement contribué au progrès de la recherche médicale en allant jusqu'à résoudre des structures protéiques qui résistaient aux calculs des ordinateurs et aux stratégies des chercheurs qui avaient programmé ces ordinateurs. Au passage, on a découvert que certains chercheurs spécialistes du sujet, sans doute victimes de leurs biais cognitifs, étaient moins bons à ce jeu que des novices qui s'autorisaient à penser hors d'un cadre qu'ils ne connaissaient pas.

Le jeu a été amélioré en permanence. En recueillant des données sur les performances des participants, on a par exemple compris que certains joueurs étaient meilleurs en début de partie, d'autres en milieu et d'autres en fin, ce qui a permis d'optimiser encore les recherches en créant des équipes ou en permettant à la communauté des joueurs d'automatiser leurs approches. Certains de ces joueurs sont coauteurs de publications dans la prestigieuse revue *Nature*.

### Pour des sciences participatives et citoyennes

AFM-Téléthon, Genetic Alliance, FoldIt… Vous pouvez considérer que ces exemples ne changent pas fondamentalement les règles du jeu, que les sciences participatives et citoyennes restent de l'ordre de l'anecdote, que l'essentiel de la connaissance continue à être produit par des organismes traditionnels.

Ma conviction est que ces exemples sont aujourd'hui trop nombreux pour n'être vus que comme des exceptions. Il y a bien un changement de paradigme, rendu possible par le numérique, qui nous oblige à reconsidérer nos catégories habituelles. Parmi les meilleurs joueurs, sur FoldIt, se trouvent un enfant et une secrétaire qui – ça ne s'invente pas – travaille dans un laboratoire de recherche !

Je me réjouis d'ailleurs de constater que certains grands organismes commencent à intégrer ces méthodologies à leurs projets de recherche. L'Inserm forme ainsi chaque année des centaines de patients ou familles de patients pour les impliquer dans de nouveaux protocoles thérapeutiques. L'institut Curie soutient depuis 2012 l'association des Seintinelles[33], cofondée par un chirurgien, Fabien Reyal, et une patiente atteinte d'un cancer du sein, Guillemette Jacob, dont l'objectif est d'accélérer la recherche sur cette maladie en permettant aux chercheurs de constituer des viviers de volontaires pour participer à des recherches sociologiques, épidémiologiques ou biologiques (les essais cliniques sont exclus).

Si vous-même avez envie de vous y mettre, vous pouvez aujourd'hui vous rendre dans des lieux comme La Paillasse[34], réseau de laboratoires de biotechnologies ouverts aux citoyens créé par Thomas Landrain, qui fut étudiant au CRI et a fait partie de la première équipe de biologie synthétique à avoir été primée au Massachusetts Institute of Technology lors du concours iGEM. Vous apprendrez à extraire votre ADN – ce qui est aujourd'hui un jeu d'enfant – et cela vous donnera peut-être envie d'aller plus loin…

D'autres jeux permettent de faire progresser la science et peuvent être utilisés tant pour contribuer positivement au changement que pour aider les jeunes à acquérir méthodes et connaissances. Créée en 2004, l'association Games for change[35] soutient dans le monde entier des créateurs capables de concevoir des jeux qui auront un impact dans la vie réelle. Un film peut contribuer, par l'empathie qu'il suscite, à vous mettre dans la peau de quelqu'un d'autre et à vous faire changer de regard sur le monde à partir de ce que vit un personnage. Le jeu va plus loin : vous n'en êtes pas seulement spectateur mais aussi acteur. Vous allez être mis dans différentes situations, les vivre, incarner un personnage… Nous retrouvons ici une compétence essentielle et dont j'ai déjà parlé : la capacité à se mettre à la place de l'autre, base de l'empathie, qui aide à ne pas porter de jugements péremptoires et à essayer de trouver des solutions plus originales que celles qui renforcent nos propres biais (cognitifs, sociaux, moraux…).

### Technique sans éthique n'est que ruine de l'âme

Le jeu permet aussi de poser la question du sens de manière parfois saisissante. Pourquoi vouloir faire toujours mieux ? Quel est le sens du progrès ? Je me souviens d'un jeu découvert grâce à Games for change dans lequel l'objectif était d'optimiser le fonctionnement d'un réseau ferré. À la fin, lorsqu'on y arrivait, on recevait ce message, glaçant : « Bravo, vous avez réussi à faire en sorte que les gens arrivent plus vite à Auschwitz. » Il y a peu de façons aussi saisissantes et inoubliables de vous apprendre que la réflexion sur les finalités et conséquences de ce qu'on entreprend doit précéder l'action, que la technique sans éthique n'est que ruine de l'âme.

À New York, Katie Salen a créé une école entièrement fondée sur le jeu : Quest to learn. Les programmes y sont conçus par des *curriculums designers* qui travaillent ensuite avec des concepteurs de jeux (*game designers*). J'y ai assisté à un cours d'introduction sur la génétique, de niveau collège. Au lieu de parler yeux bleus ou petits pois, comme on le fait en France pour expliquer la transmission du codage génétique et la possibilité, pour un phénotype dû à un gène récessif, de sauter une ou plusieurs générations, les élèves faisaient de la génétique à partir de monstres.

Au départ, on leur montrait des monstres présentant un certain nombre de caractéristiques héritées génétiquement – avec des gènes codant pour les qualités des monstres, des allèles dominants et récessifs. Tout le vocabulaire scientifique était présent, mais utilisé dans un contexte ludique. Puis les enfants devaient, d'une génération à l'autre, décider quels monstres pouvaient se reproduire : ceux qui couraient plus vite, qui se battaient plus vigoureusement… À la fin de chaque séance, les élèves étaient également conviés à améliorer le jeu. L'idée sous-jacente n'est pas seulement que leurs camarades trouvent plus de plaisir à jouer par la suite mais aussi de les inviter à examiner toutes les interactions induites par le jeu afin de les amener à penser de manière systémique.

Les élèves de Quest to learn ont aussi gagné les olympiades de mathématiques à New York, ce qui était d'autant plus remarquable que la majorité d'entre eux venaient de milieux plutôt défavorisés. Chose intéressante, ils avaient plus particulièrement réussi les épreuves dans lesquelles on demandait aux candidats de coopérer.

Si vous vous inquiétez que vos enfants jouent trop, lisez le livre de Katie Salen[36] ou de Peter Gray *Libre pour apprendre*[37] ! Ce chercheur en neuropsychologie se demandait quelle chance de succès aurait son fils qui avait rejoint une école plus atypique encore puisque les enfants de 4 à 18 ans peuvent y choisir leurs activités. Il a donc compilé de nombreuses recherches en anthropologie et en éthologie où l'on peut observer que les jeunes mammifères et humains développent de nombreuses compétences en jouant sans la supervision des adultes. Il en a conclu que chez nos ancêtres la plupart des choses importantes étaient acquises dans des contextes informels où des groupes d'âges et de niveaux distincts apprennent librement. Il a également étudié le succès des anciens de ce type d'écoles dites démocratiques où enfants et adultes prennent collectivement les décisions. Il a montré que ces jeunes réussissent à l'université et dans des métiers correspondants à leurs passions. En apprenant par le jeu ou par le faire, en explorant leurs passions et leurs capacités à apprendre les uns des autres, comme nombre de nos ancêtres avant l'invention de l'éducation formelle, ils semblent avoir acquis les compétences qui leur ont permis de réussir leur vie d'adulte.

Dans *Libre pour apprendre,* Peter Gray défend donc l'idée selon laquelle des enfants libres de poursuivre leurs propres centres d'intérêt au travers du jeu assimilent tout ce qu'ils ont besoin de savoir, et le font de plus avec énergie et passion. Pour les aider à grandir dans ce monde en perpétuel changement, nous devons faire confiance à leur capacité à s'instruire et à se développer. En se basant sur des faits anthropologiques, psychologiques et historiques, Gray avance que le jeu en toute liberté est le meilleur moyen pour apprendre à gérer sa vie, à résoudre ses problèmes, à vivre en communauté et à devenir émotionnellement équilibré ! Si vous excellez dans un jeu qui impose coopération et pensée systémique, n'oubliez pas de le mentionner dans votre CV : certains recruteurs ont raconté avoir embauché des cadors du jeu en réseau *World of Warcraft* en partant du principe que s'ils savaient manager une équipe en ligne, il y avait de fortes chances pour qu'ils en soient capables dans la vraie vie, où d'ailleurs les équipes sont de plus en plus amenées à échanger en ligne.

Soyons clair : je ne prétends pas ici qu'il faille que toutes les écoles ressemblent à Quest to learn ou aux écoles démocratiques. Mon combat est de faire comprendre qu'on apprend, et qu'on apprend bien, dans une multitude d'environnements différents. Le jeu en est un. Se promener dans la nature en est un autre. Interagir avec ses amis, regarder une vidéo sur Internet, d'autres encore. On peut même apprendre en suivant un cours magistral des plus classiques !

## *To flow or not to flow*

S'il est difficile de comprendre et faire comprendre cela, c'est d'une part parce que les apprentissages dits informels sont insuffisamment étudiés et quantifiés, d'autre part parce que tout apprentissage suppose une étape de « conscientisation » : il ne suffit pas que j'aie appris ou compris quelque chose, encore faut-il que j'en aie conscience, notamment si je veux réutiliser cette nouvelle connaissance ou ce nouveau savoir-faire. Si un jeu m'enseigne les bases de la génétique à partir d'un exemple imaginaire – des monstres ou des dragons –, je dois d'abord croire que je peux apprendre en jouant, et comprendre que la génétique des souris ou des humains repose sur les mêmes bases.

Outre mes enseignants, il vaut également mieux que mes parents et mes amis en soient convaincus. Or, nous sommes nombreux à croire que si l'apprentissage ne se déroule pas dans un contexte ennuyeux, voire s'il n'occasionne pas un minimum de souffrance, c'est qu'il y a un loup. Cette opinion est aussi répandue que fausse. La recherche scientifique montre qu'on n'apprend jamais mieux que lorsque motivation et plaisir se nourrissent mutuellement.

Le psychologue hongrois Mihaly Csikszentmihalyi a interrogé des centaines de personnes qui ont réussi dans des métiers très différents, en particulier dans les sciences et les arts. Il a essayé de comprendre les conditions dans lesquelles elles étaient les plus créatives et les plus productives. Toutes ont décrit ce moment favorable comme un état second : on ne sent plus la faim, la fatigue, on n'a pas l'impression de « travailler » avec la charge de contraintes que cela suppose, on perd la conscience du temps qui passe. Au mieux on a conscience de vivre un moment exceptionnel, mais sans avoir forcément de réflexivité sur le fait qu'on est en train de le vivre. On est totalement immergé. Cet état, il l'a baptisé le *flow*[38] (le flux) et c'est, selon lui, l'état dans lequel on apprend de manière optimale.

Le *flow* est typiquement un état dans lequel on peut se retrouver en jouant et vous le savez si vous avez déjà essayé d'attirer l'attention d'un enfant plongé dans un jeu particulièrement prenant (ou si vous avez été cet enfant ou si vous avez conservé cette capacité). Lire un roman ou regarder un film peuvent également nous amener au *flow*. Un professeur aussi, s'il est très charismatique, et jusqu'à ce que son cours soit arbitrairement interrompu par une sonnerie au bout d'une heure. Une incise à ce propos : aucune loi biologique ou humaine ne justifie que les cours durent environ une heure. Les travaux sur l'attention plaident pour des durées nettement plus courtes lorsqu'on est en situation d'écoute passive, ou pour une absence de durée si on est engagé dans une activité motivante. Cette durée est un héritage de l'époque ou le rythme de la journée était scandé par les prières et où les cloches faisaient office de montres.

C'est pourquoi une partie des pédagogies qui essaient de mettre les élèves dans des situations de *flow* commencent par repenser l'emploi du temps pour en finir avec cette situation peu efficace. Comme il faut malgré tout organiser un peu les choses, il existe des dispositifs intermédiaires, qui cadrent tout en ménageant des plages de plus grande liberté. Si on ramène les séances à 45 minutes, on gagne jusqu'à 15 minutes par heure sans diminuer beaucoup ce qui sera retenu, qui, de toute façon, diminue fortement en fin de séance. Ce temps que l'on peut regrouper, par exemple en fin de journée, en fin de semaine voire en fin de trimestre, pour créer des conditions dans lesquelles le *flow* aura la liberté de s'épanouir.

### Des enseignants « pédagogues-chercheurs »

Les pays qui déploient largement ces approches ont tous un point commun, qu'il s'agisse de la Finlande, du Canada ou de certains pays d'Asie : ils ont investi dans la recherche et dans la formation des enseignants, et ils ont su connecter ces deux champs.

La recherche documente le réel, elle donne des faits. Si je comprends que le stress a un effet négatif sur l'apprentissage, et si je mesure l'ampleur de cet effet, je veillerai mieux à créer un environnement qui le limite. Si je comprends le mécanisme neuronal essentiel qui permet au cerveau de stocker les informations pendant que je dors, je saurai mieux expliquer aux enfants – et aux parents ! – pourquoi il est si important de ne pas se coucher tard, et d'éviter les activités excitantes juste avant de se coucher, notamment l'usage des écrans.

Un seul exemple, issu d'une conférence donnée au collège de France par une autre ancienne doctorante du CRI, la neurologue Mélanie Strauss[39]. Il porte sur l'impact de la sieste chez les enfants de 3 à 6 ans.

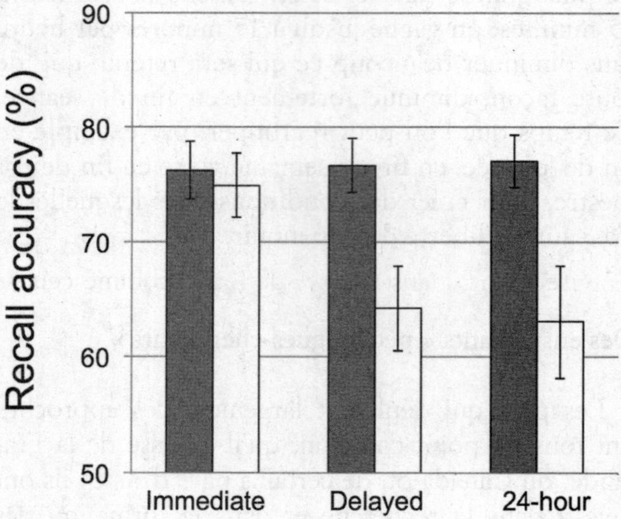


*Performance de jeunes enfants à un jeu de mémoire selon qu'ils ont fait une sieste ou non*[40].

La colonne grisée indique le taux de mémorisation d'un apprentissage de mémoire visio-spatiale juste après la sieste, quelques heures après et un jour après. La colonne blanche indique le taux de mémorisation pour un enfant n'ayant pas effectué de sieste. L'écart est de 20 %, ce qui devrait nous amener à recommander la sieste.

Les écarts sont tout aussi spectaculaires à l'adolescence, autre période cruciale au cours de laquelle nos réseaux de neurones ont besoin du sommeil pour fonctionner de manière optimale.

Ces données sont essentielles et elles transcendent les habituelles et délétères querelles sur les programmes ou la pédagogie. Quel que soit votre style d'enseignement, les lois biologiques s'imposeront à vos élèves et affecteront l'efficacité des apprentissages.

L'autre intérêt du lien entre recherche et formation consiste à faire comprendre aux enseignants ce qu'est la démarche scientifique. Cela les invite à se placer eux-mêmes en position de « pédagogues-chercheurs » dans leur classe, à interroger la façon dont ils enseignent. Dans un monde idéal, comme cela se fait dans d'autres pays, cela pourrait les amener à échanger plus souvent, avec leurs collègues au sein de leur établissement, et de se confronter plus souvent aux publications des chercheurs, à assister à des colloques, comme le font les chercheurs de profession dont le métier consiste pour une large part à passer leurs découvertes au tamis du doute scientifique.

## Méthode de Singapour

Une telle démarche devrait être promue à tous les étages du système éducatif. Elle pourrait s'inspirer de ce que certaines universités anglo-saxonnes appellent le « *Scholarship of teaching and learning* » : un système de reconnaissance qui permet de promouvoir les enseignants-chercheurs non seulement pour leurs réalisations dans le champ de la recherche académique, mais aussi pour leur excellence pédagogique, leur capacité à créer des dynamiques innovantes appropriées pour faciliter l'apprentissage de leurs étudiants.

Ces principes sont également à l'origine du formidable succès de Singapour dans l'enseignement des mathématiques. Contrairement au résumé qui en a été couramment présenté à la rentrée 2017, lorsque Jean-Michel Blanquer, le ministre de l'Éducation nationale, a annoncé vouloir importer une version adaptée de la « méthode de Singapour », cette dernière ne repose pas seulement sur le lien qu'elle instaure entre théorie (j'apprends une règle) et pratique (je résous un problème avec cette règle). Le vrai secret de Singapour est d'avoir placé la recherche au cœur de l'enseignement, depuis le début des années 1980.

Songez : deux tiers des établissements scolaires hébergent des collectifs de recherche qui permettent aux enseignants de confronter leurs méthodes, de résoudre collectivement les problèmes qu'ils rencontrent, de se nourrir mutuellement. Cette « méthode de Singapour » est donc avant tout le fruit de quantité d'essais, d'erreurs, d'observations, de rectifications. Aucun pédagogue génial, aucun ministre omniscient, aucun chercheur omnipotent n'a imposé la bonne réponse d'en haut. Le pays a en revanche créé les conditions qui permettent à tous les enseignants d'améliorer leur pratique et de la partager avec leurs collègues.

## Recherche-action

Le Japon a développé une approche comparable : les *Lesson studies* (*jugyou kenkyuu*). Un groupe d'enseignants, généralement accompagné par des chercheurs, « étudie, planifie, enseigne, observe, révise et diffuse une ou plusieurs leçons à propos d'un objet d'apprentissage[41] ». En phase de test, les enseignants assistent aux séances de leurs collègues. Pas pour les observer eux, mais pour observer les réactions des élèves. Idéalement, ils s'organisent même pour scruter chacun un élève ou un groupe d'élèves différent. Ils s'efforcent de comprendre à quel moment un déclic a pu se produire, à quel autre ils ont été confrontés à un obstacle insurmontable. De la confrontation de leurs observations, dans un humble processus qui accepte l'erreur, le tâtonnement, ils peaufinent en quelque sorte la « séance idéale » pour enseigner tel aspect des programmes.

Cette approche renvoie à ce que le psychologue américain Kurt Lewin avait baptisé dès les années 1940 la « recherche-action », qui connut un regain d'intérêt, en France notamment, dans les années 1970. Selon la définition qu'en propose Robert N. Rapoport, elle « vise à apporter une contribution à la fois aux préoccupations pratiques des personnes se trouvant en situation problématique et au développement des sciences sociales par une collaboration qui les relie selon un schéma éthique mutuellement acceptable[42] ».

Il ne suffit pas d'instruire les enseignants des résultats de la recherche – chose que l'on ne fait pas suffisamment aujourd'hui. Il faudrait encore les former, massivement, aux méthodologies de recherche. Leur montrer au passage qu'elles sont variées : on ne cherche pas de la même façon en sociologie, en science cognitive ou en informatique.

Car quand on a été formé à prendre du recul et qu'on sait le prendre, alors on peut contribuer à expérimenter quasiment en permanence avec ses élèves : monter une expérience, constituer un groupe de contrôle, observer, quantifier, comparer… Cette capacité à adopter une approche à la fois réflexive et critique de ses propres pratiques devrait être au cœur de la formation puis de la pratique enseignante. À cette condition, on peut espérer que chaque fois qu'un enseignant sera confronté à une difficulté dans la transmission d'un savoir avec une partie de ses élèves, il ne sera pas tenté de répéter une solution prémâchée et, selon toute probabilité, pas forcément aussi efficace que possible. Car s'il est en partie vrai que « la pédagogie est l'art de la répétition », ce n'est qu'à condition de ne pas répéter à l'identique en toutes circonstances.

## 1 %

La mise en œuvre de ces démarches, en France, est irréaliste à moyens constants. Elles requièrent non seulement une formation préalable, mais du temps, dans les classes, dans les établissements. Ce que Singapour a parfaitement compris quand il a décidé d'investir plus dans la recherche en éducation. Or, l'éducation est un des rares secteurs stratégiques pour notre pays dans lequel nous n'investissons quasiment pas en recherche et développement, contrairement à ce que nous jugeons naturel de faire dans tous les secteurs d'avenir (la santé, la mobilité, l'énergie, les technologies…). Si la France ne consacrait que 1 % du budget de l'éducation à la recherche et développement, la face de l'école en serait bouleversée en quelques années. L'impact, j'en suis profondément convaincu, serait significativement plus visible et concret que si l'on parvenait, par exemple, à diminuer la taille des classes de 1 %.

Cette recherche devra mobiliser des approches complémentaires, qui peuvent venir de la sociologie, des sciences de l'éducation, du numérique, du cerveau, de l'analyse de données… Et marier recherche fondamentale et recherche appliquée à l'image de ce qu'on appelle, en médecine, la recherche « au lit du patient », réalisée avec les cliniciens, en observant et en écoutant les malades. L'organisation de la recherche biomédicale n'est pas exempte de défauts, mais si la recherche en éducation atteignait déjà la même maturité, le système éducatif s'en porterait tellement mieux qu'en ignorant les possibilités de progression permises par la recherche.

## Prendre les enfants au sérieux

Pourquoi ne pas diffuser massivement ces approches à l'école ? Je crois qu'une des raisons premières est qu'on ne prend toujours pas au sérieux les enfants. On a tort.

Ma fille, alors âgée de 8 ans, m'a un jour solennellement offert un livre qu'elle venait de lire. « Papa, tu vas adorer », m'a-t-elle promis. C'était *L'Enfant de la nuit de* Margaret Davidson[43], qui raconte la vie de Louis Braille. Elle ne se trompait pas : j'ai adoré ! À défaut de connaître son prénom, vous connaissez le nom commun « braille ». Il désigne ce système d'écriture en relief qu'utilisent des millions de non-voyants dans le monde. Louis Braille l'a inventé adolescent.

Né voyant en 1809, Louis devient aveugle à 3 ans, après s'être blessé avec une sorte de poinçon en jouant dans l'atelier de son père, qui était bourrelier. Ses parents ne renoncent pas à lui donner une éducation, et obtiennent même une place à l'Institution royale des jeunes aveugles, à Paris, dans le quartier Duroc. Il existe alors des systèmes tactiles pour enseigner la lecture aux aveugles. Mais le plus répandu, à base de caractères en relief, est peu pratique, et s'il permet de lire, il ne permet pas d'écrire (il faut en passer par un procédé d'impression). Un autre système a été conçu à des fins militaires, un codage réalisé à partir d'idéogrammes, assez pauvre. En outre, le jeune Louis se moque bien de savoir comment on dit « déplacez trois canons ». Dès l'âge de 12 ans, il commence donc à travailler sur le système qui le rendra célèbre : une matrice de 6 points disposés sur deux colonnes, qui permet 63 combinaisons différentes. Esprit libre et virevoltant, il s'intéresse à tout au point de devenir répétiteur à l'institution dont il est élève, dès l'âge de 15 ans. Il sera plus tard nommé professeur et enseignera dans des champs aussi variés que la grammaire, l'histoire, la géographie, les mathématiques et la musique !

La première réaction des adultes au langage du jeune Louis est pourtant hostile. Ils pensent que si les enfants passent du temps à apprendre ce nouveau système de codage, ils n'apprendront pas à lire avec les lettres en relief et qu'il leur manquera une compétence de base pour s'insérer dans le monde. Louis diffuse son invention à ses camarades, la nuit, à l'internat, et remporte un franc succès. Les adultes continuent à douter de l'intérêt de cette méthode et ne se laissent pas impressionner par les premières démonstrations. Les enfants savent-ils vraiment lire ou apprennent-ils par cœur des textes – ces enfants ayant souvent une excellente mémoire ? Une démonstration publique est finalement organisée. Les adultes choisissent un livre au hasard, l'encodent en braille et le donnent aux enfants. Qui réussissent parfaitement à le lire.

Il faut pourtant encore attendre une dizaine d'années pour que Charles Barbier, qui avait inventé le système des lettres en relief, reconnaisse, non la supériorité du système de Braille – il ne faut pas trop en demander –, mais au moins son intérêt : « C'est M. Louis Braille, jeune élève, aujourd'hui répétiteur à l'Institution royale de Paris, qui, le premier, a eu l'heureuse idée de réduire l'écriture ponctuée à l'usage d'une réglette rayée de trois lignes ; sous ce double rapport, c'est un service essentiel dont on lui a l'obligation[44]… », écrit-il en 1833.

Quarante-sept ans plus tard naît aux États-Unis Helen Keller. À l'âge de 2 ans, elle est atteinte d'une congestion cérébrale qui la laisse aveugle et sourde. Elle a d'autant plus de difficultés à sortir de son enfermement et ne peut pas communiquer autrement que par le toucher avec les autres. Ses parents font appel à une enseignante extraordinaire, Anne Sullivan, elle-même malvoyante. Cette dernière, avec une patience infinie, réussit à faire comprendre à Helen que l'on peut communiquer avec les autres. Le déclic vient un jour où Anne fait toucher de l'eau à Helen puis trace le mot « eau » dans la paume de la main d'Helen, et qu'Helen comprend. Dès lors, Helen, qui se comportait jusque-là en enfant sauvage, change radicalement d'attitude et bascule dans une inextinguible soif d'apprentissage. Elle apprend le braille et la langue des signes. Et devient la première personne handicapée à obtenir un diplôme universitaire aux États-Unis, avant d'entamer un brillant parcours de conférencière et de militante socialiste, féministe et pacifiste. Elle a raconté son histoire dans une autobiographie intitulée *Sourde, muette, aveugle*[45], qui a aussi inspiré le film *Miracle en Alabama* d'Arthur Penn sorti en 1962. Si vous avez des enfants, vous pouvez aussi leur faire lire *La Métamorphose d'Helen Keller*, le livre que lui a consacré Margaret Davidson[46].

Ces deux histoires se croisent, en 1952, l'année du centenaire de la mort de Louis Braille que le gouvernement français a décidé d'honorer en le faisant entrer au Panthéon. Helen Keller est invitée à Paris afin de recevoir la Légion d'honneur. Elle prononce dans le grand amphithéâtre de la Sorbonne un discours poignant, écrit en français, dans lequel elle affirme que les aveugles sont aussi redevables à Louis

Braille que le genre humain à Gutenberg, et dont une phrase m'est restée : « La seule chose qui soit pire que de perdre la vue, c'est de ne pas avoir de vision. » Une vidéo témoigne de ce moment extraordinaire[47] où l'on peut voir la procession de centaines de personnes non voyantes venues du monde entier qui, bras dessus bras dessous, accompagnent le cercueil de Braille jusqu'au Panthéon.

## Confiance et transmission

Les récits de Louis Braille et Helen Keller, qui sont tous deux dans mon panthéon personnel, recèlent des valeurs qui, selon moi, doivent être fondatrices d'un système éducatif : avoir confiance en la capacité des enfants à inventer, les autoriser à chercher par eux-mêmes, croire en leur éducabilité même quand tout semble perdu d'avance, assurer la transmission d'une génération à l'autre de ce qui a été découvert par la précédente.

Vous retrouvez ces valeurs dans l'aventure de l'Indien Babar Ali. J'ai découvert son histoire en 2009 sur la BBC, qui lui a consacré un reportage dans lequel il était surnommé « le plus jeune directeur d'école du monde[48] ». De fait, à l'époque, il n'avait que 16 ans. Mais c'est sept ans plus tôt que Babar a commencé, par jeu, à donner des cours aux enfants de son quartier, dans la cour située derrière sa maison !

Enfant de la classe moyenne, il a accès à l'école. Pas ses camarades, dont les familles ne peuvent investir les 40 dollars annuels que coûte la scolarité dans cette

*Babar Ali*[49].

région du Bengale. Alors, tous les jours, à 16 heures, Babar leur raconte ce qu'il a appris et réalisé dans la journée. Non seulement les enfants reviennent le lendemain, mais ils amènent des camarades. Les parents de Babar acceptent que leur fils transforme progressivement le jardin de la famille en une école improvisée dans laquelle les premiers « élèves » qu'il a formés forment à leur tour les autres. Quand la BBC le filme, sept ans plus tard, son « école » compte 800 élèves !

Babar Ali et ses amis ont en quelque sorte réinventé un concept relativement populaire au XIXe siècle, celui de l'enseignement mutuel. Les premières écoles, à l'époque, accueillent des centaines d'enfants pour un seul maître. Elles fonctionnent grâce à des pyramides de mentorat : dès qu'un enfant a compris quelque chose, il est invité à l'expliquer à ses cadets, et ainsi de suite.

Ces méthodes sont d'une redoutable efficacité pour les apprentissages, au moins autant que les méthodologies classiques. Évidemment, elles présentent le défaut de ne pas inculquer autant le respect de l'autorité, voire de s'être révélées des foyers de diffusion d'idées séditieuses ou révolutionnaires. Considérant que le respect de l'autorité était plus important que les vertus pédagogiques d'une méthode, la plupart des États ont renoncé à s'en inspirer. Pourtant, elles fonctionnent à merveille. Et aujourd'hui, Babar Ali est invité à partager son expérience dans le monde entier, c'est ce que nous avons fait en l'invitant au CRI, à Paris, dans une conférence où des enfants nous ont expliqué ce qu'était qu'apprendre au XXI^e^ siècle.

Le numérique et les réseaux sociaux permettent aujourd'hui l'émergence de centaines de Babar Ali, dans tous les contextes et sous toutes les latitudes.

Aux États-Unis, c'est Sylvia Todd et son « *Super Sylvia's Super-Awesome Show*[50] » (L'émission de la super géniale Sylvia). L'été de ses 7 ans, elle visite avec son père la Maker Faire de San Diego (Californie), royaume des adeptes du DIY (*Do It Yourself*, « Fais-le toi-même »). Coup de foudre pour les centaines de *makers* – littéralement les « faiseurs » – qui, à l'aide de leurs mains ou d'imprimantes 3D, fabriquent des objets, en détournent ou en améliorent d'autres, en inventent d'autres encore.

L'été suivant, « parce qu'on voulait faire un truc marrant[51] », elle réalise sa première émission sur YouTube, retourne à la Maker Faire, toujours aidée par son père, ancien décrocheur qui a abandonné les études au lycée et est devenu programmateur Web. Du haut de ses 8 ans, elle distribue des cartes de visite pour faire connaître son émission. C'est le début d'un succès phénoménal qui la conduira sur le plateau de plusieurs conférences TEDx[52]. À 12 ans, ses vidéos ont déjà été vues près de 2 millions de fois. Chacune d'entre elles est ponctuée par un gimmick qui résonne comme un mantra : « *Go out there and make something !* » (« Sors de là et fais quelque chose ! »)

L'équipe de Barack Obama, très engagée dans le soutien au mouvement des *makers*[53], la repère. Elle est invitée à la Maison-Blanche lors de la traditionnelle

White House Science Fair[54], où elle présente au président américain son imprimante d'aquarelles en couleur.

*Sylvia Todd et Barack Obama à la Foire des sciences de la Maison-Blanche*[55].

Sylvia aurait tout aussi bien pu lui offrir une de ses trouvailles préférées : un pendentif qui change de couleur selon le rythme cardiaque de celui ou celle qui le porte, dispositif qui exige d'avoir compris pas mal de choses sur la physiologie cardiaque, l'art et la technologie. Voilà en tout cas un autre exemple d'une enfant qui a appris des choses assez extraordinaires et contribue à les partager afin de permettre à d'autres d'apprendre.

### « Faites-nous confiance, et demandez-nous plus ! »

Toujours aux États-Unis, voici Adora Svitak, née en 1997 à Springfield (Oregon). À 4 ans, elle sait lire ; à 6 ans, sa mère lui offre un ordinateur doté d'un traitement de texte. Qu'elle utilise, dès qu'elle sait écrire, pour inventer des histoires : pas moins de 300 nouvelles, dont une partie compose son premier livre, *Flying Fingers*[56] (Les doigts volants). Aidée par sa sœur Adrianna, elle enchaîne sur son premier roman, *Dancing Fingers*[57] (Les doigts dansants), qui est publié en 2008. À 9 ans, elle est ainsi un des plus jeunes écrivains de l'histoire. Trois ans plus tard, elle devient aussi la plus jeune conférencière TED. Titre de sa conférence : « Ce que les adultes peuvent apprendre des enfants[58] ». Avec un humour ravageur, elle plaide pour que les enfants soient écoutés, notamment pour leur capacité à rêver d'absolu, à ne pas être entravés d'entrée de jeu par le poids de l'histoire. « Nous adorons les défis, mais croyez-moi, si les attentes [des adultes] sont modestes, nous nous restreignons. [...] Faites-nous confiance, et demandez-nous plus ! » Elle est entrée à Berkeley à 16 ans, car c'était la seule grande université qui offrait le droit aux étudiants de créer un cours, validait le fait qu'ils donnent ce cours et que d'autres le suivent.

Franchissons la frontière nord des États-Unis. Au Canada, c'est Craig Kielburger. Né en 1982 à Thornhill (Ontario), il découvre à l'âge de 12 ans une manchette du *Toronto Star* consacrée à la mort d'un enfant du même âge que lui, Iqbal Masih. Iqbal travaillait depuis l'âge de 4 ans dans une usine textile, et avait commencé à dénoncer publiquement les conditions de travail de ses pairs. Il a été assassiné pour cela[59].

Craig Kielburger, bouleversé par ce destin tragique, décide d'agir. Il commence par demander à ses professeurs l'autorisation de parler aux élèves de son école de la question du travail des enfants. Il crée un premier groupe avec onze amis, qu'il baptise Twelve-Twelve-Year-Olds (Les douze de 12 ans), qui devient Kids Can Free the Children (Les gosses peuvent libérer les enfants). L'association croît, se rebaptise Free the Children (Libérez les enfants), collecte 3 000 signatures pour une pétition adressée au Premier ministre indien afin d'obtenir la libération du militant Kailash Satyarthi, célèbre défenseur de la cause des enfants. À 16 ans, Craig publie *Free the Children : A Young Man Fights Against Child Labor and Proves that Children Can Change the World*[60] (Libérez les enfants : un jeune homme combat le travail des enfants et prouve que les enfants peuvent changer le monde). Free the Children fédère aujourd'hui plus de 2 millions d'adhérents dans le monde, et Craig Kielburger est couvert de toutes les distinctions possibles pour son combat.

Le sens commun, quand il en prend connaissance, voit tous ces exemples de jeunes ayant créé des dynamiques qui les dépassent comme des exceptions. Je pense pour ma part qu'ils constituent le signe avant-coureur d'un changement de paradigme, d'une mutation qui doit être au cœur des façons d'apprendre au XXI^e siècle.

Les enfants n'ont certes pas attendu les années 2000 pour avoir des idées et, parfois, plus rarement, pour les mettre en œuvre. Mais le fait qu'on ait levé les frontières de l'accès à la connaissance et de sa diffusion change la donne et crée un nouveau paradigme : l'énergie de questionnement, d'enthousiasme et de générosité des enfants peut et doit être utilisée beaucoup plus qu'on ne le fait aujourd'hui.

### Libérer l'énergie créatrice des enfants

Trois exemples de dispositifs qui impactent aujourd'hui des milliers d'enfants illustrent la puissance de cette énergie, dès lors qu'on l'organise un peu.

Le premier est né au Venezuela sous l'appellation El Sistema[61] (Le système). L'histoire veut qu'il soit né dans le garage de l'économiste et pianiste récemment décédé José Antonio Abreu, où ce dernier réunit en 1975 une douzaine d'enfants issus de familles pauvres pour leur faire jouer de la musique. Son idée n'est pas de les transformer en grands musiciens mais de leur apprendre à s'écouter les uns les autres. C'est l'une des grandes vertus pédagogiques des orchestres : comme le disent les musiciens, vous ne pouvez pas avoir raison seul contre tous – décider de jouer très fort quand l'ensemble joue tout doucement ou réciproquement, changer de tempo, etc. L'orchestre est donc, par nature, une grande école de l'écoute.

Quarante ans plus tard, El Sistema fait coup double : non seulement 400 000 jeunes de milieux défavorisés en bénéficient, mais quelques musiciens de stature internationale en sont sortis, parmi lesquels l'emblématique chef d'orchestre Gustavo Dudamel, qui dirige les formations les plus célèbres dans le monde entier. Et le dispositif se diffuse partout, y compris en France à travers plusieurs initiatives – El Sistema France[62], les orchestres Demos, les Orchestres à l'école de Jean-Claude Decalonne, etc.

Toutes les évaluations de ces expériences convergent : nombre d'enfants y trouvent un terrain inédit d'épanouissement, gagnent en confiance en soi, se comportent mieux tant vis-à-vis d'eux-mêmes que vis-à-vis de leurs camarades. Parfois, même, ils parviennent à transférer des compétences acquises dans l'orchestre en compétences scolaires (par exemple, la subdivision d'un temps entre noires, croches et doubles-croches, qui n'est rien d'autre qu'un système de fractions). Premier exemple d'un mouvement initié dans un environnement extrême, fondé sur la soif d'apprendre des enfants, et qui a essaimé dans le monde entier.

Mon deuxième exemple est né en Inde, dans l'école Riverside d'Ahmedabad, de l'État du Gujarat. Elle a été créée en 2001 par Kiran Bir Sethi autour de l'idée que la meilleure manière d'apprendre était de faire, et que la meilleure manière de donner envie de faire était d'améliorer le monde autour de soi.

Elle invite donc les enfants à procéder en quatre étapes : identifier un problème qui les touche, essayer de trouver une solution, l'implémenter, enfin la documenter et la partager. Chaque étape engage des compétences essentielles. La première, l'empathie ; la deuxième, la créativité ; la troisième, le passage à l'action ; la quatrième, la capacité de synthèse.

Testée auprès des 200 élèves de Riverside, cette méthodologie inspirée du *design thinking* (processus de cocréativité) s'étend en 2007 à 30 000 enfants de la ville d'Ahmedabad : les enfants de Riverside ont réussi à convaincre les autorités municipales d'organiser, tous les deux mois, une journée des enfants dans toute la ville. Des quartiers entiers deviennent piétonniers pour l'occasion, et les enfants et adolescents s'en emparent, qui pour jouer, qui pour créer. C'est ainsi que, pour sécuriser les trajets des enfants dans la ville, une grande avenue d'Ahmedabad s'est retrouvée dotée du premier passage piéton matérialisé par d'immenses fleurs colorées, signe beaucoup plus explicite pour les enfants comme pour les automobilistes que des bandes blanches.

Deux ans plus tard, Kiran Bir Sethi étend le dispositif à l'Inde entière : les enfants de Riverside écrivent à 32 000 écoles pour inviter leurs élèves à identifier un problème qui les touche. Elle leur suggère de prendre une semaine pour chercher une solution puis de la mettre en œuvre. 100 000 enfants répondent à l'appel. Ils créent ici des cours d'alphabétisation pour leurs parents, là trouvent des solutions à la pollution par les sacs plastique, ailleurs encore lancent une campagne contre la prostitution infantile ou lèvent des fonds pour financer l'achat d'appareils auditifs…

*« Be the change that you wish to see in the world »*

Dans sa conférence TED, Kiran Bir Sethi plaide pour les vertus de la contagion[63] : il faut, dit-elle, disséminer le virus *I Can* (« Je peux »). Elle a créé pour cela un cadre qui dépasse Riverside, le mouvement Design for change, qui se diffuse dans le monde entier[64] – en France, il est animé par Florence Rizzo sous l'appellation Bâtisseurs de possibles[65]. Si vous trouvez l'idée sympathique mais pensez qu'elle prendra trop de temps et que cela nuira à l'acquisition des savoirs académiques, je précise que le dispositif affiche une formidable efficacité collatérale sur les résultats scolaires : l'école de Riverside est dans le top 10 des écoles indiennes en mathématiques, anglais et sciences.

Il n'y a pas d'âge pour entrer dans ce genre de démarches. Le jury de Bâtisseurs de possibles, en France, a récompensé un projet réalisé par des enfants de l'école Saint-Joseph de Yaoundé, au Cameroun. Ils étaient âgés de 4 ans. Leur problème : l'un d'entre eux s'était gravement blessé à l'œil en jouant au football avec une des bouteilles en plastique que les enfants, faute de ballon, utilisaient dans la cour de récréation. Quelle solution, à part interdire le foot (ce qui n'est pas une solution envisageable pour un garçon de 4 ans) ? Fabriquer des ballons moins dangereux à partir de plastiques recyclés. Ce qui n'a rien d'évident : il ne suffit pas de collecter des sacs et de les coller n'importe comment et les enfants ont dû mettre en œuvre des compétences complexes.

Mon troisième exemple est celui du site Internet The world largest lesson[66] (La plus grande leçon du monde), lancé par Project Everyone et soutenu par l'UNESCO et l'Unicef. Le site reprend les 17 objectifs mondiaux « de développement durable pour éradiquer la pauvreté, protéger la planète et garantir la prospérité pour tous » fixés par les Nations unies[67] :

1. Éliminer la pauvreté sous toutes ses formes et partout dans le monde.
2. Éliminer la faim, assurer la sécurité alimentaire, améliorer la nutrition et promouvoir l'agriculture durable.
3. Permettre à tous de vivre en bonne santé et promouvoir le bien-être de tous à tout âge.
4. Assurer l'accès de tous à une éducation de qualité, sur un pied d'égalité, et promouvoir les possibilités d'apprentissage tout au long de la vie.
5. Parvenir à l'égalité des sexes et autonomiser toutes les femmes et les filles.
6. Garantir l'accès de tous à l'eau et à l'assainissement et assurer une gestion durable des ressources en eau.
7. Garantir l'accès de tous à des services énergétiques fiables, durables et modernes à un coût abordable.
8. Promouvoir une croissance économique soutenue, partagée et durable, le plein emploi productif et un travail décent pour tous.
9. Bâtir une infrastructure résiliente, promouvoir une industrialisation durable qui profite à tous et encourager l'innovation.

10. Réduire les inégalités dans les pays et d'un pays à l'autre.
11. Faire en sorte que les villes et les établissements humains soient ouverts à tous, sûrs, résilients et durables.
12. Établir des modes de consommation et de production durables.
13. Prendre d'urgence des mesures pour lutter contre les changements climatiques et leurs répercussions.
14. Conserver et exploiter de manière durable les océans, les mers et les ressources marines aux fins du développement durable.
15. Préserver et restaurer les écosystèmes terrestres, en veillant à les exploiter de façon durable, gérer durablement les forêts, lutter contre la désertification, enrayer et inverser le processus de dégradation des terres et mettre fin à l'appauvrissement de la biodiversité.
16. Promouvoir l'avènement de sociétés pacifiques et ouvertes à tous aux fins du développement durable, assurer l'accès de tous à la justice et mettre en place, à tous les niveaux, des institutions efficaces, responsables et ouvertes à tous.
17. Renforcer les moyens de mettre en œuvre le Partenariat mondial pour le développement durable et le revitaliser.

Pour chacun de ces objectifs, *The world largest lesson* propose, dans près de quarante langues, dont le français, des ressources pédagogiques multimédias tant pour les enfants que pour les éducateurs.

Imaginez seulement la fusion de ce travail de sensibilisation et d'un dispositif comme Design for change, qui permet de prendre conscience du fait que ces problèmes planétaires ont tous une déclinaison locale, et vous mettez en action des millions d'intelligences et d'énergies dans le monde entier.

Cette démarche est extrêmement proche de la démarche que mettent en œuvre les scientifiques. Ma conviction est qu'il n'y a qu'un pas entre l'enfant « chercheur de solutions aux problèmes que pose son environnement immédiat » et l'enfant-chercheur tout court. Là encore, le principal obstacle tient au regard trop souvent limitatif que portent les adultes sur les enfants. Qu'on daigne les écouter, leur offrir un cadre de liberté évolutif et fécond, où ils pourront à leur rythme, sans pression indue des adultes, explorer les sujets qui les touchent, les questions qui les intéressent et élaborer des solutions qui les aident à contribuer à ce qu'ils peuvent et souhaitent comprendre, voire changer, et tout devient possible.

## Quand l'enfant cherche, et trouve

C'est ce qu'a fait en 2013 l'astrophysicien franco-britannique du CNRS Rodrigo Ibata, qui dirige l'Observatoire astronomique de Strasbourg. Il laisse alors son fils Neil, âgé de 15 ans et élève en première scientifique au lycée international des Pontonniers de Strasbourg, manipuler les données relatives au fonctionnement des galaxies naines autour d'Andromède. Les scientifiques cherchent une logique dans leur organisation sans la trouver et considèrent, par défaut, que ces galaxies sont indépendantes les unes des autres. Neil explique la suite : « La veille de la rentrée scolaire, le samedi midi, [mon père] m'a demandé si je voulais développer un programme qui permettrait de visualiser des positions et des vitesses de rotation qu'il avait calculées. C'était d'abord un exercice d'application de ce qu'il m'avait appris. Le lendemain soir, j'avais la solution. J'avais utilisé les vecteurs étudiés en cours de maths… Mon père, qui m'a guidé pendant ces deux jours, a observé comme moi que les galaxies naines étaient bien en rotation autour d'Andromède[68]. » Neil cosignera l'article que son père publiera dans la grande revue *Nature*, et le CNRS reconnaîtra explicitement son apport à la recherche, écrivant : « C'est lui, le premier, qui a mis en évidence la rotation d'un disque de galaxies naines autour de la galaxie d'Andromède[69]. »

La découverte peut aussi être collective.

Beau Lotto est professeur à l'University College, à Londres. Comme tant de parents, il accepte un jour de venir parler de son métier dans la classe de son fils, Michael, alors âgé de 8 ans et élève à la Blackawton Primary School dans le Devon. Il demande aux enfants s'ils aiment la science. Les enfants répondent, en substance, que « bof ». Beau réplique : « On ne vous a peut-être pas dit que la science, c'est un jeu. Le but, c'est de comprendre à quoi joue la nature. D'ailleurs, moi je travaille sur les bourdons, et je suis persuadé qu'ils jouent à plein de choses. À votre avis, à quoi jouent-ils, et quelles questions pourrait-on se poser à ce propos ? » La curiosité des enfants est piquée. Et si les bourdons pensaient ? Et s'ils étaient capables de s'adapter ? Selon Beau, cinq des quinze questions que posent alors spontanément les enfants sont au cœur de publications scientifiques récentes sur le sujet, preuve qu'elles ne sont pas aussi naïves qu'on aurait pu l'imaginer.

Beau aide à monter un protocole expérimental pour répondre aux questions de la classe. On sait déjà que les bourdons reconnaissent les couleurs. Mais reconnaissent-ils aussi les motifs d'organisation des couleurs ? Les enfants procèdent à l'expérience, analysent les résultats, démontrent qu'effectivement les bourdons reconnaissent les motifs, et écrivent un article, qui sera publié dans la lettre d'information sur la biologie de la Royal Society. Tous les enfants cosignent l'article avec Beau[70]. La dernière phrase est merveilleuse : « *Science is cool and fun because you get to do stuff that no one has ever done before* » (La science est sympa et amusante car elle vous amène à faire des choses que personne n'avait faites auparavant).

**« Nous ne voyons jamais ce qui est là, nous voyons ce qui était utile dans le passé »**

Deux ans après, Beau a réalisé une conférence TED intitulée « La science, c'est pour tout le monde, même les enfants », en duo avec Amy O'Toole, une des élèves de l'école de Blackawton, alors âgée de 12 ans[71]. Il commence par un exercice amusant qui renvoie aux phénomènes de biais cognitifs qui ouvrent cette partie du livre (vous vous souvenez : le canard, le lapin, l'allégorille…). Il demande à l'audience de lire ce qui apparaît sur un grand écran. S'affiche : « W at a ou rea in ». Et la salle déchiffre en chœur : « *What are you reading* ». Pourquoi le public n'ânonne-t-il pas, comme demandé, ce qui est écrit (« W at a ou rea in ») ? « Parce que la perception s'appuie sur le vécu, explique Beau. Le cerveau prend des informations qui n'ont pas de sens et en extrait la signification. Ce qui veut dire que nous ne voyons jamais ce qui est là, nous voyons ce qui était utile dans le passé. […] On ne réagit qu'à ce qu'on a déjà fait. Alors, comment voir les choses sous un angle différent ? »

S'ensuit un plaidoyer en faveur du jeu comme moyen scientifique, et un récit de l'expérience menée dans le Devon, dont l'objectif – atteint – était d'amener les enfants à se voir différemment, à changer leur rapport au monde, et pas seulement à comprendre comment se meuvent les bourdons. C'est entre autres à partir du récit de Beau que nous avons eu l'idée, au CRI, de créer les Savanturiers, dont j'ai déjà parlé.

Ces expériences s'appuient sur un fait aujourd'hui largement étayé : nous naissons tous chercheurs. La psychologue et philosophe américaine Alison Gopnik, professeure à l'université de Berkeley, dont j'ai déjà mentionné les travaux sur le « bébé philosophe », a établi une analogie parlante entre la façon dont nous découvrons le monde, dès nos premiers mois et au cours de nos premières années, et un théorème relatif au calcul de probabilités élaboré au XVIIIe siècle par le mathématicien anglais Thomas

Bayes. Il permet d'affiner les estimations d'une probabilité à partir des observations et des lois de probabilité de ces observations.

Sans en avoir conscience, un bébé raisonne ainsi :

$$P(A/B)= \frac{P(A)P(B/A)}{P(B)}$$

Ce théorème décrit aussi une modalité de raisonnement qu'utilisent couramment les médecins pour établir un diagnostic, ou votre filtre antispam pour éliminer les messages indésirables.

Ces démarches sont innées. Alison Gopnik établit en effet que, dès la naissance, nous formulons des hypothèses sur le monde, les expérimentons, les révisons, jusqu'à atteindre un résultat satisfaisant, sans être encombrés par tous les biais cognitifs qui, au fil des ans, vont s'empiler dans notre cerveau. Elle l'a montré avec des expériences amusantes dans lesquelles des enfants de 5 ans résolvent des petites énigmes sur lesquelles butent ses étudiants de la prestigieuse université de Berkeley. « L'enfance, dit-elle, est le département recherche et développement de l'espèce, l'âge adulte s'occupe de la production et du marketing[72] ! » Une de ses publications récentes dans la prestigieuse revue scientifique américaine *PNAS* (*Proceedings of the National Academy of Sciences*[73]) montre qu'en matière de capacité d'exploration et de créativité, il y a en fait deux pics, un chez les plus jeunes vers 4 ans et un autre à l'adolescence. Il est important de le prendre en compte pour développer au maximum ce potentiel pour le bien des premiers concernés et de ceux qui pourront un jour bénéficier de leur créativité, potentiellement nous tous.

L'espèce humaine octroie plus de temps à la maturation de nos capacités cérébrales que toutes les autres espèces.

Un poulain sait tenir debout à la naissance, nous n'apprenons à marcher qu'au bout de plusieurs mois. Une poule maîtrise l'essentiel des compétences nécessaires à sa survie à la naissance, et elle n'en développera pas beaucoup d'autres par la suite. L'espèce humaine, elle, s'est organisée pour consacrer de longues années aux apprentissages de chaque nouveau venu. Ce cadre d'exploration est contraint par les adultes, ne serait-ce que pour éviter que les plus jeunes se mettent en danger. Mais, que ce soit dans le cadre familial ou scolaire, plus on laisse d'espaces de liberté aux petits chercheurs, plus ces apprentissages seront efficaces. Je ne conteste pas qu'il soit nécessaire d'imposer des contraintes ; certaines sont fondées. Mais je constate que les environnements dans lesquels on donne des cadres de liberté et où on encourage la curiosité sont plus féconds. Dans ces jeunes années, il faut permettre d'explorer de nouvelles choses pour laisser plus tard le temps d'exploiter les choses les plus pertinentes qui auront été trouvées.

### Explorer ou exploiter : « *Errare humanum est* »

Le dilemme entre exploration et exploitation n'a rien de nouveau. Qu'on soit un oiseau en train de chercher un lieu où nicher, un chercheur d'or affairé à trouver le bon filon, un internaute en train de surfer sur le Web, un chef d'entreprise en quête de nouveaux marchés ou un citoyen en train de s'interroger sur son avenir, on peut se demander combien de temps il faut passer à explorer et combien de temps il faudra passer à exploiter l'environnement favorable qu'on aura pu trouver. La locution latine « *Errare humanum est* » peut être interprétée différemment pour souligner soit que l'erreur est humaine soit que l'errance est humaine. Les deux sens me semblent très pertinents. Pour pouvoir progresser, nous avons besoin à la fois d'un droit à l'erreur et d'un droit à l'exploration. Si l'errance est humaine, il est tout à fait possible que l'exploitation soit toujours plus déléguée à des machines, en particulier si elle dépend de tâches répétitives qui peuvent être automatisées. Mais, puisque l'errance peut être longue et difficile, il faut sans doute apprendre à explorer ; c'est, me semble-t-il, un apprentissage qui sera toujours plus nécessaire.

En effet, dans un environnement relativement stable et prévisible, une fois qu'on a trouvé ce qui nous convient, notre niche, dirait-on en écologie, on peut se contenter de l'exploiter. Mais dans un monde où les changements s'accélèrent, il paraît clair qu'il faut être capable d'explorer car les ressources peuvent se tarir, le filon s'épuiser, les marchés se déplacer, les évolutions de l'environnement peuvent rendre nos stratégies d'exploitation obsolètes. Si on prend la métaphore de l'exploration de territoires nouveaux, on voit que le succès, voire la survie des explorateurs, peut dépendre de la qualité de la préparation, de savoir si on dispose d'une carte, de matériel adapté, de compagnons de voyage expérimentés, ou d'ouvrages qui ont été écrits par d'autres explorateurs avant nous. Si certains exploitent ce qui a été exploré, d'autres sont des professionnels de l'exploration ; c'est le cas des chercheurs qui disposent de méthodes scientifiques leur permettant d'être plus efficaces pour explorer l'inconnu. Ils ont mis au point des méthodes d'exploration de l'infiniment petit, de l'infiniment grand ou de la complexité, et poussent toujours plus loin leurs recherches en exploitant les possibilités des instruments et des méthodes dont ils disposent. On peut aussi chercher de nouvelles manières d'explorer, quitte à sortir des sentiers battus. Cela peut se faire en franchissant les barrières entre disciplines, en posant de nouvelles questions, en construisant des collectifs inédits ou en catalysant l'intelligence collective.

Tous les explorateurs doivent savoir s'affranchir du regard de ceux qui ne comprennent pas qu'on n'exploite pas avec eux les succès du passé, voire qu'on les remette en cause au passage. Les jeunes ont envie de nouvelles formes d'exploration et les conflits de générations ne sont pas toujours simples, mais, si ces rebelles savent être compétents, ils peuvent être promis à un bel avenir. C'est sans doute pour cela que Helga Nowotny, qui a étudié la sociologie et l'histoire des sciences avant de devenir la première présidente du Conseil européen de la recherche, encourage les jeunes à devenir compétents tout en gardant ce sens de la rébellion et de l'exploration des nouveaux possibles. Dans le monde de l'entreprise, aux yeux des spécialistes de stratégie, alors que l'exploitation est associée à une vision à court terme – un management qui maintient la discipline et une diminution de la variance dans la mise en place des manières de faire –, l'exploration suppose au contraire prise de risque, tolérance aux erreurs, expérimentation et vision à long terme. Face aux évolutions du monde, savoir trouver l'équilibre entre stratégie d'exploitation et d'exploration est une des clés de la survie des entreprises qui ont jusqu'ici plus optimisé les manières d'exploiter que d'explorer.

En résumé, déjà dans la savane ancestrale, les premiers *Homo sapiens* s'interrogeaient sans doute : faut-il exploiter le territoire connu, ou explorer l'inconnu ? Aujourd'hui on se rend compte qu'il faut à la fois explorer des manières d'exploiter, et exploiter des manières d'explorer. Pour cela, je dirai que nous devrions ouvrir des cadres de liberté évolutifs et féconds à tous ceux qui souhaitent explorer de nouveaux possibles, que ce soit dans un cadre éducatif ou professionnel. Nous devrions permettre en particulier aux plus jeunes d'apprendre à explorer dans un contexte bienveillant où ils auront le droit à l'erreur, où la confiance qu'on leur donnera les aidera à l'intégrer en eux pour la vie.

## Vous avez dit « pédagogies nouvelles » ?

Ce propos, en tant que tel, n'a rien de révolutionnaire. Je suis toujours troublé de lire ou entendre l'expression « pédagogies nouvelles » pour décrire des expériences éducatives qui tendent à créer de tels espaces de liberté et à utiliser la curiosité naturelle de l'enfant, son goût du jeu, sa capacité à coopérer.

Dès la fin du XIX^e siècle, l'Italienne Maria Montessori commence à s'y intéresser et elle ouvre son école en 1907. Montessori est une des premières femmes à devenir médecin en Italie. Invitée à travailler dans une clinique psychiatrique, elle découvre une situation qui la bouleverse. Les enfants sont mêlés aux adultes et vivent dans des conditions littéralement folles. Elle crée un petit havre de paix pour eux et découvre qu'ils sont capables de faire beaucoup plus de choses que ce que le monde des adultes imagine. Elle leur apprend à lire, à écrire, à compter… Elle va jusqu'à les accompagner à un examen qui est un peu l'équivalent du certificat d'études français de l'époque où ils réussissent mieux qu'une bonne partie des enfants de la bourgeoisie romaine. Elle ne se fait pas que des amis au passage, mais elle marque les esprits.

Quelque temps plus tard, elle invente la maternelle à l'italienne, à nouveau pour des enfants très défavorisés. Là aussi, elle doit concevoir des pédagogies et de nouveau elle sait faire réussir ces jeunes, si bien que nombre de ses dispositifs et approches vont se diffuser dans le monde entier, souvent sans que les enseignants, un siècle plus tard, aient connaissance du fait qu'ils ont été développés par Montessori pour des jeunes défavorisés. Ce que je trouve remarquable chez elle, au-delà de sa méthode, c'est le fait qu'elle ait été à la recherche de solutions, qu'elle ait expérimenté, documenté, partagé et contribué à accompagner bien d'autres, à travers le monde.

L'association Montessori International revendique aujourd'hui l'existence de plus de 20 000 écoles Montessori dans le monde. Cette pédagogie semble adaptée pour se préparer à relever les défis du siècle si on en croit à la fois des études sur des classes Montessori mais aussi quelques anecdotes devenues célèbres. Plusieurs grands innovateurs ont témoigné de ce qu'ils devaient à leurs années Montessori, parmi lesquels les fondateurs de Google, Larry Page et Sergey Brin, celui d'Amazon, Jeff Bezos, ou encore celui de Wikipedia, Jimmy Wales. Trois entreprises innovantes fondées à la fois sur la capacité des humains à coopérer et mettre en commun et à rechercher des informations pour accéder au savoir, toutes compétences qui sont au cœur de la pédagogie Montessori. Page et Brin affirment que cette dernière, plus que leurs années à Stanford, a constitué le terreau qui leur a permis de penser hors des cadres et de créer Google[74].

L'aventure pédagogique de Célestin Freinet est assez similaire à celle de Maria Montessori. En 1920, de retour des champs de bataille de la Grande Guerre, où il a été gazé, il devient instituteur à Bar-sur-Loup puis à Vence et déploie toute une gamme de dispositifs que l'on regroupe sous la bannière de « pédagogies actives », car elles reposent sur la mise en activité des enfants et non sur un enseignement au cours duquel ils absorbent passivement des savoirs délivrés par le maître.

Une des clés de ces dispositifs touche à la communication : Freinet part de l'idée qu'on a plus envie d'apprendre à écrire si c'est pour écrire à quelqu'un que sans raison. Il invente l'utilisation de l'imprimerie et la création d'un journal pour raconter les projets dans lesquels les enfants ont été impliqués. Comme chez Montessori, contre toute attente, tous les élèves de Freinet réussiront leur certificat d'études. Il est assez logique que, soixante-dix ans plus tard, les premières expériences d'utilisation de Twitter en classe aient été implémentées par des enseignants familiers de ces « pédagogies actives ».

Pas plus Freinet que Montessori, comme nombre d'innovateurs, n'ont eu la vie facile. Il leur a fallu vaincre les réticences, affronter les conservatismes, plaider inlassablement la cause de « l'éducabilité » de tous les enfants, y compris les pauvres, les aliénés, les lents… Vous pouvez vous en faire une idée en regardant *L'École buissonnière*, film que Jean-Paul Le Chanois a consacré à l'histoire de Célestin Freinet dès 1949[75].

## Innover pour tous ou former une élite ?

Peut-on passer à l'échelle supérieure et ne pas se contenter d'expériences éparses ?

Les pédagogues du début du XX^e^ siècle ont tenté de le faire, au lendemain de la Première Guerre mondiale, comme le raconte un autre film incontournable, le documentaire *Révolution école* (2016) de Joanna Grudzinska[76]. Exclusivement composé d'archives, en bonne partie inédites, il raconte comment des dizaines de pédagogues – enseignants pour certains, mais aussi médecins, philosophes… – ont tenté d'inventer une école qui prépare un monde de paix, après l'atroce boucherie de la Grande Guerre. Le Suisse Adolphe Ferrière parvint à les fédérer au sein de la Ligue internationale d'éducation nouvelle, durant l'entre-deux-guerres.

Vous les croiserez tous, ces innovateurs dont le rêve pacifiste du « plus jamais ça » se forgea dans l'horreur et la terreur des tranchées, et se fracassa, vingt ans plus tard, sur l'indicible des camps de la mort.

Rudolf Steiner et son « anthroposophie », aujourd'hui marginal en France mais dont les idées ont essaimé dans des centaines d'écoles allemandes. Maria Montessori et Célestin Freinet dont nous avons parlé. Le psychanalyste anglais Alexander S. Neill et ses « libres enfants de Summerhill », dont le livre éponyme, publié en 1970 par François Maspero, devint un best-seller mondial – il a été réédité, en France, en 2004[77]. Le Belge Ovide Decroly, dont les préceptes guident encore une école, en France, à Saint-Mandé dans la banlieue parisienne. L'Allemand Paul Geheeb, pour qui « le salut vient des enfants » et son Odenwaldschule, fermée par les nazis. Le médecin polonais Janusz Korczak, qui préféra suivre ses protégés dans les camps de la mort plutôt que de les abandonner, comme on le lui proposa.

Déjà les affrontements étaient violents au sein de ce mouvement. Fallait-il former une élite éclairée qui guiderait le peuple vers la lumière de la paix ? Fallait-il à tout prix construire un système ouvert à tous, au risque que l'ampleur de la tâche la condamne à rester à l'état d'utopie ? Ces questions demeurent.

L'expérience est-elle reproductible ? Le passage à l'échelle est-il possible ?

Je le crois.

Ce que Beau Lotto a réalisé à Blackawton avec 25 enfants, le biologiste indien Samir Brahmachari le réalise avec des milliers d'étudiants via son Open Source Drug Discovery[78]. Son projet est dédié à la recherche sur la tuberculose, maladie qui touche des patients et des États majoritairement pauvres, si bien que la recherche publique occidentale et l'industrie pharmaceutique ne s'y intéressent que trop peu. Il existe pourtant des milliers de publications sur la tuberculose. Mais personne n'essaie de faire un effort systémique sur le sujet et de prendre le temps de les lire et de les intégrer dans une perspective de biologie systémique, faute de financements. Résultat, l'annotation de la cartographie du génome de la tuberculose n'est toujours pas effectuée.

Samir Brahmachari a l'idée de mobiliser des étudiants indiens pour lire les publications scientifiques, en extraire ce que l'on sait sur chaque gène, et le cartographier dans une base de données pour pouvoir réaliser des analyses dites de biologie systémique et de génomique. Sa méthodologie est robuste. Il s'assure que chaque article sera lu par quelques étudiants afin de pouvoir recouper la qualité du travail effectué. Et crée la première base de données annotée sur la tuberculose, qui est aujourd'hui une référence. Il poursuit avec des études sur la façon dont on passe de ces gènes à l'identification des protéines qui jouent le rôle le plus essentiel dans la tuberculose et qui, peut-être, pourront constituer des cibles pour de nouveaux médicaments que les étudiants sont invités à synthétiser.

À chaque étape, Samir Brahmachari mobilise de nouvelles communautés d'étudiants, en chimie, génétique, génomique… Ce dispositif lui vaudra d'être surnommé, en 2012, gourou de l'*open science* par la revue *Science*. Il est à la confluence de ces dynamiques nouvelles dont j'espère la multiplication : science citoyenne, science ouverte et confiance dans la jeunesse pour participer à la résolution des grands problèmes de la planète.

### Vers la reconnaissance

Je constate avec bonheur que certaines grandes institutions sont aujourd'hui capables de franchir le pas et de récompenser des réalisations remarquables quel que soit l'âge de leurs promoteurs. L'exemple le plus emblématique est évidemment celui de Malala Yousafzai, devenue la plus jeune Prix Nobel de la paix en 2014, à l'âge de 17 ans.

Six ans plus tôt, elle a ouvert un blog dans lequel elle témoigne des offensives de plus en plus violentes des talibans, dans les zones tribales de la frontière entre le Pakistan et l'Afghanistan, pour empêcher les filles d'accéder à l'éducation. Elle est aux premières loges, non seulement car elle habite la région, mais parce que son père y dirige une école. Elle témoigne sous pseudonyme, mais les fondamentalistes musulmans découvrent son identité.

Le 9 octobre 2012, des talibans de la mouvance d'Al-Qaïda arrêtent le bus scolaire qu'emprunte Malala et lui tirent dessus. Pour tuer. Elle est atteinte au cou et à la tête. Elle sera miraculeusement sauvée et exfiltrée une semaine plus tard dans un hôpital anglais. Après plusieurs mois de soins et de convalescence, elle reprendra son combat, dont elle a témoigné dans un livre intitulé *Moi Malala, je lutte pour l'éducation et je résiste aux talibans*[79].

À travers elle et le corécipiendaire du prix Nobel cette année-là, l'Indien Kailash Satyarthi, le comité Nobel a explicitement voulu soutenir le « combat contre l'oppression des enfants et des jeunes et pour le droit de tous les enfants à l'éducation[80] ».

Même si des progrès remarquables ont été accomplis depuis 2000, notamment en matière de scolarisation des filles, près de 60 millions d'enfants n'ont encore aucun accès à la scolarisation, en particulier dans les zones de guerre. Ils sont aussi des millions dans les camps de réfugiés où souvent, par nécessité, l'urgence porte sur l'alimentation et la santé, pas sur l'éducation, en dépit des efforts d'organismes comme Bibliothèques sans frontières[81] et sa médiathèque en kit, l'Ideas Box. « Conçue pour tenir sur deux palettes et pouvoir ainsi être hissée à l'arrière d'un pick-up ou dans une soute d'avion », décrit dans *Le Monde* Maryline Baumard, elle comporte « quatre modules, 800 kilos, des tablettes, des ordinateurs, un écran, un vidéoprojecteur, des caméras et des livres, avec, bien sûr, un modem pour la connexion et un générateur pour l'alimentation[82] », précise l'historien Patrick Weil, initiateur du projet. L'association traduit également les modules d'enseignement de la Khan Academy en français.

Toutes ces initiatives ont-elles été inventées par des enseignants, des chercheurs, des jeunes (et leurs parents qui, quasiment toujours, les soutiennent et les encouragent) exceptionnels ? Oui. Et pourtant, elles sont généralisables : s'il faut un caractère un peu hors du commun pour faire émerger des idées nouvelles, les reproduire et les adapter est à la portée de tous. Si vous observez les pays bons élèves de la classe Pisa, cette évaluation de l'OCDE dont j'ai déjà parlé, ils ont tous mis en œuvre des réformes visant à favoriser l'observation, l'expérimentation, l'apprentissage par essai-erreur, la coopération, qu'il s'agisse de la Finlande, de Singapour ou du Canada, pays pourtant si différents en termes d'organisation sociale et politique. Tous se sont également intéressés aux recherches sur les sciences cognitives[83].

## Sortir de l'hypercontrôle

La France peine encore à comprendre les mécanismes qui permettent d'enclencher ce genre de dynamiques. Ce n'est pas faute de bonne volonté, mais d'impuissance à renoncer à un modèle hypercontrôlé par la hiérarchie. Un seul exemple :

l'Éducation nationale a bien compris que la mise en relation des enseignants était une des clés de la dissémination de l'innovation. On n'est pas obligé de tout réinventer à chaque fois, dans sa classe ou dans son école. Mieux vaut se parler, échanger, voir comment l'autre a bricolé sa solution… Qu'a fait l'institution pour favoriser ces échanges ? Elle a créé de toutes pièces ViaEduc, un réseau social… fermé ! Alors même que la clé de voûte et le moteur de l'innovation sont l'ouverture. Résultat, les enseignants innovants se retrouvent sur Twitter ou Facebook bien plus que sur ViaEduc.

Pour l'anecdote, cette erreur n'est pas franco-française. À l'origine de Wikipedia, deux projets coexistaient : l'un prétendait réaliser la meilleure encyclopédie en sollicitant les plus grands chercheurs dans le monde entier ; l'autre faisait confiance dans l'intelligence collective et plaidait l'ouverture de l'encyclopédie à tous (avec, bien sûr, des guides méthodologiques et une supervision par la communauté). En quelques mois, il est apparu que la première approche n'avait permis de récupérer que quelques centaines d'articles, tandis que la seconde avait enrichi le projet de milliers d'entrées.

Je suis plus qu'admiratif du succès du projet Wikipedia, comme je le suis de la qualité de notre système éducatif, mais, en mélioriste assumé, j'essaie de pratiquer la critique constructive pour inviter à faire évoluer les pratiques. Je me permettrai donc de faire une remarque sur Wikipedia. En anglais vous avez deux versions qu'on peut trouver sur le site, une version classique qui existe dans toutes les langues et une version *simple english* pour ceux qui maîtrisent moins bien la langue de Shakespeare. Cette version serait bien utile dans toutes les langues, ne serait-ce que pour les plus jeunes. Ce n'est pourtant pas le cas. Les contenus existent mais sur d'autres sites qui ont beaucoup moins de visibilité et sont donc encore trop peu connus et alimentés, comme Vikidia[84]. Or, s'il existe des dictionnaires pour les enfants, il serait très utile d'avoir une encyclopédie collaborative accessible à tout âge. Pour accéder à différents niveaux de complexité, on y trouverait l'équivalent des pistes vertes, bleues, rouges et noires que nous connaissons au ski.

Il s'agit, plus que de rendre la connaissance accessible, d'inviter les plus jeunes à contribuer et ainsi à comprendre comment la connaissance s'élabore. Je me permets ici une anecdote familiale. À 7 ans, ma fille Sophia avait une passion pour les baleines. Après avoir dévoré tous les ouvrages disponibles sur le sujet à la bibliothèque municipale, elle surfe sur le Web pour trouver d'autres informations. Elle m'interpelle : « Papa, je crois qu'ils se sont trompés… regarde sur Vikidia ils disent que les cétacés ne mangent que du plancton. » Je lui demande pourquoi elle dit cela. Elle me répond : « Mais, tu sais bien, les orques peuvent manger autre chose, j'ai vu des vidéos où elles mangent des otaries. » Je lui montre alors qu'elle peut éditer la page pour corriger et même créer une page si elle le souhaite, ce qu'elle fera l'année suivante, créant l'entrée sur les orques justement. Cette histoire m'a marqué car, plus jeune, et né au XXe siècle, jamais je n'aurais imaginé que le contenu d'une page de dictionnaire puisse être erroné et encore moins que j'aurais pu l'éditer. Si on invitait tous les jeunes d'aujourd'hui à contribuer aux définitions de leur choix à leur niveau sur des variantes de Wikipedia, on y gagnerait non seulement en création de contenus et en nombre de contributeurs mais aussi en possibilité de leur faire comprendre comment un consensus s'élabore. Si, de plus, en cours de langue, on les invitait à comparer des pages de Wikipedia en différentes langues, un exercice que je fais souvent pour comprendre les différences de points de vue, ils pourraient se rendre compte que ce consensus n'est souvent pas universel, tant s'en faut. Si vous avez la chance de parler plusieurs langues et que vous prenez par exemple la page sur l'amour, celle sur Napoléon, ou encore la Crimée, vous vous apercevrez que les concepts ou l'histoire sont loin d'être perçus de la même manière partout.

## Des myriades de colibris

Je crois à la métaphore amérindienne du petit colibri qui, alors que tous les grands animaux fuient l'incendie qui les menace, se dirige vers le foyer avec quelques petites gouttes d'eau dans son bec. Il sait qu'elles ne suffiront pas à circonscrire le feu, mais se dit « au moins j'aurai fait ma part du travail ». Le colibri est la meilleure illustration du méliorisme qui, comme le rappelle par exemple Wikipedia, n'est pas un simple optimisme pour qui « tout va pour le mieux dans le meilleur des mondes possibles ». C'est une morale de l'action : le monde n'est pas parfait, mais on peut travailler à son amélioration, dont la fin de *Candide* de Voltaire donne une illustration quand il dit « cultivons notre jardin ». Le philosophe Alain l'a dit à sa manière : « Le pessimisme est d'humeur, l'optimisme est de volonté. »

En matière d'éducation, il existe des milliers de colibris de par le monde. Le journaliste anglais Charles Leadbeater[85] leur a consacré un passionnant ouvrage, car il ne se contente pas d'égrener une série de réalisations concrètes, il en dévoile la logique sous-jacente et montre comment on passe du colibri qui porte une goutte d'eau à une approche systémique, ce qui implique de s'appuyer sur des communautés, de travailler avec les institutions sans se faire dévorer par elles… C'est cela, ce passage à l'échelle, que la plupart des gens ne savent pas réaliser. Là encore, il n'existe pas de malédiction française qui empêcherait de réussir, comme le prouve l'histoire de la Ligue de l'enseignement qui a contribué à la création de l'Éducation nationale et au développement de l'éducation populaire. Elle vient de fêter ses 150 ans, et fédère des centaines d'associations d'éducation populaire sur le terrain. Mais sans parvenir autant que par le passé à peser sur l'organisation générale du système.

## Reconnaître les personnes et les personnalités

Mais la France a parfois du mal avec les colibris. Dans notre système, tout est censé être interchangeable. Les programmes sont les mêmes partout, les enseignants et les autres personnels d'éducation sont nommés ici ou là sur la base d'un barème impersonnel qui ne dit rien de leur adéquation avec les conditions particulières qu'ils rencontreront, les chefs d'établissement n'ont aucun autre levier que leur charisme personnel. Plus grave : dans bien des salles des professeurs, le seul fait de vouloir faire autrement ne passe pas toujours bien. Et si un porteur de projet a le malheur de se faire remarquer par les médias, il encourt trop souvent l'opprobre.

Or, derrière tous les dispositifs innovants, derrière toutes les histoires d'établissements qui ont réussi à transformer leurs pratiques, il y a une personnalité. Depuis mars 2017, des milliers de spectateurs ont ainsi découvert Isabelle Peloux, Vanessa Toinet, Caroline Sost, Philippe Viard, Nolwenn Guillou, Nadine Coussy-Clavaud, Stéphane Begnis, Florian Loupiac et Véronique de Tilly. Enseignants dans neuf écoles publiques et privées, ils sont les héros du documentaire *Une idée folle*, de Judith Grumbach. Ce superbe film, véritable *feel-good movie* sur l'école, s'intéresse à des établissements où la pédagogie est centrée sur l'empathie, la créativité, la coopération, la prise d'initiative ou encore la confiance en soi. Comme l'écrit *Le Monde* : « Ce n'est pas une école en crise que montre la réalisatrice, Judith Grumbach, mais des enfants heureux, des enseignants épanouis, engagés, ayant à cœur de montrer que bienveillance et exigence ne sont pas deux valeurs opposées, contrairement à ce que des discours simplistes sur l'école laissent entendre aujourd'hui[86]. » La différence entre ces établissements et d'autres ? Avoir autorisé ou incité des enseignants à prendre des initiatives, à courir le risque de s'exposer à la critique.

Il en va de même partout. Les *escuelas nuevas* colombiennes sont intimement liées à leur promotrice, Vicky Colbert[87]. Sa « nouvelle école » a essaimé dans plus de 20 pays et touche 5 millions d'enfants.

Sociologue de formation, ancienne vice-ministre de l'Éducation en Colombie, Vicky Colbert a commencé en concevant un système adapté aux écoles en milieu rural, fondé sur l'apprentissage par les pairs. Comme le décrit Marie Delcas dans *Le Monde* : « Le travail en groupe apprend aux élèves à s'écouter mutuellement, à respecter l'opinion des autres. Les timides prennent confiance en eux », explique Luis Alberto Rodriguez, chargé de la classe des grands, « le bon élève n'est pas celui qui obtient les meilleures notes, mais celui qui explique le mieux aux autres. Les enfants sont souvent bien meilleurs pédagogues que les adultes[88]. »

Vicky Colbert ne prétend pas avoir inventé une pédagogie nouvelle et revendique la filiation avec Montessori, Decroly, Steiner ou Freinet. Mais elle a fait sortir ces approches des « écoles de riches » où certains les ont cantonnées contre l'avis des pionniers : « La nouveauté a été de concevoir un modèle accessible à tous, efficace et peu coûteux, et de se battre pour en faire une politique publique[89] », explique-t-elle. Là aussi, on retrouve un trait commun des pédagogies les plus efficaces : la confiance en la capacité des enfants de contribuer à la résolution de problèmes complexes et à peser sur la vie de la communauté. « Notre ambition initiale était de créer une école pour les secteurs les plus marginaux, et nous avons construit un modèle pédagogique de pointe pour le troisième millénaire », estime aujourd'hui Vicky Colbert.

À Port-au-Prince, en Haïti, la formidable réussite de Catts Pressoir est indissociable de la personnalité de Guy Étienne. Son établissement couvre tous les niveaux, du primaire au lycée. Les 650 élèves y sont invités, dès le primaire, à observer le monde qui les entoure et à en comprendre les enjeux. Ils choisissent un problème qui leur tient à cœur et auquel ils veulent apporter une solution. Ils travaillent ensemble, effectuent des recherches et exposent leurs résultats à la fin de l'année.

Par exemple, après le tremblement de terre de 2010, les feux rouges étaient tombés en panne et les rues étaient devenues dangereuses pour les piétons, notamment pour les écoliers. Des élèves du collège Catts Pressoir ont inventé un système permettant de réparer les feux rouges de façon beaucoup plus économique que les solutions existantes et ils sont allés à la mairie proposer leur système, qui pourra probablement s'appliquer dans d'autres lieux. D'autres élèves du même collège ont inventé leur propre serveur de SMS, car ils trouvaient le coût des SMS trop élevé. Aujourd'hui, ils contribuent à reboiser Haïti en ayant écrit à un ancien du collège devenu président pour qu'il invite tous les élèves du pays à planter quelques graines chacun.

## Apprendre à apprendre

Comme Vicky Colbert, Guy Étienne met en œuvre une approche fondée sur l'importance « d'apprendre à apprendre », qui est au cœur des enjeux du millénaire en ce qu'elle permet de relier les apprentissages fondamentaux, les savoir-faire techniques et les grandes questions de société auxquelles les générations montantes devront répondre. Récemment, ses élèves travaillaient sur la robotique. L'un d'entre eux, en primaire, avait immatriculé son robot. « Pourquoi ? » l'interroge Guy Étienne. Réponse de l'enfant : « Comme ça, je pourrai l'identifier s'il fait quelque chose de mal. » Spontanément, il avait intériorisé les risques éthiques inhérents à la robotique, qui font aujourd'hui l'objet de l'attention des plus hautes instances scientifiques et politiques internationales, que ce soit sur la notion de responsabilité des véhicules autonomes ou sur celle des drones à usage militaire[90].

Encore un colibri, indien cette fois : Shrinath Kalbag. En 2002, un an seulement après la naissance du premier Fab Lab, au prestigieux MediaLab du Massachusetts Institute of Technology (Cambridge, États-Unis), il ouvre le Vigyan Ashram Fab Lab dans une petite pièce de 40 mètres carrés. Vigyan Ashram abrite une antenne de l'Indian Institute of Education. Il est situé à Pabal, à 50 kilomètres (mais deux heures de route) de la ville de Pune.

La philosophie des Fab Labs a été élaborée sous la houlette du physicien et informaticien Neil Gershenfeld, dans le cadre de deux cours mythiques du

MIT que j'ai déjà signalés : « *How to make (almost) anything* » (« Comment fabriquer [à peu près] n'importe quoi ») et « *How to make something that makes (almost) anything* » (« Comment fabriquer quelque chose qui fabriquera [à peu près] n'importe quoi »). Gershenfeld, imprégné par la culture des *makers* californiens et familier de l'éthique des hackers, les a importés dans une des meilleures universités mondiales.

Un Fab Lab est typiquement un de ces cadres de liberté évolutif et fécond pour lesquels je plaide. Vous y trouvez du matériel pour travailler la matière – imprimantes 3D, instruments à découpe laser, etc. Dans la version la plus aboutie du dispositif, tout le monde peut accéder au Fab Lab, à condition de laisser des traces de ce qu'il y fait, afin que les autres puissent en profiter. Le Fab Lab est, en somme, l'outil idéal des pédagogies tournées vers le « faire » et la résolution collective de problèmes.

Celui de Pabal, créé par Shrinath Kalbag en collaboration avec Neil Gershenfeld, a été le deuxième au monde. Il accueille massivement des jeunes qu'on qualifierait ici de décrocheurs. Ils sont envoyés dans les fermes environnantes pour écouter les problèmes que rencontrent les fermiers, puis ils essayent, toujours collectivement, de trouver des solutions. Quand un jeune trouve quelque chose, cela peut donner naissance à une activité entrepreneuriale, car il y a de fortes chances pour que d'autres fermiers rencontrent les mêmes difficultés. Toute solution peut ainsi se transformer en service ou en produit.

Vous souvenez-vous des Savanturiers, dont je vous ai déjà parlé ? Eh bien, dès que nous avons implanté le dispositif dans des lycées professionnels français, la même chose s'est produite : quand les élèves ont découvert des solutions à leurs problèmes, des entrepreneurs des alentours leur ont proposé de déposer des brevets ensemble. Des environs de Bombay à la Seine-Saint-Denis, des centaines de milliers de potentiels ne demandent qu'à se révéler, pour peu qu'on leur propose d'apprendre autrement qu'en restant passifs dans une salle de classe.

La mise en œuvre de telles pédagogies ne relève pas du miracle mais d'une attention de tous les instants afin d'essayer de relier ce que vivent les enfants avec des données de la science. C'est ce qui permet d'établir un pont entre science et éthique, communauté et besoins, et de forger des citoyens conscients des défis du siècle. D'ailleurs, pour présenter les objectifs de l'établissement, Catts Pressoir ne mentionne que des compétences qui, en France, passent loin derrière les sacro-saints programmes : « La maîtrise de leur molécule personnelle ; l'empathie ; les capacités à organiser une équipe de travail ; le sens des responsabilités ; l'esprit d'initiative ; l'esprit scientifique ; la créativité ; les compétences d'acteur de changement ; le respect des règlements établis ; le leadership. »

### L'humain au centre

Que l'on me comprenne. Le but n'est pas d'organiser l'emploi du temps à raison d'une heure d'empathie, puis une heure de respect du règlement, etc. L'acquisition de ces compétences s'effectue à travers des dispositifs d'apprentissage qui permettent de comprendre les mathématiques, la langue, l'histoire… Mais il est très important de se dire que l'objectif dépasse le strict cadre des programmes et de ne jamais opposer les capacités cognitives et les capacités sociales.

Escuela Nueva ou Catts Pressoir sont des systèmes qui placent l'humain au centre et lui donnent les moyens d'exercer sa liberté. Les pays qui parviennent à étendre ce mode de fonctionnement au niveau national, comme la Finlande ou le Canada, amoindrissent le poids de la structure institutionnelle. Selon les comparaisons internationales, ils compensent bien mieux les inégalités de naissance que les écoles françaises, dont tous les frontons arborent pourtant fièrement le triptyque républicain : « Liberté, Égalité, Fraternité ».

Je crois profondément que l'équité est la meilleure voie pour aller vers plus d'égalité, que cette dernière est une fin et pas un moyen. La France, avec les meilleures intentions du monde, fait fausse route depuis trente ans. La politique d'éducation prioritaire inaugurée en 1981 avec la création des ZEP se révèle, à l'usage, hypocrite et donc contre-productive.

Hypocrite car le slogan « donner plus à ceux qui ont moins » ne se vérifie pas sur le terrain : si l'on considère les salaires des enseignants (moins expérimentés) et l'investissement immobilier, un collège de ZEP coûte en fait moins cher à la collectivité qu'un collège de centre-ville. Contre-productive car elle envoie un message implicite destructeur : « Si vous continuez à échouer alors qu'on vous a donné plus, c'est que vous devez vraiment être mauvais. »

Qu'on le veuille ou non, ce genre de message ruisselle dans la société. C'est profondément injuste et cela contribue à expliquer une partie de la violence qui peut être vécue par les uns et par les autres dans ce genre d'environnement, alors même qu'énormément d'enseignants se dévouent et font de leur mieux. Mais rien n'y fait : dans notre « méritocratie », si on est en bas de l'échelle scolaire, on finit par croire qu'on le mérite. Et au bout d'un moment, on n'en peut plus.

Sur ces questions, l'« *active information avoidance* » dont je parlais plus haut a fonctionné à plein. Les élites politiques et éducatives, au motif qu'elles ne sont pas restées inertes pendant trente ans, se sont convaincues qu'elles avaient donné leur chance à tous, contre toute évidence. Elles ont notamment soigneusement évité, jusqu'à tout récemment, d'aller voir ailleurs pour comprendre pourquoi d'autres pays réussissent mieux que nous. Elles auraient découvert, par exemple, que les pays d'Asie, de tradition confucéenne, ont tendance à envoyer les enseignants et les chefs d'établissement les plus expérimentés dans les environnements les plus difficiles. Alors que les établissements d'éducation prioritaire, en France, continuent à accueillir des milliers de professeurs débutants. Quoi que l'on pense de la politique mise en œuvre par Jean-Michel Blanquer, actuel ministre de l'Éducation nationale, on doit lui reconnaître cette ouverture d'esprit et le souci d'aller chercher l'inspiration partout où les performances sont au rendez-vous et d'expérimenter des dispositifs pour les plus jeunes issus de milieux défavorisés, car il a compris qu'il faut agir le plus tôt possible.

L'autre défi consiste à documenter les réussites afin de pouvoir les diffuser.

Prenez le lycée Alfred-Nobel de Clichy-sous-Bois (Seine-Saint-Denis). Si on compare les résultats qui devraient être les siens au regard de sa composition sociologique et les résultats qu'il obtient effectivement, cet établissement est clairement remarquable. Près des trois quarts des élèves y sont issus de milieux défavorisés. Pourtant, le taux de réussite au bac de 85 % flirte avec la moyenne nationale. Comme dans les *escuelas nuevas* ou à Catts Pressoir, les enseignants inscrivent leur action dans une dimension qui n'est pas strictement scolaire : « Ils ont le sentiment d'agir sur le plan éthique et politique, pas seulement d'enseigner », explique l'une d'entre eux[91]. Houdia, alors élève en seconde, confirme : « Ils ne nous laissent jamais tomber[92]. » Pourtant, la proviseure de ce lycée m'a confié ne pas être très bien notée par sa hiérarchie. Sans doute parce qu'elle concède faire le tri dans les monceaux de circulaires qu'elle reçoit – « Je ne transmets pas tout ».

Que cherche-t-on à optimiser ? Le fonctionnement réel de l'établissement ou la soumission à l'autorité ? Plus grave encore : cette cheffe d'établissement avoue ne pas savoir expliquer précisément pourquoi son lycée fonctionne mieux que d'autres du même type. Les rapports d'inspection ou les articles de presse ne lui sont pas d'un grand secours. Pourquoi ne pas avoir dépêché une équipe de chercheurs dans les lycées comme celui-ci pour étudier et documenter les approches qui pourraient en inspirer d'autres ?

## Bienveillance à tous les étages

Faire évoluer les comportements et introduire une part de culture du questionnement ne coûte pas forcément très cher. On pourrait par exemple prévoir des temps réguliers d'échanges entre enseignants sur des expériences menées ailleurs. Que retenir de l'exemple de Catts Pressoir ou de celui des *escuelas nuevas* ? Faut-il tout rejeter au motif que le contexte est différent ? Ou peut-on s'inspirer de certains aspects de ces approches pour les adapter à son propre contexte (ce qui est très différent de se voir imposer d'en haut une solution) ? Le seul fait de se vivre en tant que collectif apprenant, mieux : en tant que collectif relié à d'autres collectifs, peut suffire à enclencher des dynamiques vertueuses. Pour une simple raison : cela produit de la confiance.

À condition que tous les acteurs ressentent, de la part de leur hiérarchie, une authentique bienveillance, et qu'ils aient des interlocuteurs vers lesquels se tourner. Ne serait-ce que pour cette raison, l'appellation « inspecteurs », qui remonte à la création du corps par Napoléon, en 1802, mériterait d'être revue tant elle charrie une idée de contrôle et de punition, même si les pratiques évoluent progressivement. Les enseignants ont besoin de mentors, pas de contrôleurs. D'écoute, pas de normes arbitraires. D'empathie, pas de jugement. Contrairement à ce que certains enseignants ont pu entendre, la bienveillance, ça n'est pas que pour les enfants…

Vous l'aurez compris, les exemples concrets de dispositifs d'apprentissage qui répondent aux enjeux du millénaire existent dans le monde entier. La question n'est donc pas de les réinventer mais de les encourager, de les mettre en réseau, de les légitimer. Comment les reconnaître ? Tous insistent sur la capacité à formuler des questions plutôt qu'à ânonner des réponses prémâchées.

L'Anglais Geoff Mulgan, qui dirige le National Endowment for Science Technology and the Arts (NESTA), est à l'origine d'un réseau d'écoles innovantes baptisées Studio Schools[93], qui renouent avec l'idée originelle des ateliers de la Renaissance, où travail et apprentissage étaient intimement liés. Geoff formule de manière très claire ce qui définit une école du III^e^ millénaire. Pour lui, il existe trois formes d'intelligence. La première recouvre la connaissance des solutions d'hier. C'est, dit-il, celle que promeuvent la majorité des systèmes éducatifs. La deuxième consiste à chercher des solutions innovantes à un problème bien posé par d'autres. Elle répond mieux aux défis du millénaire, mais n'épuise pas la complexité de notre monde. La troisième consiste à être capable, à partir d'une situation complexe, de poser de bonnes questions… puis d'y répondre.

La première forme d'intelligence est condamnée à moyen terme par le déploiement de l'intelligence artificielle. La deuxième et, surtout, la troisième, devraient résister plus longtemps. Si nul ne sait comment le monde va changer, on sait au moins que la capacité à s'adapter au changement constituera une des compétences les plus précieuses.

Celles et ceux qui auront été initiés à cette forme d'intelligence auront de meilleures chances de s'en sortir.

# 5

## Apprendre à (se) poser de bonnes questions

Comment apprendre au XXI$^{e}$ siècle ? Inutile d'être à l'affût de la dernière mode éducative pour identifier le premier pilier : il existait déjà en Grèce antique sous le nom de « maïeutique », terme qui décrit cette approche du savoir par le questionnement incarnée par Socrate. Il vient de Maya, déesse de la Fécondité chez les Grecs, qui inspirait la mère de Socrate, laquelle était sage-femme. Socrate, influencé par elle, revendiquait l'idée qu'on pouvait aussi donner naissance aux idées, faire accoucher les esprits.

Nous venons de le voir : nous avons évidemment beaucoup progressé dans notre compréhension des sciences cognitives et du cerveau par rapport à la vision que pouvait en avoir Socrate à son époque. De même la naissance et le développement du numérique puis, aujourd'hui, de l'intelligence artificielle, ont totalement révolutionné les conditions de production et de circulation du savoir.

## De la maïeutique aux « maïeutechs »

Comment marier Socrate et le Web ? En inventant ce qu'on pourrait appeler des maïeutechs, ou des socratechs – des technologies qui nous aident à mobiliser l'intelligence individuelle et l'intelligence collective, à les faire progresser tout en gardant à l'esprit les apports des grands penseurs de l'histoire de l'humanité, de Bouddha à Confucius en passant par Socrate. L'intelligence collective est notre meilleur atout pour ne pas être dépassés par l'intelligence artificielle. Encore faut-il l'organiser un peu et aller au-delà des dispositifs existants comme Wikipedia ou FoldIt, dont nous avons déjà parlé.

Car l'intelligence collective ne se résume pas à collecter en masse sans les hiérarchiser des avis ou des hypothèses sur une question. L'essentiel tient à la qualité de ce qu'on appelle, en science, l'éditorialisation : qui collecte les avis ? Qui les organise ? Qui sépare le bon grain de l'ivraie ?

Permettez-moi de prendre un exemple tiré de l'univers du jeu d'échecs. Le Russe Anatoli Karpov, qui domina pendant vingt ans le jeu au niveau mondial, avait joué en 1996 une partie contre le reste du monde[1]. Les coups joués contre lui faisaient l'objet d'un vote. Karpov l'emporta haut la main. Mais le résultat fut décevant. Pourquoi ? Car il n'y avait pas de dispositif de catalyse et de canalisation de l'intelligence collective. Si bien que les gens pouvaient voter pour des coups faibles – si on ne sait pas les distinguer, la bêtise collective existe autant que l'intelligence collective !

Bien plus intéressante fut la partie menée par Garry Kasparov de juin à octobre 1999, deux ans après sa défaite historique contre l'ordinateur Deep Blue d'IBM. La communauté des joueurs était invitée à voter pour le meilleur coup, mais elle était aidée par quatre jeunes joueurs brillants : Elisabeth Pähtz, qui avait 11 ans, Étienne Bacrot et Irina Krush, alors âgés de 13 ans, et Florin Felecan, l'aîné du haut de ses 16 ans. Ces derniers étaient en charge de catalyser l'intelligence collective qui disposait de 24 heures pour discuter des différentes options pouvant ainsi être hiérarchisées. Kasparov a bel et bien gagné, mais il a décrit ce match comme un des plus beaux et épuisants de sa carrière – il le raconte dans un livre[2].

Depuis, il a théorisé son idée de l'hybridation des intelligences humaine et artificielle en utilisant l'image du centaure, produit de ces deux intelligences. Je le rejoins pleinement : l'intelligence collective, dès lors qu'on sait la catalyser et la canaliser – y compris, nous venons de le voir, avec des très jeunes –, renforcée par la puissance de calcul des machines, devient toujours plus performante.

Les grandes revues scientifiques tirent elles aussi leur réputation de la qualité du processus d'éditorialisation. Lorsque vous soumettez un article, il est débattu par vos pairs, vous devez défendre vos idées et à la fin un éditeur tranche. Le processus n'est pas parfait – chaque année, les revues retirent des articles erronés qui sont passés à travers les mailles du filet. Mais, statistiquement, historiquement, il garantit la meilleure qualité humainement possible et le progrès de la science.

Vous pouvez aussi enrichir votre démarche en faisant appel au collectif. Michael Nielsen a consacré tout un livre[3] à ces nouvelles façons de mener des recherches, dans lequel il raconte l'exemple du mathématicien Tim Gowers. Pourtant médaillé Fields (autant dire un des meilleurs mondiaux), ce dernier séchait depuis longtemps sur un problème et l'a soumis à la sagacité des lecteurs de son blog. En quelques mois, le problème était résolu et Tim a poursuivi l'expérience en créant la plateforme Polymath[4], sur laquelle de nouveaux problèmes sont régulièrement proposés. Comme l'écrivit le mathématicien Étienne Ghys à l'époque, « l'image d'Épinal du mathématicien solitaire, dont les seuls outils sont le crayon et le papier, doit être redessinée grâce à Internet[5] ».

C'est également grâce à la qualité de son système d'éditorialisation que Wikipedia s'est imposée comme une des meilleures encyclopédies mondiales. Dans un monde où de plus en plus de personnes sont de plus en plus éduquées, cette capacité à mobiliser et organiser les intelligences pour produire de la connaissance prendra une importance croissante.

## Connaissance et reconnaissance

Pour faire vivre la société de la connaissance, il faudra aussi offrir de la reconnaissance à celles et ceux qui produisent et partagent des savoirs. Il en existe déjà beaucoup. Les diplômes reconnaissent que vous avez acquis des connaissances. Les brevets que vous avez inventé un dispositif technique nouveau. Les revues scientifiques que vous avez apporté votre pierre à l'édifice du savoir dans une discipline. Ces formes de reconnaissance datent, globalement, du monde de l'imprimerie.

Le numérique en a inventé des formes nouvelles, plus agiles, plus rapides. Des centaines de plateformes proposent aux utilisateurs d'encourager ou de sanctionner via des systèmes d'évaluation plus ou moins élaborés – du « like » de Facebook aux étoiles de Trip Advisor en passant par des formes plus élaborées pour les cours massifs en ligne (les MOOCs). Mais en l'état, elles consistent plus à forger des réputations qu'à offrir une véritable reconnaissance, et elles portent souvent sur des loisirs, des services marchands ou des produits de consommation. Or, la reconnaissance constitue un puissant facteur de motivation. Une étude cosignée en 2013 par l'économiste Yann Algan[6] a montré que les contributeurs les plus engagés sur Wikipedia ne carburaient pas à l'altruisme mais aux « badges » que leur productivité leur permettait de gagner… et d'afficher sur leur page personnelle.

Comment marier le sérieux des premières, qu'il ne faut pas perdre en cours de route, car toutes les idées ou connaissances ne se valent pas, et le caractère immédiat et massif des secondes ? C'est, je crois, un défi auquel le service public devrait s'atteler, en s'inspirant de systèmes existants et en fécondant les différentes approches. Car aucun système n'est assez neutre et exempt de biais.

Les scientifiques, par exemple, pensaient avoir trouvé une bonne manière d'évaluer l'importance d'un article en comptabilisant le nombre de fois où cet article est cité dans d'autres. L'idée ayant été proposée par le physicien Jorge E. Hirsch, cet indice qui mesure l'impact d'une recherche a été baptisé H Index. Il n'a qu'une douzaine d'années mais, très vite, des biais sont apparus quand certains chercheurs ont commencé à se citer mutuellement de manière artificielle pour augmenter leur H Index. On s'est aussi aperçu que les recherches pluridisciplinaires, qui figurent actuellement parmi les plus porteuses d'avenir, étaient sous-évaluées, chaque discipline préférant rester dans son pré carré plutôt que de s'aventurer à citer une recherche accomplie dans une autre discipline.

Aucun indice pris isolément n'est exempt de biais. Seule l'agrégation de plusieurs indices permet d'offrir une photographie correcte.

Offrir ce type de repères est essentiel.

Pour Confucius, il existait trois manières d'atteindre la sagesse. La première consiste à apprendre de ses erreurs. Elle est exigeante, voire quelque peu douloureuse : il faut accepter de les regarder, ces erreurs ! La deuxième est de réfléchir suffisamment au contexte pour éviter de commettre des erreurs. C'est moins douloureux mais encore plus exigeant : il faut dépasser ses barrières mentales et s'investir fortement. La troisième, qui est selon lui la plus simple, consiste à imiter les gens les plus sages autour de soi. C'est, sans conteste, la plus répandue. Reste pourtant à les identifier, ce qui est tout sauf évident. Et à ne pas se laisser enfermer, puisque cette approche, parfois nécessaire, ne permet guère d'aller chercher de nouvelles idées ou questions.

Une deuxième évolution consisterait à intégrer dans la notion de connaissances dignes d'être transmises des savoirs moins formatés, et de considérer comme sources de ces savoirs des personnes autres que celles dont c'est le métier. Nous l'avons vu précédemment, une étape essentielle pour ne pas s'abuser soi-même en succombant à tous les pièges cognitifs que nous tend notre cerveau consiste à essayer de « se connaître soi-même ». Ce chemin, qui peut prendre une vie (si tant est qu'il ait une fin) ne fait l'objet d'aucune préconisation des programmes scolaires. Il est entièrement renvoyé à la sphère privée ou à l'initiative individuelle.

## Bougies de la connaissance et de la reconnaissance

Dans certaines sociétés, comme en Afrique, on s'adressera aux « vieux sages ». Mais qui sont les vieux sages autour de nous ? Probablement pas ceux qui se revendiquent comme tels. Pourquoi ne pas créer une plateforme qui, collectivement, nous permette d'identifier leurs pratiques et de profiter de leurs expériences de vie accumulées ? L'empathie, l'amour, la sagesse, les idées, sont ce que les économistes appellent des « biens non rivaux » : on peut les « consommer » à volonté sans qu'ils s'usent, s'abîment ou s'épuisent. Si on invite ceux qui possèdent des connaissances à transmettre un peu de leur sagesse, ils ne perdront rien et nous pourrons tous en profiter. On permettra en revanche de la propager à d'autres, un peu comme quand on allume une bougie avec une autre bougie – la première ne s'éteint pas.

En anglais comme en français, les mots « connaissance » (*knowledge*) et « reconnaissance » (*acknowledge*) sont très proches. Certaines classes ont ainsi créé des bougies de la connaissance et de la reconnaissance que les enfants étaient invités à donner à celles et ceux qui les faisaient avancer. Résultat : elles ont été remises autant aux enseignants qu'au parent qui avait appris à son enfant à faire du vélo, au camarade qui avait aidé à comprendre une notion de grammaire ou à la grande sœur qui avait enseigné à être plus gentil avec le petit dernier.

On trouve déjà de tels systèmes de reconnaissance sur des sites comme Facebook ou LinkedIn, qui accumulent des données sur nous pour leur bénéfice plus que pour le nôtre, mais ils sont encore rudimentaires et, surtout, n'incitent pas spécialement à partager les savoirs – ce qui est essentiel dans la société de la connaissance, de la reconnaissance et du partage pour laquelle je plaide.

Entendons-nous : mon propos n'est pas, ou pas seulement, moral. Il est aussi opérationnel. L'intelligence artificielle permet aujourd'hui de traiter des quantités inouïes de données. Prenez une maladie encore mal connue : l'autisme. Elle relève semble-t-il de facteurs complexes et entremêlés. Des centaines de combinaisons génétiques s'entrelacent avec des milliers de contextes individuels. Si toutes les personnes qui ont à connaître un cas d'autisme, les scientifiques comme les familles, le documentaient, peut-être découvrirait-on des corrélations encore invisibles, des traitements qui, au moins pour certaines formes d'autisme, fonctionnent mieux que d'autres. Tout cela, je le sais, est en train d'être fait par les chercheurs, dont certains ont rejoint le CRI. Je parle ici d'un changement massif d'échelle, de la mise en mouvement de l'intelligence collective à un niveau encore inédit.

Il y a, derrière de tels dispositifs, l'idée que tout doit être entrepris pour valoriser à la fois la connaissance mais aussi la capacité à la partager, et à rendre ces informations visibles afin que les détenteurs de ces connaissances puissent être aisément identifiés, de la même façon qu'un diplôme signale que vous avez acquis des savoirs dans le cadre scolaire ou universitaire. La technologie, aujourd'hui, permet cette fusion à grande échelle de l'art de l'accouchement (Maya) et de la création d'opportunités fécondes (Portunus).

## La leçon des manuels aux intellectuels

De ce point de vue, les travailleurs intellectuels sont très en retard sur les travailleurs manuels. La culture des *makers*, née dans l'Ouest américain, prône déjà le principe du partage des connaissances et des outils. Walter Isaacson en décrit fort bien l'émergence dans un ouvrage intitulé *Les Innovateurs*[7]. Bien avant que Steve Jobs ou Bill Gates bricolent les ordinateurs qui allaient révolutionner nos vies dans leurs mythiques garages de la Silicon Valley, cette culture puise ses racines dans la nécessité que rencontraient des petites communautés de fermiers vivant sur des territoires désertiques de résoudre leurs problèmes seuls et de s'entraider. Ainsi naquirent une myriade de communautés apprenantes et une culture qui, plus tard, allait irriguer l'industrie américaine et expliquer en bonne partie la capacité à innover de la Californie. Chris Anderson, rédacteur en chef de la revue *Wired* et gourou de la Silicon Valley, affirme carrément que cette culture est à l'origine de la « nouvelle révolution industrielle » portée par le numérique[8].

Tout comme les pédagogies qui répondent aux défis du millénaire existent déjà et ne demandent qu'à être développées et mises en réseau, les principes et outils techniques qui pourraient permettre de structurer une société de la connaissance et de la reconnaissance existent. On les appelle les « portfolios » de compétences. Ils permettent de documenter ce qu'on a appris : les diplômes, bien sûr, mais aussi les badges ou certificats signalant l'acquisition de connaissances ou de compétences précises, les récompenses acquises dans le domaine artistique ou sportif, les diplômes ou titres obtenus tout au long de la vie dans le cadre de la Validation des acquis de l'expérience, les expériences associatives, les engagements citoyens, etc. Ils dessinent une carte de vos savoirs et savoir-faire incomparablement plus riche, plus variée et plus dense que les seuls diplômes – une sorte de super CV.

La mise en commun de ces parcours et expériences fournirait en outre un outil extraordinaire d'aide à l'orientation. Les parcours de formation et les carrières sont de moins en moins linéaires et s'inscrivent dans un contexte très mouvant où les métiers évoluent en permanence. Savoir par où sont passées les personnes qui exercent le métier que je vise, ou savoir quels métiers exercent des personnes dont le parcours ressemble au mien constituerait une aide précieuse, à tous les âges mais en particulier aux jeunes.

### Carte des possibles

L'idée n'est pas de figer des parcours ou d'enfermer les individus dans leurs déterminismes – le système actuel, malheureusement, le fait très bien. Plus que d'un système d'assortiment, il s'agirait d'une carte des possibles, comme quand un GPS vous propose plusieurs itinéraires, en vous laissant libre de choisir d'emprunter une route panoramique embouteillée, une départementale pittoresque et sinueuse ou une autoroute tristounette mais plus rectiligne et moins fréquentée.

Cette carte porterait l'empreinte des lieux que chacun a visités dans le monde de la connaissance, signalerait le degré de maîtrise que l'on a de divers savoirs et savoir-faire. Les itinéraires, au lieu de s'exprimer en temps de trajet, s'exprimeraient en temps d'acquisition des nouvelles connaissances que l'on vise, selon que l'on opte pour des études classiques dans un établissement, des cours en ligne, une formation par les pairs, un séjour dans un Fab Lab, etc.

Synchronisée avec une carte géographique, elle indiquerait également où trouver les ressources – individus ou institutions – près de chez vous. En somme, ce que l'on fait aujourd'hui pour les rencontres amoureuses (Tinder), le covoiturage (Blablacar) ou l'hébergement (Airbnb), pourrait se décliner sur le terrain du savoir.

Certaines communautés, par exemple celle des informaticiens, utilisent déjà des outils de ce genre, notamment parce qu'elles se consacrent à un domaine qui se renouvelle en permanence et que ses membres ont sans cesse besoin de se former – et de prouver qu'ils se sont formés – à de nouveaux langages ou aux nouvelles versions de langages existants.

Pourquoi ne pas les étendre à tous ? Idéalement, il faudrait le faire sous l'égide du service public, comme pour les diplômes, afin de garantir le respect de la vie privée et la fiabilité des informations ainsi collectées, si besoin en organisant une délégation de services publics pour mobiliser les acteurs les plus pertinents. Mais à condition que le service public n'invente pas une de ces tuyauteries bureaucratiques dont il a le secret. On pourrait ainsi moderniser la Validation des acquis de l'expérience, superbe idée rendue peu opérante par la complexité de sa mise en œuvre.

### École mutuelle

Un des modèles les plus fertiles me semble être celui de l'école mutuelle qui offre la possibilité de progresser non seulement aux élèves, mais aussi à ceux qui les forment. La recherche valide en effet ce que chacun pressent intuitivement : quand on transmet à d'autres, on consolide ce que l'on sait, voire on progresse, à partir des questions soulevées par les « élèves ». Reconnaissons cette contribution ! Incitons les gens, au-delà du seul altruisme, à partager ce qu'ils savent ! Inspirons-nous de l'exemple – déjà cité autour du cas d'Adora Svitak – de l'université de Berkeley, en Californie, qui permet aux étudiants de créer des cours et valide cette compétence. Proposons des incitations financières à celles et ceux qui contribuent à créer ou à faire vivre des écosystèmes de connaissance et contribuent de la sorte à l'édification d'une société apprenante.

## Sagesse de la foule contre bêtise collective

Autant je crois à la puissance de l'intelligence collective et, dans certains cas, à la « sagesse de la foule », autant je me méfie de la bêtise collective qui, elle aussi, revêt une puissance exponentielle via la caisse de résonance des réseaux sociaux, quand elle ne sombre pas dans les *fake news* ou les appels à la haine ignominieux.

Tous les avis ne se valent pas. Il faut des processus dûment affinés pour que la somme des intelligences individuelles produise de l'intelligence collective. Wikipedia a su le faire. Un grand service public de la connaissance et de la reconnaissance devrait y parvenir.

La première pierre est facile à poser et elle nous renvoie à l'école. Un enfant qui aura été initié à la production de contenus collaboratifs sur Vikidia sera plus enclin à contribuer à Wikipedia. Un enfant qui aura été invité à formuler des questions et pas seulement à apprendre par cœur des réponses aura plus de chances de continuer à le faire. Un enfant qui se sera senti autorisé à faire preuve de créativité hésitera moins à déployer une pensée originale. Ces compétences ne sont pas bien difficiles à développer : il existe déjà une myriade de dispositifs qui le permettent. Ils demeurent malheureusement, si ce n'est confidentiels, du moins marginaux.

### L'immobilisme est une régression

Un lieu pourrait et devrait constituer le cœur du réacteur de l'innovation et un modèle de système apprenant : l'université, où convergent à égal rang de dignité les missions de recherche et d'enseignement. Elle avance trop lentement. Ce qui, dans un monde en rapide évolution, revient à reculer. Comme dans cette scène d'*Alice au pays des merveilles* où la petite fille, alors qu'elle court à côté de la reine rouge, s'étonne de ne pas avancer. La reine lui répond : « Dans mon pays, il faut courir aussi vite que l'on peut pour rester au même endroit. Et si on veut aller ailleurs, il faut courir au moins deux fois plus vite. »

*Illustration d'origine (1865) par John Tenniel du roman de Lewis Carroll.*

Lewis Carroll, l'auteur, était un contemporain de Darwin. Il vivait dans cette Angleterre victorienne heurtée de plein fouet par la révolution industrielle. Il a senti et formulé avec des moyens littéraires les effets de cette évolution permanente que Darwin, de son côté, décrivait en scientifique dans son *Origine des espèces*[9]. Dans un monde en mouvement, l'immobilisme est une régression.

**Sur les épaules des géants**

Il menace l'université qui doit passer de l'ère du 2.0 (l'introduction du numérique) à celle du x.0, que je vois comme celle d'une organisation apprenante qui, idéalement, s'enrichit chaque année des apports de ses enseignants-chercheurs et de ses étudiants. « Nous sommes comme des nains assis sur des épaules de géants », aurait dit, dès le XII^e^ siècle, le philosophe Bertrand de Chartres. Qui aurait poursuivi : « Si nous voyons plus de choses et plus lointaines qu'eux, ce n'est pas à cause de la perspicacité de notre vue, ni de notre grandeur, c'est parce que nous sommes élevés par eux. »

Cette image, reprise ensuite par Newton et par Pascal, renvoie à un concept fondamental et, je pense, largement admis par le monde scientifique : on ne fait pas de bonne science en se contentant de révérer le passé, il faut en permanence aller de l'avant et faire grandir le géant pour que les générations à venir voient toujours « plus de choses plus lointaines ». Or, les universités, comme l'Éducation nationale, ne produisent que très peu de recherches sur elles-mêmes – leur fonctionnement, leurs biais cognitifs et autres, leur organisation, leurs performances, leurs échecs et leurs succès, etc.

Quelle est la place des universités à l'heure d'Internet ? Quel est l'intérêt d'avoir un campus ? Qu'apprend-on mieux dans un amphithéâtre, auprès de ses pairs, ou en effectuant un stage, en voyageant, en faisant des expériences, en suivant un cours en ligne ? Quels résultats ont produit les précédentes évolutions ? Comment s'articule ce qui est appris dans une enceinte universitaire et en dehors – dans les librairies, les cafés, les cinémas, les Fab Labs… ? Quelles synergies sont mises en œuvre afin d'avoir une vision globale de l'expérience que vivent les étudiants ?

Ce graphique[10] résume à la fois le saut accompli grâce au numérique et la complémentarité possible des deux univers.

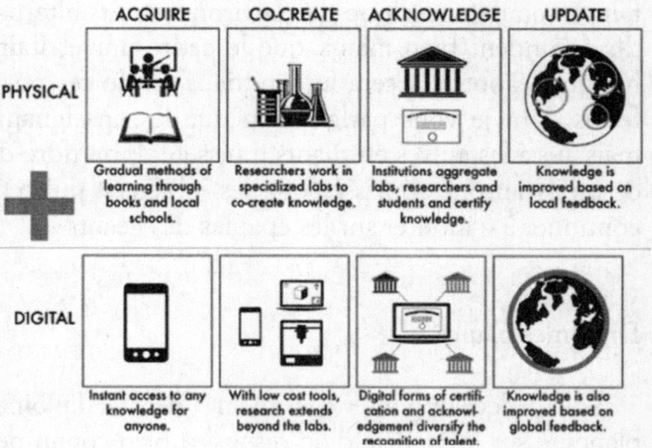


Des réponses existent, sur le terrain, mais, il faut expérimenter comme nous le faisons au CRI. Nous voudrions créer ainsi une licence ou un master DIY (*Do It Yourself*), liés aux objectifs du développement durable définis par les Nations unies, proche de ce qui se fait à Catts Pressoir que nous avons pu tester dans des écoles d'été. On pourrait y panacher enseignements classiques et à la carte. Les étudiants pourront s'engager dans un service civique, dans une association, monter une start-up, créer une coopérative, partir à l'étranger, pratiquer à haute dose une activité sportive ou artistique dans laquelle ils excellent… Ils devront bien sûr documenter ce qu'ils font de ce temps, avoir une démarche réflexive sur ce qu'ils vivent et leurs mentors pourront leur demander de compléter ces apprentissages expérientiels par des approches plus classiques – suivre un cours en ligne par exemple. À la fin, ils auront acquis certaines compétences que des environnements alternatifs fécondent bien mieux que le cadre universitaire habituel. Tout cela sera intégré dans un de ces portfolios dont je vous parlais, afin que les enseignants mais aussi les autres étudiants, puissent apprendre de ce qu'ils auront appris et que les « nains » puissent continuer à « monter sur les épaules des géants ».

## Diplômes blancs

Nous développons également des « diplômes blancs », sur le modèle d'un dispositif bien connu des chercheurs, les « appels d'offres blancs ». En recherche, il existe deux types d'appels d'offres. Les premiers sont ciblés. Un financeur souhaite avancer sur un sujet précis et lance un appel d'offres. Les appels d'offres blancs, eux, invitent les chercheurs à formuler eux-mêmes un projet qu'ils jugent utile, au regard de leurs connaissances et de leurs intuitions. Un diplôme blanc fonctionne de la même façon.

Exemple : vous vous intéressez aux implications sociétales du développement de l'intelligence artificielle. Aujourd'hui, vous devez choisir. Une licence d'informatique vous aidera à en comprendre les aspects techniques. Une licence de philosophie vous aidera à en creuser les enjeux éthiques. Une licence d'économie vous informera de l'impact sur l'emploi.

Une licence de psychologie vous invitera à penser le rapport de l'homme à la machine. Des études d'art vous prépareront à penser des scénarios multiples et variés, à faire des livres ou des films. Mais aucune filière ne vous permettra d'embrasser le sujet de manière systémique. Vous serez dans la situation d'un des aveugles tentant de décrire un éléphant en n'en touchant qu'une partie dans la légende indienne.

Avec le diplôme blanc, vous pourrez aller prendre des cours dans les différentes facultés de l'université, voire en ligne si certains sujets n'ont pas encore été traités par les enseignants de votre université. Le rôle de l'université sera de vous guider dans vos choix et de valider un nombre requis d'unités d'enseignement. Le tout documenté, vous l'aurez deviné, dans nos portfolios, afin qu'un autre étudiant qui souhaiterait, comme vous, saisir les implications sociétales du développement de l'intelligence artificielle puisse partir de votre expérience. Si, au bout de quelques années, un parcours cohérent se stabilise, qu'il se révèle porteur pour les diplômés et que la demande croît, ce diplôme blanc peut se transformer en diplôme structuré, dans cet exemple une licence « intelligence artificielle et société ». Et ainsi de suite.

## Toujours plus de vilains petits canards

Vous croyez que je rêve ? Détrompez-vous : je me fonde sur une expérience menée au CRI. Il y a quinze ans, nous avons créé un master intitulé « Approche interdisciplinaire du vivant ». Les premiers étudiants, venus de la physique, de la biologie ou d'écoles d'ingénieurs, travaillaient sur les frontières du vivant. Ils ont rapidement commencé à monter des projets innovants. Le plus emblématique, que j'ai déjà mentionné, a permis à plusieurs équipes d'être primées au MIT dans le cadre de l'iGEM. L'une d'elles a d'ailleurs gagné notamment grâce à un renfort extérieur, celui de Sara Aguiton, alors étudiante en master 2 de sociologie et d'histoire des sciences et des techniques à l'École des hautes études en sciences sociales (EHESS), ce qui prouve à la fois la nécessité d'approches pluridisciplinaires et de l'importance de la *phronesis*, l'éthique de l'action, dont je parlais en introduction.

Sara a témoigné de ses quatre mois passés avec des étudiants en biologie, physique, informatique et mathématique dans *Le Monde*[11]. « Le sujet [la façon dont les bactéries communiquent entre elles] était tellement éloigné de l'application que les problèmes éthiques paraissaient inexistants aux scientifiques », se souvient-elle. Et pourtant, selon les membres de l'équipe, c'est bien ce regard extérieur qui a permis de donner une dimension nouvelle au projet et, selon le jury, d'emporter la décision : « L'équipe française était très en avance sur ces questions. Pour les résoudre, il faut que les spécialistes des différentes disciplines, sciences humaines et sciences dures, se respectent mutuellement. L'équipe de Paris était exemplaire à cet égard. »

D'autres projets ont conduit à la création de start-up, d'associations, de coopératives. Ces étudiants ne s'imaginaient pas forcément en entrepreneurs en arrivant au CRI. Ils le sont devenus, car nous leur offrions la liberté de créer des collectifs engagés. Ils devaient nous dire en début d'année ce qu'ils avaient envie de faire ensemble, et éventuellement on leur donnait un petit budget, un accès à nos locaux. Ces projets ont donné naissance à des Fab Labs, à des *maker spaces*, à des travaux en biologie synthétique, en réalité virtuelle, à des dispositifs d'apprentissage par le jeu…

Livio Riboli-Sasco, un de nos premiers diplômés, a créé une coopérative de science et de recherche au sein de L'Atelier des jours à venir[12]. Xavier Duportet, qui avait fait partie de l'aventure iGEM, a créé Eligo Bioscience, une start-up qui développe des antibiotiques et a le record de fonds levés en Californie par une biotech française, et le Hello Tomorrow Challenge, association qui aide les entrepreneurs scientifiques dans plus de 40 pays.

Aude Bernheim et Flora Vincent, alors étudiantes en biologie, ont créé Wax Science et ItCounts. Au départ, elles participaient à un club qui s'intéressait au dessin et à la science. Mais elles découvrent que la Commission européenne diffuse une campagne désastreuse sur les femmes et la science dans laquelle on voit des pin-up en talons aiguilles. Toute la planète science était choquée. La Commission européenne, qui venait de dépenser une fortune pour payer une agence de communication, a l'intelligence de faire amende honorable et lance un concours ouvert à tous. Aude et Flora y participent avec d'autres étudiants du CRI et gagnent, avec une vidéo percutante sur les biais de genre dans le monde scientifique[13] !

Elles créent alors Wax Science[14], qui se définit comme un « détonateur de curiosité, un catalyseur d'initiatives pour démonter les stéréotypes un par un et faire changer les choses ». Ce à quoi Wax Science s'emploie avec talent et humour. Vous pouvez par exemple télécharger leur appli ItCounts[15]. Développée avec des étudiantes de l'association E-mma de l'ÉPITECH (École pour l'informatique et les nouvelles technologies), elle aide à comptabiliser le nombre d'hommes et de femmes dans une réunion ou dans un amphi, et regarde qui s'exprime (ou pas) et s'il y a des biais de genre dans une audience.

Si j'ai particulièrement soutenu ces initiatives, c'est que j'ai été sensibilisé depuis ma plus tendre enfance à ces sujets. Avec un collectif intitulé Ouvrons les portes, nous avons par exemple mené une campagne sur les réseaux sociaux. C'est ainsi que j'ai créé un compte Twitter (@francoistaddei), dont je me sers depuis pour partager sur les sujets évoqués dans ce livre – et dans la presse pour m'assurer que les internats des grands lycées parisiens soient tous ouverts aux jeunes femmes qui subissaient une discrimination préjudiciable à leurs chances de réussir leurs études. C'est aussi pourquoi j'ai fait le choix de l'accord de proximité dans ce livre et que je suis ravi d'avoir pu convaincre de l'utilité de cette démarche au moins ceux qui m'ont aidé à le rédiger. Je me suis même publiquement engagé récemment, avec d'autres femmes et hommes, à œuvrer en ce sens à l'initiative de l'UNESCO et de la Fondation l'Oréal pour les femmes et la science qui souhaitent donner une juste place aux femmes dans notre société.

J'essaye de le faire au quotidien au sein du CRI où l'engagement des étudiants et de l'équipe nous aide à progresser pas à pas sur un chemin parfois rendu complexe par les différences de culture, d'approche ou de sensibilité sur ces sujets. J'aimerais voir se développer toujours plus un dialogue constructif et même une approche de science citoyenne des questions de genre qui gagnerait à se déployer sur tous les sujets où les biais peuvent exister et entraver les possibilités de chacune et de chacun.

Samuel Huron, lui, est arrivé au CRI après un parcours étonnant – il avait repris ses études après les avoir interrompues en seconde ! Il nous a rejoints car il s'intéressait au Web. À l'époque, nous avions une chaire financée par Orange pour travailler sur l'interface entre le numérique et le biologique. Nous sommes là au centre de gravité du triangle sciences du vivant-sciences du numérique-sciences de l'apprentissage. Nous avons rassemblé quelques chercheurs d'Orange et de différentes disciplines, académiques ou pas, pour travailler avec des étudiants qui voulaient explorer toutes les potentialités que le Web apportait. Samuel a soutenu une thèse qui a été primée comme la meilleure thèse de *data visualisation* au monde[16]. Antoine Mazières, lui, nous a rejoints en venant de l'anthropologie. Il était allé au Brésil mais au lieu d'étudier, comme ses confrères, des tribus amérindiennes, il était parti à la rencontre des tribus de geeks (les fondus de code et d'informatique). Sa thèse portait sur les communautés de l'intelligence artificielle et se situait à la confluence du numérique, de la sociologie et de l'anthropologie. Comme tous les « vilains petits canards » qui ne se laissent pas enfermer dans une case, il peinait à être accompagné dans ses recherches ailleurs qu'au CRI.

Aurélien Peilloux, pour sa part, venait de la physique et de la chimie. Il sortait de l'ESPCI, la formidable école de Pierre-Gilles de Gennes. Il est arrivé au CRI pour réaliser une thèse en partenariat avec l'institut Curie, à l'interface entre physique et biologie. Quand il a eu son financement, il est venu me voir : « Je viens d'être accepté à la FEMIS [grande école de cinéma]. Finalement, je ne vais pas faire de thèse, en tout cas pas sur ce sujet. » Je lui ai suggéré d'imaginer un autre sujet, à l'interface entre le cinéma et la science. Ce qu'il a fait, sous le titre « Quête d'un cinéaste autour de la relation dialogique "art-science" : de l'idée-sentiment dans le processus de création à une approche esthétique de la connaissance ». Il a produit un travail très original alliant un mémoire classique et quatre films dont il explique que « si leur statut est quelque peu dissymétrique, ils se renvoient l'un à l'autre, dialoguent, s'interpellent. Leur essence est commune : ils sont comme autant de tentatives de répondre à la problématique soulevée ici, à savoir l'invention d'objets hybrides "art et science"[17] ».

Évidemment, quand il a fallu constituer un jury, plusieurs chercheurs de disciplines classiques nous ont expliqué que ce n'était pas une thèse telle qu'on les voit en France. Nous avons donc fait venir un certain nombre de spécialistes d'autres universités et en particulier d'universités internationales, où cela fait vingt ans que des thèses « art-création » sont accompagnées (ce sont des thèses dans lesquelles on invite un artiste à avoir une approche réflexive sur son art, et à documenter comme un scientifique le ferait ses sources et ses expérimentations). Cette thèse a été, je crois, la première du genre en France.

**Cri : carrefour de rencontres intéressantes**

Bien d'autres projets sont nés au CRI, qui est autant un Centre de recherches interdisciplinaires qu'un Carrefour de rencontres intéressantes.

Nous nous sommes aperçus qu'à travers tous ces projets, les étudiants initiaient en fait une bonne partie de nos innovations pédagogiques. Si bien que notre master dirigé par Sophie Pène et Pascal Hersen s'appelle aujourd'hui « Approche innovante de la recherche et de l'enseignement » avec trois branches : EdTech (Educational Technology) et approches interdisciplinaires du vivant que nous complétons par une filière centrée sur le numérique et les développements de l'intelligence artificielle. Les étudiants y effectuent trois stages dans trois laboratoires de trois disciplines différentes. L'une des seules choses qu'on leur impose, c'est d'allier l'expérimental et le théorique. Nous souhaitons qu'ils déploient à la fois des capacités de réflexion conceptuelle avancées et des capacités d'expérimentation. Pour comprendre la réalité du monde, les frictions entre les idées et la réalité sont essentielles. Cela leur réussit : les anciens de ce diplôme travaillent pour les plus grandes universités françaises ou internationales, pour l'institut

Pasteur, ou dans des structures qu'ils ont créées (start-up, association, coopérative, etc.).

Je n'affirme pas que des enseignants-chercheurs chevronnés auraient été incapables d'innover autant. Mais je constate que, ici, la nouveauté est venue des étudiants, probablement parce qu'ils n'étaient pas encore engoncés dans leurs marottes ou prisonniers de leurs habitudes. Un groupe d'étudiants d'origines diverses, motivés, créatifs, peut explorer énormément de choses, et aujourd'hui encore rien ne me fait plus plaisir que de les voir débouler dans mon bureau pour me signaler une recherche ou une innovation que je n'avais pas repérées et qu'ils savent s'approprier pour proposer d'aller plus loin encore.

De tels dispositifs peuvent sembler innovants vus de France. Au niveau international – l'échelle de référence, en principe, d'une université –, il n'en est pas de même. Nombre de grandes universités, notamment américaines, proposent des cursus si ce n'est directement comparables, du moins inspirés des mêmes principes. Les États-Unis sont constellés de *liberal arts colleges*, des universités d'arts libéraux, au sein desquels les étudiants choisissent dans un vaste panel de disciplines celles qu'ils souhaitent découvrir.

Cette évolution, pour balbutiante qu'elle soit, existe néanmoins en France. Et en tant que biologiste, spécialiste de l'évolution, je sais qu'un changement profond peut commencer par des modifications difficilement perceptibles. Je veux croire que cela sera le cas de l'évolution de ces pratiques étudiantes et que les universités sauront les accompagner, être les garantes de la qualité de ce qu'elles apportent.

Qu'elles se comporteront, en somme, en mentors bienveillants.

## Les trois libertés de l'université

Les principes qui donnèrent naissance à l'université moderne, au tournant des XVIIIe et XIXe siècles, en Allemagne, quand Wilhelm von Humboldt écrivit que l'université ne devait plus être le lieu où on impose le savoir de manière descendante mais un espace qui protège et promeut, sous l'égide de « mentors bienveillants », reposent sur trois libertés essentielles : liberté d'apprendre, liberté d'enseigner, liberté de faire de la recherche.

De ces trois libertés, la plus vivace est à l'évidence celle de la recherche. Elle a permis la naissance d'institutions qui réalisent ce qui, jusque-là, ne s'accomplissait pas au sein des universités. C'est le cas par exemple de l'École des hautes études en sciences sociales, née en 1975 à partir du département Sciences sociales de l'École pratique des hautes études, elle-même créée un siècle plus tôt par Ernest Renan et Victor Duruy pour importer en France l'approche allemande de l'enseignement par la recherche.

Les mathématiciens, eux, ont depuis 1958 leur Institut des hautes études scientifiques, installé à Bures-sur-Yvette. Son fonctionnement est directement inspiré de celui du plus célèbre institut de recherche du genre, l'*Institute for Advanced Study* (IAS) de Princeton, connu pour avoir compté parmi ses professeurs des scientifiques aussi célèbres qu'Einstein,

Gödel ou Oppenheimer, mais dont on sait moins qu'il accueille aussi des écoles d'histoire, de sciences sociales et de biologie. Là-bas, la recherche est entièrement libre.

L'inconvénient de ces structures est qu'elles accueillent peu, voire pas du tout, d'étudiants.

D'autres établissements, en France, ont réussi à répondre aux défis de leur temps en alliant ces trois libertés. La fin des années 1960 a vu la naissance des universités de Paris-VIII-Saint-Denis, d'abord implantée à Vincennes, et Paris-IX-Dauphine, que *Le Monde* a qualifiées de « jumelles dizygotes », « enfants naturels d'un joli mois de mai révolté et d'un ministre de l'Éducation gaulliste et visionnaire, Edgar Faure. À l'est : Vincennes – aujourd'hui Paris-VIII –, université ouverte et sociale. À l'ouest : Dauphine – Paris-IX –, sélective et libérale[18] ». Mots clés à l'époque : l'interdisciplinarité et l'innovation pédagogique. Quatre ans plus tard naît l'université technologique de Compiègne, qui propose une formation d'ingénieur dans un cadre universitaire et sélectionne ses étudiants à l'entrée (comme Dauphine). Son fondateur, Guy Deniélou, ancien du Commissariat à l'énergie atomique, aimait répéter une variante de la formule d'Aristophane : « Je ne suis pas là pour remplir des cruches, mais pour allumer des feux. »

Je pourrais multiplier les exemples, mais tous racontent la même histoire, celle d'enseignants-chercheurs visionnaires contraints d'innover au mieux en marge, au pire en dehors de l'*alma mater*. Si bien que les pesanteurs du système ne sont qu'à peine entamées par toutes ces innovations qui demeurent parcellaires, atomisées, et relèvent de l'exception qui confirme la règle. Elles ne modifient pas, en tout cas en France, en tout cas aujourd'hui, les grands équilibres du système dont la voie considérée comme « royale » par beaucoup reste celle des classes préparatoires où l'on passe deux ans à mémoriser mille choses pour préparer des concours avant d'envoyer les étudiants dans des grandes écoles où, sauf exception, ils verront peu de chercheurs avant la toute fin de leur cursus. C'est l'inverse de ce que font les meilleures universités mondiales, qui ont toutes pour trait commun de mettre les meilleurs étudiants en face des meilleurs chercheurs, dès la première année du supérieur.

### Passer à la culture du projet

Les chercheurs ont leur part de responsabilité dans cet état de fait. La majorité d'entre eux préférera un poste 100 % dédié à la recherche dans un grand institut comme le CNRS, l'Inserm, l'INRA ou l'INRIA, plutôt qu'un poste à l'université. Le système les y encourage : la reconnaissance de l'engagement dans l'enseignement ou l'innovation pédagogique est dérisoire, malgré de récents efforts afin de faciliter la promotion des chercheurs qui consacrent du temps, de l'intelligence et de l'énergie à accompagner les étudiants.

Cela ne se fera pas tout seul. J'ai cité en exemple les universités américaines, mais la situation n'y est pas idyllique. La tentation de s'enfermer dans des silos disciplinaires y est trop souvent présente, l'interdisciplinarité ne va pas de soi et les enseignants ne se placent pas automatiquement en position de chercheurs dans leur propre pratique pédagogique. Il existe en revanche une multitude de leviers et d'incitations comme le *Scholarship of Teaching and Learning*, un dispositif de développement professionnel qui vise à aider les enseignants-chercheurs à attacher autant d'importance aux différents piliers de leur mission : produire de nouvelles connaissances, les diffuser (publier), favoriser leur transfert dans la société civile et les transmettre aux étudiants[19].

Une autre caractéristique de l'organisation américaine tient à la culture du projet. On va identifier un problème ou fixer un objectif et agréger les compétences nécessaires. C'est particulièrement efficace dans les sciences expérimentales ou en médecine : si vous tentez de faire décoller une fusée ou de soigner un patient, vient forcément le moment où l'on pourra évaluer si la coalition de disciplines a été fructueuse ou pas – la fusée a décollé (ou pas), le patient est soigné (ou pas)… Dans le domaine des sciences humaines, le juge de paix de l'expérimentation ne fonctionne pas aussi facilement.

Mettre en actes le troisième volet du triptyque de Humboldt – la liberté d'apprendre – est encore plus ardu. Cela implique de renverser totalement la logique qui prévaut en France, et de faire confiance aux étudiants. Nous avons vu comment on pouvait l'envisager à partir de l'exemple des « diplômes blancs ». Nous le faisons également en matière de recherche. En Europe, trop souvent, les sujets de thèse sont imposés aux doctorants par leurs directeurs de recherche. Au CRI, nous avons décidé d'inverser le processus en donnant la main aux doctorants sur leurs sujets, dans le cadre de l'université Sorbonne-Paris-cité.

Je me souviens encore du premier comité d'évaluation de l'école doctorale Frontières du vivant. Les évaluateurs qui le composaient, venus d'autres institutions, refusaient de croire que les étudiants avaient défini leur propre sujet. Invités à se défendre eux-mêmes, ils ont été fraîchement accueillis. « On nous a dit que vous aviez écrit vous-même votre sujet ; on sait bien que ce n'est pas possible, avouez-nous que ce n'est pas le cas ; levez la main si vous êtes prêts à défendre l'hypothèse inverse à celle qui est omniprésente en France. » Tous ont levé la main ! Ils ont demandé à parler en anglais, disant : « Nous sommes venus du monde entier pour faire des choses originales, nous sommes désolés, nous parlerons la langue internationale de la science, celle qui permet de rayonner dans le monde entier. » Ils ont complètement retourné les évaluateurs ! Ceux qui, quelques heures auparavant, me faisaient part de leur scepticisme, nous demandaient à la fin avec Samuel Bottani comment en faire autant dans leurs universités. C'est aujourd'hui plus facile, comme le montre notre dernière évaluation de l'école doctorale désormais intitulée Frontières de l'innovation pour la recherche et l'enseignement (FIRE) que nous avons préparée avec l'équipe qui, avec David Tareste et Muriel Manbrini, s'occupera désormais de nos doctorants désireux d'aborder les sujets aux interfaces des sciences du vivant, de l'apprendre et du numérique.

Liberté de recherche, liberté d'apprendre, liberté d'enseigner. Sur chacun de ces points, le CRI a prouvé qu'il était possible d'innover. Mais il faudrait qu'il existe suffisamment de ces lieux d'expérimentation et d'innovation, pour tous ceux qui souhaiteront en être, que ce soit des chercheurs, des enseignants, des étudiants ou d'autres types d'acteurs qui peuvent s'intéresser à ces sujets. Ce n'est pas encore le cas.

Pour autant, je ne prétends nullement qu'il faille imposer un fonctionnement comme le nôtre à tout le monde. Et si je crois fondamentalement aux vertus du *bottom up* (les projets qui naissent « à la base »), je crois aussi que l'autogestion ne résout pas tout : à l'université comme dans l'économie ou la politique, il faut aussi des incitations vertueuses, une structure capable, dans un monde en évolution rapide, d'identifier des opportunités, de s'en saisir et d'en faire profiter un maximum de personnes à la fois. Toute la question est de confier ce pouvoir à des individus qui ne sont pas arc-boutés sur les logiques d'hier.

### Université en mouvement

Comment permet-on l'émergence d'idées neuves dans un système normé et qui manque de moyens ? C'est une question clé. Mais là aussi des réponses existent déjà et celle en laquelle je crois le plus renvoie là encore à la liberté, c'est ce que les Anglo-Saxons appellent l'*open science*, la science ouverte.

Elle consiste à réinventer les processus de découvertes et encourager tous les acteurs à contribuer à la recherche et adopter une démarche de chercheur.

Vous pouvez tous y contribuer, même si vous n'êtes ni élève ni étudiant, dès lors que vous faites partie des millions de Français possédant un smartphone[20]. Non seulement vous avez accès à une puissance de calcul supérieure à celle dont bénéficiait la NASA en 1969 lorsqu'elle envoya pour la première fois un homme sur la Lune. Mais vous vous promenez aussi avec un accéléromètre, un gyroscope, un magnétomètre, un GPS, un enregistreur audio, une caméra… Vous avez également accès, c'est plus connu, à Internet, donc à une bibliothèque mondiale actualisée en temps réel dont une vie ne suffirait pas à explorer le contenu. Et grâce aux réseaux sociaux ou, simplement, au courrier électronique, vous pouvez garder le contact, à tout moment, avec une communauté de pairs ou de mentors.

Vous avez accès, en quelque sorte, à une université en mouvement !

Les universités ont en effet su s'imposer car elles donnaient accès à un réseau de savants et d'étudiants, à des technologies afin de réaliser des expériences, et à des livres – c'est à la richesse de sa bibliothèque (2 000 ouvrages collectés grâce aux dons de bienfaiteurs) que le collège de Robert de Sorbon, fondé en 1254, connut la postérité que l'on sait pour devenir la Sorbonne[21]. Ce qui, pendant des siècles, est demeuré l'apanage d'universités élitistes, fermées et riches, est aujourd'hui à la portée de chacun. Seuls les grands équipements, comme ceux que l'on trouve au CERN (Conseil européen pour la recherche nucléaire, rebaptisé Organisation européenne pour la recherche nucléaire), restent hors d'atteinte du commun des mortels.

Mais le champ d'exploration restant est immense. Potentiellement, tous les citoyens peuvent donc contribuer à la réalisation d'observations originales et se mettre en réseau pour les partager. Vous observez dans votre jardin une espèce végétale que vous n'y aviez jamais vue ? Vous pouvez la prendre en photo et la partager. Si elle n'est pas répertoriée, les scientifiques pourront le faire. Puis essayer de comprendre. Pourquoi ne l'avait-on jamais repérée dans votre région ? Existe-t-il des corrélations avec une variation de température ?

De tels programmes de science citoyenne, que nous avons déjà mentionnée, existent au Muséum d'histoire naturelle. Pour analyser les bruits dans la ville : l'École polytechnique fédérale de Lausanne diffuse également une application qui permet d'enregistrer le bruit dans le cadre d'un projet de recherche européen fondé sur l'Open Data, afin d'établir une carte de l'environnement sonore du canton de Genève[22]. Pour mesurer des taux de radioactivité : après Fukushima, des chercheurs ont lancé le projet Safecast pour collecter des mesures indépendantes autour des lieux de l'accident et les partager avec la population en libre accès. Des dizaines de citoyens ont ainsi ajouté à leurs téléphones des fonctionnalités en *open source hardware* qui permettent de mesurer la radioactivité[23].

Si un tel dispositif avait existé en 1986, à l'époque de l'accident de Tchernobyl, en Ukraine, nul n'aurait pu tenter de nous faire croire que le nuage radioactif s'était miraculeusement arrêté à l'aplomb de nos frontières et nous aurions su s'il était ou non raisonnable de continuer à manger des champignons. La démocratisation de l'accès à la mesure est en un sens tout aussi révolutionnaire que la démocratisation de l'accès à l'information.

## Science ouverte

La donnée est la matière première de l'information, qui elle-même va nourrir la connaissance. Plus on parvient à isoler quelque chose, à regarder l'infiniment petit, mieux on peut comprendre. C'est pour cela que les physiciens passent des mois à observer le boson de Higgs dans l'accélérateur de particules du CERN – ce boson est, à ce jour, l'entité la plus petite que l'on puisse mesurer. Ou que le biologiste moléculaire va se concentrer sur une molécule, le biologiste cellulaire sur une cellule. Plus vous isolez quelque chose, plus vous avez de chances d'en comprendre les propriétés. Beaucoup de sciences fonctionnent sur ce paradigme, avec des approches très réductionnistes : on se réjouit d'avoir isolé tel facteur, de comprendre les spécificités de tel objet de manière très quantitative.

Mais en l'isolant de son milieu naturel, vous manquez aussi plein de choses. L'idéal serait bien sûr de réussir à travailler à toutes les échelles, par exemple, en biologie, à étudier la molécule et l'écosystème de l'espèce à laquelle elle appartient en passant par les cellules et les membres de ladite espèce.

La science ouverte, alliée à la puissance du numérique, permet de réaliser l'exploit de travailler en dehors du laboratoire. Revenons à votre smartphone et prenons un exemple : le sommeil. Jusque-là, pour procéder à des analyses précises, il fallait que le patient passe au moins une nuit à l'hôpital, bardé d'électrodes. Les mesures étaient d'une extrême précision, mais parasitées par des facteurs extérieurs multiples et complexes à démêler (stress lié au fait de dormir dans un lieu inconnu, impossibilité de se positionner naturellement dans le lit, etc.). Il existe aujourd'hui des applications de mesure de soi (*quantified self*) qui permettent de collecter des données chez soi, comme iSommeil, également développé par un doctorant du CRI, Maxime Elbaz. Elles sont moins nombreuses et moins précises que celles que l'on obtient sous contrôle médical. Mais elles permettent de collecter des données sur des millions de personnes, là où un centre spécialisé ne dispose que de quelques lits. Et permettent à chacun de profiter d'un retour d'information immédiat, de passer de la « donnée » à « l'information » en se situant par rapport aux autres (ma situation est-elle normale ?), en accédant à des articles ou à des forums de discussion, en échangeant avec des mentors qui m'aideront à contextualiser…

Là aussi on assiste à un renversement de paradigme. Comme lorsqu'un diplôme ou un sujet de thèse sont proposés par des étudiants et non imposés par des enseignants-chercheurs, c'est ici le sujet qui décide d'effectuer ou de nourrir une recherche sur lui-même et pas les chercheurs qui décident seuls de creuser un sujet choisi sans concertation.

Le cercle devient pleinement vertueux quand les deux approches se combinent, d'où l'intérêt des protocoles de recherche en science participative encadrés par des chercheurs, comme dans le cadre du réseau des Seintinelles, que j'ai déjà mentionné[24]. C'est là que l'on passe de l'information à la connaissance.

Comme chaque fois qu'il est question de collecter des données, il va sans dire que tous ces dispositifs doivent être très rigoureusement encadrés afin que la vie privée de chacun soit préservée. Vous pouvez être prêt à fournir des données sur votre sommeil sans accepter pour autant que tout le monde sache ce que vous faites de vos nuits !

## Après les MOOCS, la MOOR

Mathieu Cisel, chercheur qui fut le premier en France à effectuer un doctorat sur les cours massifs en ligne, les MOOCs (*Massive Open Online Course*), et collabore pour son postdoc avec les Savanturiers au CRI, a cette jolie formule : « Après le MOOC doit venir la MOOR (*Massive Open Online Research*), la recherche ouverte massive en ligne. » Cela consisterait à être accompagné dans son usage de ces applications de science citoyenne ou de mesure de soi pour apprendre des choses et échanger avec les autres.

Selon un sondage réalisé en 2016, la science participative demeure méconnue en France : 4 % seulement des répondants disaient connaître l'expression. Mais le journaliste Hervé Morin expliquait à cette occasion dans *Le Monde* que si « on explique [aux gens] de quoi il retourne, ils sont une majorité à être prêts à s'y impliquer, en premier lieu pour faire progresser la médecine, les connaissances sur la biodiversité ou le climat[25] ».

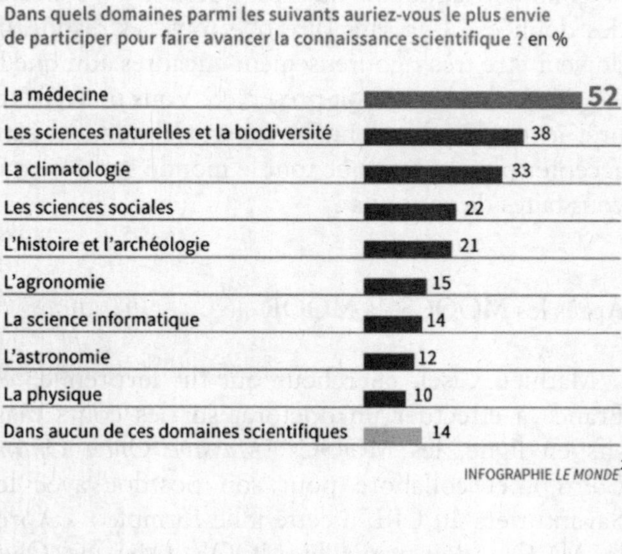

INFOGRAPHIE *LE MONDE*[26]

Même le CERN développe des projets de science participative. Le même article du *Monde* rapporte que « 25 000 "chasseurs de Higgs" ont analysé plus de 100 000 images » tirées des collisions de particules effectuées au CERN afin d'essayer de « repérer à l'œil nu des événements rares ou spéciaux ». Un autre programme permet de mettre à la disposition du CERN du « temps machine » de son ordinateur. « 10 000 volontaires représentent la puissance d'un centre de calcul d'une université. »

Les motivations des « citoyens-chercheurs » sont parfois financières, mais dans la majorité des cas ils s'impliquent par véritable soif d'apprendre.

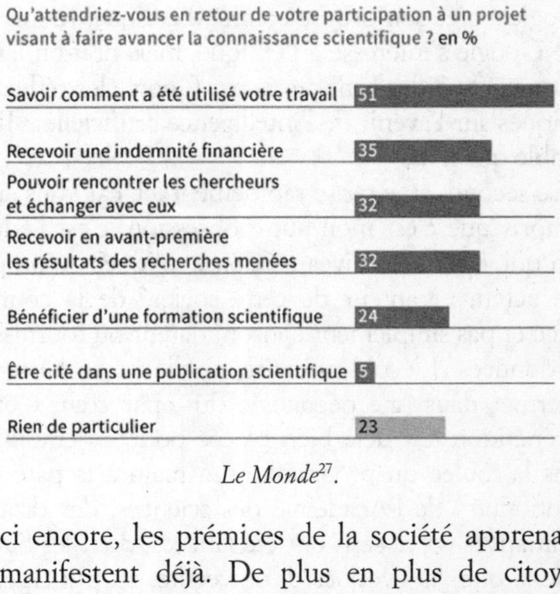


*Le Monde*[27].

Ici encore, les prémices de la société apprenante se manifestent déjà. De plus en plus de citoyens sont à la fois prêts à contribuer à des recherches et à apprendre par la recherche. Pour passer la vitesse supérieure, deux axes sont à travailler rapidement.

Le premier, pardon d'y revenir sans cesse mais il est essentiel, touche à l'éthique. Sur le modèle des comités d'éthique sur la recherche biomédicale, qui existent depuis très longtemps, il faut des comités sur l'informatique, l'intelligence artificielle, la robotique, l'éducation. Il y a besoin *a minima* d'étendre les missions du Comité national d'éthique et éventuellement de créer des dispositifs spécifiques, mais aussi de créer des dispositifs participatifs d'*open wisdom* ou d'*open phronesis*, car la réflexion sur l'éthique ne me semble pas devoir être cantonnée à un groupe d'experts fermé, aussi qualifié soit-il, qu'il soit public ou, *a fortiori*, privé. Google a créé son propre comité d'éthique. Je suis ravi que Google s'intéresse à l'éthique, mais doit-on laisser uniquement à des gens payés par Google les réflexions éthiques sur l'avenir de l'intelligence artificielle ? Il me semble que non.

Le second, et je passe rapidement ici, car vous aurez compris que c'est mon autre obsession, c'est l'éducation qui, à tous les niveaux, doit expliquer qu'on peut être acteur et auteur de cette société de la connaissance et pas simplement consommateur ou fournisseur de données. L'école primaire, si elle ne se laisse pas enfermer dans une pédagogie du « par cœur » et de la répétition, est déjà bien placée pour s'y employer : dans la foulée du programme La main à la pâte déjà mentionné[28] de l'Académie des sciences, des dizaines d'initiatives en ce sens ont été lancées, dont les Savanturiers, que j'ai évoqués. L'université, en principe, est équipée par nature, puisqu'elle est faite par des enseignants-chercheurs. Mais il lui reste à la fois à créer des lieux de rencontre entre les disciplines, et à prendre en compte, dans chacune de ses filières, l'impact de la révolution des intelligences. Les collèges et lycées demeurent trop souvent à l'écart, sauf initiatives particulières d'enseignants ou d'associations. C'est d'autant plus dommageable que les lycées hébergent aussi les fameuses classes préparatoires, qui fournissent l'essentiel du bataillon des élèves de grandes écoles qui pourraient davantage contribuer à des projets interdisciplinaires dans le cadre de travaux personnels ou collectifs, comme peuvent le faire les meilleurs étudiants dans les grandes universités de la planète.

**À science ouverte, société ouverte**

Aller vers toujours plus d'*open science*, de science ouverte, c'est aussi contribuer à l'émergence d'une société plus ouverte. Les dispositifs de science participative ne sont pas réservés à un petit nombre d'élus et constituent autant de portes ouvertes vers la connaissance. Vous pouvez n'avoir pas découvert le plaisir d'apprendre à l'école et le rencontrer plus tard, parce que vous aurez participé pour des raisons personnelles à une recherche (analyser son sommeil, comprendre les effets d'un traitement anticancéreux, etc.) qui vous aura amené à élargir votre champ de vision en passant du particulier (mon sommeil, mon cancer) au général (le sommeil, le cancer).

C'est cela, la société apprenante. Une logique dans laquelle vous laissez des traces de ce que vous réussissez d'original ou d'innovant. Vous expliquez le chemin que vous avez emprunté pour résoudre une question ou un problème. Éventuellement vous créez des contenus ou des technologies qui permettront aux autres de s'emparer de ces sujets. Vous leur permettez d'apprendre mais aussi « d'apprendre à apprendre », vous les mettez en confiance et vous instillez peut-être en eux l'envie de poursuivre ou d'aller plus loin.

## Grands défis

Comment favoriser ce cercle vertueux ? Je crois beaucoup à la formulation de défis, et de préférence de très grands défis. Nos sociétés et notre époque n'en manquent pas. Défi de l'inclusion. Défi du développement durable. Défi de la paix. Au lieu de réserver leur résolution à la petite élite qui, dès l'adolescence, a triomphé des obstacles scolaires en « battant » ses petits camarades dans un système compétitif fondé sur la maîtrise des savoirs d'hier, la société apprenante invite chacun à coopérer pour inventer des solutions créatives qui vont bénéficier demain au plus grand nombre. Comme le décrit bien *The Economist*, toujours plus d'universités se réinventent pour proposer à leurs étudiants de relever des défis[29].

Partons en Chine pour mieux comprendre.

Je m'y rends régulièrement depuis que nous avons ouvert, avec l'aide de Luping Xu, ancien du CRI, un centre inspiré de ce dernier avec l'université Tsinghua, qui fait partie du top 20 mondial. Implantée principalement à Pékin, elle a une antenne à Shenzhen au sein de laquelle nous avons créé Open Fiesta : *Open Faculty for open Innovation, open Education, open Science, open Technology and open Art* (Faculté ouverte pour l'innovation, l'éducation, la science, la technologie et l'art ouverts).

Shenzhen n'était qu'un modeste port de pêche il y a encore trente ans. Mais le gouvernement chinois, en raison de sa proximité avec Hong Kong, lui a conféré le statut de zone économique spéciale et, en quelques années, elle est devenue l'une des villes les plus innovantes au monde, tandis que sa population croissait de manière impressionnante pour atteindre, en 2016, 16 millions d'habitants.

Tsinghua n'a aucun problème d'attractivité. Ce serait même l'inverse : elle sélectionne chaque année 3 000 bacheliers sur les 3 millions que compte le pays. Mais ses responsables ont découvert que ces élèves triés sur le volet ne maîtrisaient que médiocrement les compétences du XXI^e^ siècle, notamment la créativité et la coopération. Ils ont alors testé les lycéens de l'équivalent de notre classe de première et observé qu'ils étaient bien meilleurs dans ces registres que ceux de terminale. Une année de bachotage suffit donc à éteindre la flamme – et ce bachotage est spécialement intensif, pour décrocher une bonne note au Gaokao (le baccalauréat chinois), véritable rituel national qui implique, pour certains élèves, 16 heures de travail quotidien et pour leurs familles des milliers de dollars dépensés en cours de soutien, comme l'a décrit un article publié en 2016 dans *Libération*[30].

Conclusion d'un des vice-présidents de Tsinghua : « Nous recrutons les meilleurs sur un critère – le Gaokao – dont on n'est pas certains qu'il soit le plus pertinent. Donc, en fait, on n'est pas certains d'avoir les meilleurs. On n'est même pas certains de les former au mieux après, puisqu'on est encore sur ce paradigme de la compétition, basée sur des disciplines où on sépare les problèmes. En plus, on s'appuie plus sur les savoirs d'hier que sur la créativité et la capacité à coopérer et à inventer autre chose. »

Comment rallumer la flamme ? Avec Open Fiesta, que nous avons créé avec Luping, brillant chercheur en physique, nano et biotechnologie. Le projet est de former des étudiants à relever des grands défis en utilisant l'*open science*, les sciences participatives, les technologies *open source* dont les Chinois sont friands. Les pédagogies sont innovantes et l'entrepreneuriat social encouragé.

Pourquoi un tel intérêt, en Chine comme ailleurs, pour l'*open innovation* ? Parce qu'elle rapporte ! Plusieurs études montrent que l'*open innovation* contribue plus à l'innovation dans les entreprises que les services dédiés de recherche et développement[31] .

D'où le succès d'une plateforme comme Kaggle[32], qui propose depuis 2010 aux entreprises de soumettre des défis aux internautes dans le domaine de la science des données (big data)[33]. General Electric, Tesco, Microsoft ou la NASA y ont eu recours, alors même que les résultats des recherches ainsi menées ne leur appartiennent pas (c'est une des conditions fixées par Kaggle : si le code source originel demeure confidentiel, la solution, elle, est rendue publique). Innocentive[34], créée par le groupe pharmaceutique Eli Lilly, propose le même type de service[35].

Et quand l'*open innovation* va de pair avec l'intelligence collective, c'est-à-dire quand on invite chaque participant à partager chacun de ses progrès, le résultat est spectaculairement meilleur que quand on se contente de soumettre un problème à des chercheurs isolés dans leur labo, comme l'a par exemple montré Karim R. Lakhani[36], de la Harvard Business School, à partir d'exemples en bio-informatique. Quelles que soient la taille et l'attractivité d'une organisation, publique comme privée, il y aura toujours plus de cerveaux à l'extérieur qu'à l'intérieur pour résoudre une question.

Ces espaces où l'intelligence collective peut se mobiliser sont de formidables lieux d'apprentissage. Richard Elmore, professeur à Harvard, différencie les lieux et les modes d'apprentissage selon deux axes centrés sur l'individu ou le collectif et hiérarchique ou libre. Dans son MOOC[37], que nous faisons traduire en français car je voudrais le rendre plus facilement accessible, on retrouve ainsi ces quadrants.

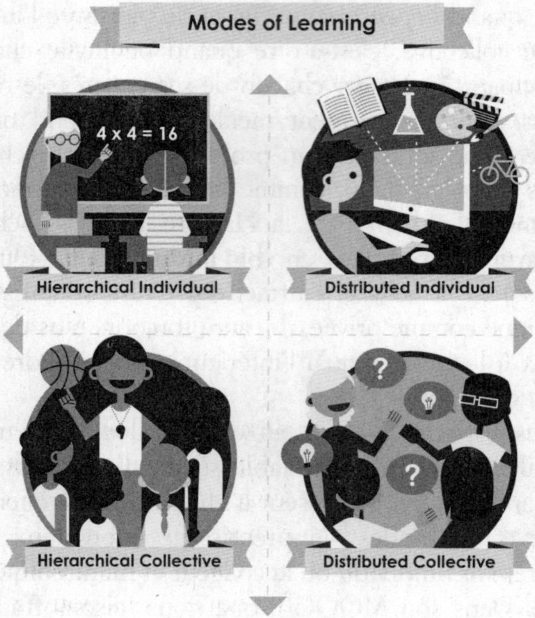


Dans le premier dessin, on observe des individus qui apprennent en fonction d'un programme et d'un système défini de manière hiérarchique, ce qui est le cas dans beaucoup de lieux d'éducation. Dans le deuxième, ce sont des collectifs qui apprennent, mais toujours selon des règles pensées par d'autres – c'est le cas dans des sports ou des exercices collectifs. Dans le troisième, les individus sont libres mais isolés : ce sont des autodidactes qui peuvent plus facilement aujourd'hui assouvir leur soif d'apprendre seul en ligne. Dans le quatrième, on voit des collectifs libres de s'auto-organiser. Ces derniers sont peut-être les moins connus. On y retrouve des individus qui souhaitent apprendre les uns des autres. Ils ont en général compris ce que Claire Heber Suffrin décrit très bien depuis des décennies quand elle parle des « réseaux d'échanges réciproques de savoirs » : « Personne ne sait tout, tout le monde sait quelque chose et donc on ne peut que gagner à échanger[38]. » Ces lieux de partage se développent toujours plus, *a fortiori* dans des communautés qui sont confrontées à des défis ou des opportunités inédites où il faut faire preuve d'innovation. Nous avons sans doute tous appris dans chacun de ces quadrants à un moment ou à un autre. Dans lesquels apprenons-nous le mieux ? Cela peut dépendre de chacun, des sujets et de la manière dont on organise chacun de ces lieux.

La philosophie *open* ne concerne pas seulement les idées ou le code informatique. Vous pouvez l'utiliser pour fabriquer des objets, comme dans les Fab Labs, ou pour créer du matériel. Le dispositif le plus célèbre s'appelle Arduino, « nom de l'entreprise qui développe, fabrique et commercialise des cartes électroniques ou microcontrôleurs, particulièrement simples et peu chers (20 euros environ) et qui sont les "cerveaux" indispensables à bien des bricolages[39] ». Chaque année est même organisé un Arduino Day qui, en 2017, a suscité l'organisation de 499 événements dans 78 pays. Mais au-delà de la simplicité d'usage et du faible coût de cette carte, comme le résume dans *Le Monde* Emmanuelle Roux, créatrice de plusieurs Fab Labs : « La vraie puissance d'Arduino, c'est sa communauté[40]. »

Le mariage innovation-éducation-science-technologie ouvertes que nous réalisons au CRI ou à Shenzhen serait moins innovant si nous n'y ajoutions pas les arts. Or, ma conviction est que les artistes peuvent eux aussi entrer dans cette logique et bénéficier de ce qui est fait dans les autres communautés, comme l'illustre la multiplication des lieux et événements qui réunissent arts et sciences ces dernières années. « Nous sommes dans une époque où des questions de genre, de relation de l'homme à l'animal ou encore de vie et de non-vie se posent avec acuité. Ces questions sont bien trop complexes pour être posées par une seule discipline. Les artistes, par exemple, questionnent depuis longtemps le genre, et c'est aux institutions de mettre en relation l'univers des artistes avec celui de la science, afin de leur permettre de dialoguer », expliquait en novembre 2017 dans *Le Monde* Jean-Baptiste Joly[41], directeur de l'Akademie Schloss Solitude en Allemagne.

Là encore, l'innovation est moins inédite qu'on pourrait le croire : jusqu'au XVII<sup>e</sup> siècle et à la naissance des académies, les disciplines du savoir n'étaient pas séparées : « La science et l'art étaient englobés dans la culture humaniste de la Renaissance et les personnalités de l'époque, comme Galilée ou Descartes, étaient formées aux arts et à la philosophie, sans compter Léonard de Vinci. Galilée, par exemple, pratiquait le dessin, ce qui contribua à faire de lui un fin observateur du ciel[42]. »

Dans le monde anglo-saxon, on voit se développer toujours plus de programmes *STEM to STEAM*. Jeu de mots qui invite à mettre plus de puissance (*steam*) dans les sciences, les technologies, l'ingénierie

(*Engineering*) et les mathématiques en introduisant les arts et la créativité dans les cursus.

On y crée des lieux où artistes et scientifiques peuvent résider ensemble comme le fait le MIT, qui héberge même des magiciens, tant la technologie peut s'inspirer de la magie et des arts et réciproquement. Si c'est d'abord une question de volonté de pionniers qui osent avec les moyens du bord, il est plus facile de permettre l'émergence de ce genre de choses avec des leaders visionnaires et un minimum de budget. L'aventure d'Open Fiesta à Shenzhen a été rendue possible par la présence, à la tête de Tsinghua, d'un président qui privilégiait les approches systémiques, Jining Chen. Sa préoccupation était alors de favoriser l'émergence d'un territoire apprenant, d'un lieu de réinvention des manières d'apprendre, de vivre ensemble et d'apprendre les uns des autres. Peu de temps après, il a été nommé ministre de l'Environnement et a pris des mesures qu'aucun ministre de l'Environnement n'avait pu imposer jusque-là à l'ensemble des lobbies puis, en 2017, il est devenu maire de Pékin où il souhaite créer un lieu emblématique, et ouvert à tous, des nouvelles manières d'apprendre.

## Tous chercheurs

Le questionnement, nous l'avons vu en évoquant Alison Gopnik, est très spontané chez l'enfant, avec un pic qui se situerait aux alentours de l'âge de 4 ans. Ainsi nous naissons tous chercheurs. Nous avons même vu que des enfants pouvaient publier des articles scientifiques pour peu qu'on les mette dans un contexte favorable. Mais nous ne sommes pas tous formés à la recherche par la suite, ni entourés de mentors bienveillants ou mis en présence de contextes favorables à l'expérimentation. Comment cultiver cette capacité naturelle, la préserver et l'approfondir ? Quelles méthodologies permettent d'affiner et d'approfondir notre capacité à formuler des questions ?

Ces enjeux sont absolument stratégiques dans un monde où, chaque jour, l'intelligence artificielle fournit toujours plus de réponses, et où le péril environnemental impose à notre espèce de remettre en cause ses modes de vie et d'organisation – ce qui inclut la manière dont on prend des décisions, individuellement et collectivement, ou dont des entités humaines ou artificielles prennent des décisions pour nous.

Si l'on compare notre époque à celle de Socrate, il est clair que nous avons bien plus de raisons de nous interroger : la cité athénienne devait relever bien des défis, mais la planète n'était pas en danger, et le statut de l'espèce n'était pas bousculé par les découvertes des NBIC ! Nous avons bien plus de raisons que la Grèce antique de nous poser des questions, d'accepter humblement que nous ne savons pas tout, d'admettre que nous évoluons dans un univers où l'incertitude l'emporte sur la certitude.

Que faire ? Apprendre à gérer les transitions, à décider dans un contexte incertain, à dire comme Socrate « je sais que je ne sais rien » – ce qui lui valait, en son temps, la réputation d'être un sage parmi les sages. Kant disait, lui, qu'« on mesure l'intelligence d'un individu à la quantité d'incertitudes qu'il est capable de supporter ». Il ne faut pas fuir l'incertitude, moins encore la nier, mais oser le questionnement et oser dire « je ne sais pas » quand on ne sait pas.

La capacité à douter, à questionner, n'est pas simple à assumer. Les certitudes sont souvent plus faciles à porter. Mais aussi tellement plus dangereuses si elles sont erronées. C'est ce qu'avait compris Socrate : mieux vaut accepter le questionnement et l'incertain que de tenir pour vraies des certitudes qui n'en sont pas. C'est ce que savent les chercheurs : leurs certitudes sont par nature provisoires. Elles ne valent que tant qu'une nouvelle certitude ne les a pas complétées ou remplacées. Cela ne les invalide pas forcément. Les lois physiques de Newton sont toujours valables, même si Einstein a depuis contribué à montrer qu'on pouvait aller bien au-delà. Elles suffisent même à décrire l'essentiel de ce qu'on peut vivre à notre échelle. Il n'empêche : elles ne suffisent pas.

D'ailleurs, si l'on prend le temps de réfléchir à celles et ceux qui tentent de nous imposer leurs certitudes comme étant absolues et non provisoires, on s'aperçoit vite que ce ne sont pas forcément des gens qui veulent notre bien. Dans la plupart des cas, ils cherchent même plutôt à prendre le contrôle de notre cerveau, pour nous faire consommer ou nous soumettre, quand ce n'est pas, comme dans les régimes totalitaires, pour nous entraîner dans des formes d'extrémisme mortifère pour ceux qui « ne pensent pas » ou « ne sont pas » comme eux.

Est-il raisonnable, dans ce contexte, de continuer à mettre en compétition et donc évaluer les élèves et les étudiants pour l'essentiel sur leur capacité à répondre à des questions sur les savoirs d'hier ? Je ne le crois pas. Mémoriser et calculer, qui sont deux des dimensions au cœur de nos évaluations des apprentissages aujourd'hui, sont bien mieux effectués par les machines. Il serait plus raisonnable et porteur d'avenir d'évaluer la prochaine génération aussi sur ses capacités à formuler des questions et à inventer de nouvelles approches. Aujourd'hui, cela n'intervient qu'en toute fin de cursus, pour ceux qui atteignent le niveau master (bac + 5), voire le doctorat. Une question qui devrait sous-tendre toute politique éducative au XXI^e^ siècle est bien celle-ci : comment faire en sorte que chacun soit capable de se rendre compte qu'il n'y a pas forcément de réponses définitives à de bonnes questions ?

Une bonne façon de l'apprendre consiste à considérer un même problème sous plusieurs angles ou à inviter les élèves ou les étudiants à dire d'une question si elle est scientifique ou pas.

Qu'est-ce qu'une question scientifique ? Une question à laquelle on espère avoir une réponse un jour. Comment le savoir ? En définissant une méthodologie qui peut nous aider à avoir une réponse. Pour cela, on s'appuie sur des corpus théoriques ou des systèmes expérimentaux. Cette approche ne vaut pas seulement pour le monde physique. Une question métaphysique comme « Dieu existe-t-il ? » peut être abordée sous cet angle. En tant que telle, les scientifiques ne savent pas y répondre aujourd'hui. Mais ils savent poser plein de questions autour de cette question : pourquoi est-ce que l'homme croit en Dieu ? Depuis quand ? Comment passe-t-on, dans certaines cultures et religions, d'une pluralité de dieux à un seul Dieu ? Ces croyances sont-elles universelles ? Comment le droit évolue-t-il selon qu'une société, à un moment donné, croit en Dieu ou pas ? Est-ce que celles et ceux qui croient en Dieu s'en portent mieux ? Moins bien ? Le questionnement est infini, et c'est d'ailleurs ainsi que progresse la science : en posant toujours « la » question de plus, celle à laquelle on ne sait pas encore répondre. En somme, même à une question qui n'est pas scientifique, le questionnement scientifique peut éventuellement apporter des éléments de réponse, partiels et transitoires, mais qui permettent d'avancer dans la connaissance, à tous les âges.

On pourrait ainsi, comme le fait *Escuela Nueva*, à l'appui de programmes revisités en ce sens, imaginer des antimanuels scolaires qui, au lieu d'essayer de formuler des morceaux de vérité, s'attacheraient à décrire si ce n'est les meilleures en tout cas les très bonnes questions qui ont pu être posées, ou qui peuvent être posées aujourd'hui, sur tel ou tel sujet. Ce serait une des manières d'amener les élèves à aller vers des questionnements ouverts comme les questionnements philosophiques – qu'est-ce que le beau ? qu'est-ce que le vrai ? qu'est-ce que le juste ? – où les réponses sont par essence ouvertes. Ils comprendraient aussi qu'il y a différents types de questions (philosophiques, scientifiques, existentielles, personnelles…).

## Professeur mentor

Une telle évolution ne s'entend qu'accompagnée par une robuste réforme de la formation initiale et continue des enseignants, afin que ces derniers voient l'intérêt d'adopter une posture de mentor, comme le personnage homonyme de l'*Odyssée*, qui accompagne Télémaque et sous les traits duquel se cache en fait Athéna, déesse de la Sagesse et de la Science.

Le professeur « mentor » ou « tuteur » n'est pas un animateur ignorant. C'est bien un professionnel qui a acquis un haut niveau de maîtrise scientifique mais qui, en plus, s'attache à guider de manière stimulante, bienveillante, et sans prétendre savoir plus qu'il ne sait. C'est, par exemple, l'attitude des enseignants finlandais qu'on voit dans le film *Demain*[43]. Et vous savez que l'école finlandaise obtient parmi les meilleurs résultats au monde[44], ce qui tend à démontrer que le mentorat n'entrave pas le sérieux des apprentissages.

Ce mode de fonctionnement implique également – nous l'avons déjà mentionné – une réinvention complète des modes de « management » du système éducatif, aujourd'hui assuré par des chefs d'établissement qui n'ont aucun pouvoir pédagogique direct, et par des inspecteurs dont le nom souligne trop la mission de contrôle plutôt que celle d'accompagnement.

Les enseignants ne sont pas les seuls professionnels qui, dans une société apprenante, peuvent réfléchir sur leur pratique et l'améliorer collectivement. En fait, cela vaut dans tout type d'organisation. Les entreprises commencent à le comprendre. Comme le décrit très bien l'ancien consultant de McKinsey Frédéric Laloux dans son livre *Reinventing Organizations*[45] ou dans une conférence filmée au Québec[46], la tendance naturelle des entreprises désireuses d'accroître leur efficacité a longtemps été de multiplier les couches de contrôle. Cela s'expliquait au XIXe siècle. L'information avait du mal à circuler, et la meilleure façon d'assurer la coordination aux différents niveaux d'une chaîne de production était de créer des nœuds de centralisation. Notons au passage que les administrations, dont celle de l'Éducation nationale, se sont construites selon le même principe. Le résultat de cette tendance a été d'empiler les couches hiérarchiques, d'augmenter les coûts de management et, ce faisant, la masse salariale. L'information remontait de la base au sommet, ce dernier décidait et faisait redescendre les instructions, dont les échelons intermédiaires s'assuraient de la bonne exécution.

Tant que le monde évoluait relativement lentement, cette organisation a porté ses fruits. Elle a notamment permis à des pays comme la France ou l'Angleterre de constituer de considérables empires coloniaux. Vous la retrouvez, aujourd'hui encore, dans des organisations bâties à l'heure où l'information voyageait lentement, à dos de cheval ou dans des bateaux à vapeur.

Dans un monde où l'information circule beaucoup plus vite et où les changements, les évolutions, les besoins, augmentent sans cesse, ce mode d'organisation est peu satisfaisant. On peut le comparer avec le fonctionnement du vivant. Certaines décisions vont remonter jusqu'à votre cerveau, d'autres seront prises directement au niveau de votre moelle épinière pour que vous puissiez réagir plus rapidement. C'est le principe du réflexe : quand on se brûle, on réagit immédiatement, sans attendre les instructions du cerveau. Cela vaut aussi pour des organisations comme celle de la fourmilière : chaque fourmi prend ses décisions de façon autonome, influencée par son génome, lui-même fruit de l'évolution. Le même genre de questions se pose dans toutes les organisations. Il renvoie à la notion d'autonomie : dans quelles circonstances un acteur est-il autorisé, voire encouragé, à prendre une décision seul ? Dans quelles autres est-il préférable qu'il fasse « remonter » l'information ?

Le développement d'Internet, du courrier électronique, de messageries instantanées et des réseaux sociaux a complètement changé la donne. Les flux ne sont plus seulement verticaux mais horizontaux, et on peut appartenir, en temps réel et à échelle mondiale, à un nombre potentiellement infini de sphères d'information ou de décision.

Frédéric Laloux a tenté de modéliser les « organisations réinventées », celles qui sont passées du vertical à l'horizontal, et de les positionner dans le temps, en attribuant un code couleur à chacune.

Comme l'explique Annie Kahn dans *Le Monde*, sa « méthodologie remplace l'organisation pyramidale classique, par un système de décision collective, prise au sein d'équipes de taille réduite, selon des modalités néanmoins codifiées » afin d'éviter l'écueil de l'organisation en apparence « a-hiérarchique », « soi-disant consensuelle » mais en fait « bien souvent lourde et inefficace » où « les jeux de pouvoir se déchaînent en coulisses[47] ».

On parle en biologie d'« évolvabilité » pour décrire la capacité d'un organisme non seulement à s'adapter en permanence à un environnement changeant, à transmettre cette capacité, mais aussi et surtout à transmettre les mécanismes qui ont permis de s'adapter. On le met par exemple en évidence en observant la résistance des bactéries aux antibiotiques, dont j'ai déjà parlé.

## Faire des « erreurs » pour survivre

Le cœur de la thèse de Frédéric Laloux consiste à dire que si tout le monde comprend de la même façon la mission globale de l'organisation à laquelle il appartient, chacun des acteurs saura agir de manière idoine, au niveau local, et ne fera remonter l'information qu'en cas de réel problème, ce qui évite une énorme partie des lourdeurs. Cela ne fonctionne que dans les organisations au sein desquelles les individus ne sont pas considérés comme des rouages, mais comme des êtres humains à part entière. Par exemple, on évitera d'y organiser des réunions tardives, afin que vous puissiez voir vos enfants, ou on y organisera un jour de visite des familles pour intégrer vies professionnelle et familiale… Bref, on vous manifestera concrètement la reconnaissance du fait que, pour l'organisation, vous ne vous réduisez pas à votre statut de salarié.

C'est, par exemple, ce que fait Dominique Pon dans la plus importante clinique privée de France – la clinique Pasteur, à Toulouse. Les bénéfices y sont réinvestis dans la recherche et le développement, et des participations financières sont reversées aux personnels. Le secret ? Dominique Pon l'a confié à *La Dépêche* en mai 2017 : « Miser sur l'humain ce n'est pas seulement accorder un 13^e^ mois de salaire. C'est aussi s'engager sur le bien-être au travail, profitable pour les équipes et aussi pour les patients : nous avons 8 infirmiers pour 15 patients, soit 4 fois plus que dans les autres établissements. Depuis 2015, la clinique accueille un incubateur de start-up, Hi-lab. Elle développe un "espace patients" numérique, ou encore un système de sécurisation de l'administration de médicaments, grâce à une application smartphone. Les proches des patients peuvent savoir en temps réel où se trouve le malade, s'il est entré ou sorti du bloc opératoire, etc. Dès que l'on peut "humaniser" les choses, on le fait[48]. » Prendre soin des patients et des soignants, cela devrait aller de soi mais c'est devenu difficile dans des organisations trop contraintes par l'histoire et les logiques administratives et financières. Plus un métier comporte de tâches qui peuvent être vécues comme dégradantes, plus cette attention à l'humain est indispensable.

## Cadres de liberté évolutifs et féconds (CLEF)

Ce que Frédéric Laloux montre au niveau des entreprises, l'OCDE le montre au niveau des États. Elle établit une forte corrélation positive entre sentiment de reconnaissance, bonheur au travail et bien-être général[49]. Les pays qui créent des Cadres de liberté évolutifs et féconds contribuent à créer du gagnant-gagnant sur différents niveaux : le plaisir de l'individu, l'efficience de l'organisation, le niveau du service qu'elle rend et le niveau de la confiance que la société peut avoir.

Comment passer de l'expérience locale réussie à d'autres ? Comment faire en sorte que la politique conduite dans une clinique toulousaine profite à d'autres ? Et pourquoi l'expérience menée en milieu médical n'inspirerait-elle pas, sur certains aspects, des expériences dans d'autres milieux – éducatif par exemple ? C'est tout l'objet des organisations apprenantes. Le numérique permet que chacune de ces organisations puisse apprendre des autres par le partage. Il arrive même que des entreprises étant en compétition les unes avec les autres cherchent ensemble des solutions nécessaires pour que tout leur secteur avance et s'adapte à tel défi.

Dans le monde d'hier, seule une petite élite formée avait accès aux données et prenait des décisions. Nous avons la chance de bénéficier aujourd'hui de tous les outils qui permettent au plus grand nombre de contribuer au mieux-être collectif. Plus on formera de gens en ce sens, plus on sera nombreux à chercher des solutions, plus on peut espérer que les problèmes diminuent les uns après les autres, *a fortiori* si on documente les solutions qu'on a trouvées, si on les affine, si on les partage.

## Apprendre à se questionner en tant qu'individu, apprendre à se questionner en tant que collectif

Ce que nous avons dit des individus, de leur capacité à apprendre et, comme les bactéries, à « apprendre à apprendre », nous pouvons aussi le dire des collectifs auxquels nous appartenons – la famille, le territoire, les organisations, les pays, les continents… Tous ces collectifs peuvent être invités à être les plus apprenants possible, et je pense que c'est une aspiration largement partagée – peu de collectifs semblent complètement satisfaits de la manière dont ils fonctionnent.

Si vous êtes attentif à votre environnement, il n'est pas impossible que vous ayez déjà vu les traces, dans votre territoire, de l'émergence de cette société apprenante. Partout dans le monde émergent des « tiers lieux », traduction littérale de l'expression *third place*, popularisée dès la fin des années 1980 par le sociologue américain Ray Oldenburg[50]. Il s'agit de lieux où se nouent des relations sociales et où l'on apprend et qui ne sont ni le domicile ni, selon les âges, l'école ou le lieu de travail.

Les bibliothèques et, surtout, les cafés, furent par excellence le tiers lieu du XIX^e et du XX^e siècle, avant que chacun puisse accéder à une bibliothèque mondiale sur Internet. Aujourd'hui, ils sont incarnés par ce que les Anglo-Saxons appellent les *maker spaces*, dont j'ai déjà évoqué l'expression la plus connue : le Fab Lab. Dans sa forme idéale, il est ouvert à l'ensemble de la communauté, et tout ce qui est appris ou réalisé en son sein est documenté afin que les usagers suivants puissent en profiter – « *Makerspace, hackerspace, hacklab* sont des appellations qui renvoient à des réalités voisines (mise à disposition de matériel, fonctionnement sur un principe de communauté de pratiques, éthique valorisant la liberté d'accès, la collaboration, l'autonomie, la solidarité) » indique David Vallat[51].

Ces tiers lieux organisent aussi des sessions au cours desquelles tout le monde est explicitement invité à réaliser un projet commun ou à résoudre un défi, souvent lié au territoire. Ce sont, par essence, des incubateurs démocratiques : vous y sortez de vos cercles de relation, de référence et d'influence habituels – famille, école, entreprise, institution… Les sujets qui y sont abordés collectivement touchent à la citoyenneté : vous participez à la résolution de problèmes qui peuvent toucher un de vos cercles de relation mais ne s'y limitent pas. Et ils invitent naturellement à sortir des frontières disciplinaires, puisqu'ils ne sont pas cloisonnés, comme peuvent trop souvent l'être les universités si elles n'y prennent garde.

Ces tiers lieux sont l'endroit d'expression par excellence de la société apprenante, son incarnation la plus évidente sur un territoire, le lieu où les colibris porteurs de petites gouttes d'eau qui, seuls, ne peuvent éteindre l'incendie, rencontrent d'autres colibris qui ensemble mettent en place de nouvelles stratégies plus efficaces. Surtout ces tiers lieux peuvent aussi devenir des pépinières d'associations, d'innovation pédagogique, de projets territoriaux…

Il existe en France des centaines de ces lieux, des milliers dans le monde. Certains sont déjà des espaces de réinvention remarquables et remarqués, comme le Woelab créé à Lomé en 2012 par l'architecte Sénamé Koffé Agbodjinou, dont la réalisation la plus médiatique fut une imprimante 3D fabriquée à partir des déchets électroniques que l'Europe envoie en Afrique.

*Afate Gnikou cherche des composants pour l'imprimante 3D*[52].

Mais le véritable objectif du Woelab est ailleurs, comme l'explique son fondateur : « Tout ce qu'on fait ici est porté par un projet urbain qui s'appelle HubCité. Notre postulat, c'est qu'aujourd'hui la start-up est le meilleur moyen de changer le visage de nos villes, plus rapidement que pourrait le faire un urbaniste[53]. » Woelab fonctionne donc de la manière la plus ouverte possible, et la technologie n'est qu'un élément du projet parmi d'autres : « Nous sommes un lieu ouvert où chacun peut réaliser son potentiel. Vous y trouvez beaucoup de technologie, comme dans tous les "tech hubs", mais nous avons aussi recyclé des concepts issus des sociétés traditionnelles. Par exemple, l'enclos d'initiation, qui est ce lieu dans la culture villageoise où l'on regroupe les jeunes pour les initier. Nous essayons de créer une communauté ouverte. Nous avons des menuisiers, des couturières, on a eu un sans-abri… C'est vraiment une sociologie à laquelle on n'est pas habitué dans ce type d'espace[54]. » On peut créer des tiers lieux pratiquement à toutes les échelles et dans tous les environnements pour répondre à un défi particulier.

En Lorraine, à Sarreguemines, le FabUlis est un Fab Lab qui s'adresse aux enfants handicapés – ULIS vient du nom des structures qui leur sont dédiées dans les établissements d'enseignement secondaire, les Unités localisées pour l'inclusion scolaire. Le FabUlis est implanté depuis 2014 au lycée Henri-Nominé. Initialement, il n'accueillait que les élèves en situation de handicap. Aujourd'hui, il accueille leurs camarades de BTS, BAC Pro, CAP et même de terminale scientifique…

C'est ce que ses promoteurs appellent « l'inclusion inversée » : au lieu d'intégrer les handicapés dans des espaces réservés aux valides, il invite les valides dans un espace d'abord pensé pour les handicapés.

« À l'occasion de l'inauguration de ce FabUlis, début novembre 2014, les élèves d'ULIS Pro, ayant des troubles des fonctions cognitives, avaient déjà réussi à réaliser, en deux mois de classe, un montage vidéo présentant ULIS Pro à leurs camarades, mais aussi à leurs parents et aux personnes venues découvrir ce dispositif[55] », expliquent Baptiste Melgarejo et Alexandre Benassar, ses cofondateurs. Ils constatent que « le regard sur le handicap a changé au sein de l'établissement. Certains enseignants ont modifié leurs pratiques pédagogiques et viennent régulièrement travailler au FabUlis. D'autres "échangent" simplement leurs élèves avec ceux du dispositif ULIS Pro, pendant leurs heures de cours, afin de faire réaliser des projets à leurs élèves au sein du FabUlis et d'inclure les élèves à besoins particuliers dans leurs séances de cours[56]. »

Comment un tel équipement, qui a nécessité un investissement de départ de seulement 40 000 euros, peut-il modifier le fonctionnement d'un territoire ? En étant ouvert à tous, comme le recommande la charte des Fab Labs élaborée par le MIT[57]. Un entrepreneur local ne dispose pas du matériel de découpe laser ou d'impression 3D dont il a besoin pour prototyper une innovation ? Il pourra librement venir utiliser celui du Fab Lab, le cas échéant se faire aider par les jeunes et, qui sait, en recruter certains pour un stage ou même un emploi. On crée une dynamique. D'abord au sein de l'établissement, puis dans le quartier. Progressivement, cette énergie libérée peut se muer en dynamique territoriale : d'autres acteurs en entendront parler, viendront voir ce qui se passe, contribueront à la naissance d'un écosystème autour de ce que les physiciens appellent un « point de nucléation » – l'endroit où des atomes commencent à cristalliser. Ce sont des dynamiques autocatalytiques et exponentielles.

Nous avons ainsi travaillé avec le FabUlis dans le cadre d'un programme des Savanturiers baptisé Les Savanturiers du cerveau. L'objectif était d'initier au fonctionnement des neurones et de faire découvrir les principes de la plasticité cérébrale, cette capacité des neurones à réarranger leurs connexions pour trouver des solutions alternatives ; elle est à la base des apprentissages. Les enfants ont compris au passage que le manque de sommeil, le stress, la consommation d'alcool ou de stupéfiants affectaient négativement le fonctionnement du cerveau. À la fin de l'année, ils ont tenu à donner une conférence à leurs camarades pour leur expliquer que leur cerveau était peut-être une des choses les plus précieuses qu'ils possédaient, et qu'ils devaient tous en prendre soin.

Cet exemple illustre à merveille la formidable dynamique encore souterraine de « l'apprendre » au XXI^e^ siècle. Les Savanturiers, dont je vous ai parlé, ont été créés dans l'orbite du CRI à Paris. L'inclusion inversée développée au FabUlis s'inspire de principes pédagogiques formulés dès le début du XX^e^ siècle aux États-Unis par John Dewey autour du *learning by doing* (apprendre en faisant)[58]. Les Fab Labs ont été inventés à Boston par Gershenfeld. Le FabUlis a été lancé grâce à l'énergie de deux enseignants lorrains qui plaçaient au-dessus de tout le bien-être de leurs élèves. Grâce au numérique, toutes ces initiatives peuvent converger, se mettre en réseau.

## Vers une fête de l'apprendre

Des tiers lieux plus éphémères peuvent contribuer à catalyser les énergies. La fête de la musique réunit déjà des centaines de milliers de musiciens de par le monde. La Semaine du goût permet de célébrer le « bien manger » depuis 1989, de la maternelle à l'université. Pourquoi ne pas organiser une « fête de l'apprendre » ? Il en existe déjà de nombreuses versions à travers le monde, généralistes ou ciblées sur un public particulier. À Singapour, le Lifelong Learning Festival dure un mois et célèbre le plaisir d'apprendre (#lovelearning)[59]. Aux Pays-Bas, en septembre, le festival Van het Leren (Festival de l'apprentissage) cible particulièrement les seniors, les minorités, les demandeurs d'emploi, les handicapés et les non-diplômés[60]. L'Australie a son Sydney Learning Festival pour les 4-8 ans[61]. Le Denmark's Learning Festival fédère 8 000 acteurs du monde de l'éducation et de la formation[62].

Prenons l'exemple de Singapour. Quatre thèmes avaient été retenus en 2017 : apprendre pour un futur numérique, apprendre ensemble, apprendre en bricolant et avec les technologies, apprendre tout au long de la vie. Tous les lieux d'apprentissage étaient invités à s'ouvrir pour montrer ce qu'ils faisaient. Or, potentiellement, tout lieu est un lieu d'apprentissage. Un boulanger peut ouvrir son fournil, une banque sa salle des marchés, un hôpital un de ses services ou laboratoire de recherche… À Singapour, cette fête est familiale et intergénérationnelle. Ce qui permet à la fois de faire vivre la ville comme territoire apprenant, et d'incarner le fait qu'on apprend à tous les âges.

Que ce soit en France ou à l'étranger, les initiatives existent donc. Ce qui manque encore, cruellement, ce sont des instances qui permettent de documenter toute cette effervescence, de relier les différentes initiatives, de permettre à d'autres enseignants, ailleurs qu'en Lorraine, dans d'autres municipalités, de dupliquer un dispositif comme le FabUlis sans repartir de zéro. Il faut créer des dispositifs qui permettent non seulement l'émergence de projets de ce genre, mais aussi qui leur donnent de la visibilité, facilitent leur compréhension, offrent à d'autres la possibilité de se les approprier, d'adapter la démarche à leurs spécificités locales. Nous observons jusque-là un état d'esprit. Il faut en faire une culture qui permette à cette révolution de sortir du cercle des initiés.

C'était le but de l'initiative portée par le programme La France s'engage. L'idée avait été proposée par Martin Hirsch, qui venait de publier un beau livre sur la notion d'engagement[63], et de créer l'Institut du service civique – devenu, depuis, Institut de l'engagement. Plutôt que d'édifier un monument physique comme le firent ses prédécesseurs, Martin Hirsch a suggéré à François Hollande d'initier une dynamique sociétale, de lancer un « chantier immatériel ». Le principe était simple : tous les six mois, 15 associations porteuses de projets innovants et contribuant au vivre ensemble étaient sélectionnées. Des financements pouvaient être apportés, mais les deux principaux leviers de changement étaient ailleurs : d'une part accélérer les procédures administratives qui pouvaient entraver l'action de ces associations ; d'autre part, les mettre en réseau afin qu'elles partagent leurs expériences. L'objectif était de permettre à ces projets de grandir plus vite, un peu comme des start-up – c'est ce qu'on appelle le « passage à l'échelle ». Lancé en 2014, le projet est devenu une fondation quand François Hollande a quitté l'Élysée. À ce jour, il a permis la création de 300 emplois et touché via ces projets 3 millions de personnes.

Un des bénéfices collatéraux de ce type de dispositif consiste à mobiliser les énergies pendant un temps donné sur un certain type de problème (ici, les questions sociales et citoyennes). Cela peut également se faire en intéressant les parties prenantes avec des prix. En 1919, l'hôtelier français Raymond Orteig a annoncé qu'il offrirait 25 000 dollars au premier qui serait capable de relier par les airs New York et Paris sans escale. Huit ans plus tard, Charles Lindbergh réussissait l'exploit à bord du *Spirit of St. Louis* et empochait la récompense. Mais dans l'intervalle, 400 000 dollars avaient été investis dans la recherche aéronautique par les neuf équipes qui avaient relevé le challenge. Ce dispositif a été repris par le Gréco-Américain Peter Diamandis, entrepreneur à succès, avec les X-Prize. Il promit en 1996 la somme de 10 millions de dollars à la première équipe qui bâtirait un vaisseau spatial capable d'emmener trois personnes à 100 kilomètres de la Terre, deux fois en deux semaines. Ne possédant pas la totalité de cette somme, la fondation X-Prize s'était assurée auprès d'une assurance contre le risque que certains réussiraient à relever le défi un peu fou qu'elle avait lancé. Huit ans plus tard, une équipe de Mojave Aerospace Ventures y parvint. Mais là aussi, l'investissement global fut bien plus important : les 26 équipes de 7 pays engagés dans le défi ont, au total, dépensé plus de 100 millions de dollars ! Plusieurs autres défis ont été lancés depuis par la fondation X-Prize, dont un sur l'éducation, qui est en cours, et dont l'objectif est de concevoir des outils d'apprentissage autonomes pour donner accès à l'éducation aux enfants vivant dans des pays où le système éducatif est incapable de faire face aux besoins de générations croissantes d'enfants (les cinq finalistes, désignés en 2017, ont reçu un million de dollars chacun pour prototyper leur idée)[64]. De telles initiatives pourraient être déclinées en France et partout dans le monde pour relever toujours plus de défis de notre temps.

### Travailler sur les transitions pour affronter la transition

Les tiers lieux offrent encore une autre vertu : ils pourraient être le lieu où l'on travaille, collectivement, sur les changements systémiques, sur les transitions, qu'elles soient sociétales ou entre institutions cloisonnées. Dans la plupart des sociétés, les interfaces entre institutions sont inexistantes ou inefficaces. Il suffit pourtant de peu, parfois, pour changer la vie. Il existe à Rennes un « bureau des temps » qui a été chargé de réfléchir notamment aux questions de mobilité. Il a été découvert qu'un simple étalement des horaires de début des cours sur le campus Villejean de l'université permettait de désengorger le métro le matin. Il a suffi de retarder de quinze minutes le début des cours des étudiants en première et deuxième année pour résoudre le problème à l'échelle de toute la ville[65] ! Il fallait ici gérer la transition entre le transporteur, Keolis, et l'université.

Mais pour un exemple vertueux, combien d'exemples de dysfonctionnements, et pas seulement dans le domaine des transports ?

Ce défi est majeur dans un monde où un nombre croissant d'aspects de nos vies sont pilotés par des algorithmes qui nous réduisent à des données désincarnées qu'il faut « traiter » de la manière la plus rationnelle possible. Plus ces algorithmes vont nous envahir – et ne doutez pas que cela ne fait que commencer –, plus nous aurons besoin de lieux pour affirmer que l'individu n'est pas une donnée, un rouage impersonnel, mais un être multidimensionnel qui a voix au chapitre.

Apprendre en tous lieux, donc.

Apprendre, aussi, à tous les âges.

Nous avons déjà longuement parlé de l'âge scolaire et, à travers la notion de société apprenante, de l'âge adulte. Deux périodes restent généralement totalement hors des préoccupations politiques : le préscolaire et le postprofessionnel.

Le préscolaire – la petite enfance – est absolument déterminant. Je vous ai déjà parlé d'Alison Gopnik, cette chercheuse qui s'est intéressée à la manière dont les bébés pensent. La psychologie n'est pas la seule science à affirmer qu'il est indispensable d'investir dans l'éducation le plus tôt possible. L'économie le prouve aussi, notamment grâce aux travaux du Prix Nobel James Heckman autour de l'évaluation d'un projet pilote mené dans le Colorado, le Perry Preschool Program. Il consiste à investir massivement dans la prise en charge des enfants issus de milieux défavorisés, dès leur naissance. Heckman a démontré que le retour sur investissement était de 7 % à 10 % par an – 100 dollars investis en rapportent entre 107 et 110 à la collectivité, à la fois en économies (moins de frais de santé, de programmes de remédiation, de frais de justice…) et en bénéfices directs (une meilleure formation confère une meilleure employabilité, un meilleur développement de carrière, plus de capacité à contribuer à la société via les impôts, par exemple)[66]. Les coûts à court terme sont donc sans commune mesure avec les bénéfices à moyen et long terme. Il faut pouvoir faire l'investissement initial, c'est par exemple l'objectif des contrats à impact social qui se développent toujours plus.

Je ne mésestime pas la difficulté de la tâche pour faire évoluer les choses. Rien que sur la petite enfance, les questions à traiter relèvent de nombreuses disciplines scientifiques (pédiatrie, psychologie…), qui fonctionnent de manière étanche, et d'institutions tout aussi diverses et cloisonnées (santé, affaires sociales…). De plus l'accueil des petits est extrêmement hétérogène et atomisé (famille, crèche parentale, crèche municipale, etc.). Il faut aussi articuler ces institutions formelles avec des institutions informelles, à commencer par la famille, premier lieu de l'éducation du petit enfant.

Qui, par exemple, informe les parents, et comment, que les études internationales démontrent que le fait de lire des histoires à ses enfants est un des meilleurs prédicteurs de la réussite scolaire future ? Si les parents ne savent pas lire, ou pas assez bien, qui prend le relais ? Qui leur explique que les écrans en général et la télévision en particulier ne sont les alliés des apprentissages qu'à condition que leur fréquentation soit encadrée et ciblée sur des programmes ou des applications dédiées ? qu'il existe des risques d'addiction non seulement aux drogues mais aussi aux réseaux sociaux ou aux jeux ? que le sommeil est essentiel aux apprentissages mais qu'il est perturbé par l'utilisation des écrans ?

Alors même que les gains les plus spectaculaires, en matière d'apprentissage, concernent la petite enfance, c'est le terrain sur lequel l'action publique est sans doute la plus éclatée, la moins organisée. Les crèches, par exemple, pourraient constituer le plus formidable laboratoire de recherche participative sur la petite enfance et contribuer à former un territoire apprenant centré sur l'enfant, avec passation d'informations entre la Protection maternelle infantile, la crèche, la maternelle, éventuellement des associations locales qui peuvent accompagner telle ou telle population et, évidemment, les familles. Nous avons décidé de lancer au CRI un parents & baby lab, un tiers lieu ouvert pour ébaucher de nouvelles politiques, afin de permettre aux parents et aux futurs parents de contribuer à faire progresser les connaissances et les technologies sur ces sujets.

La période de la retraite est également négligée, alors même qu'elle peut aujourd'hui durer aussi longtemps que les années d'exercice professionnel. Or, comme le rappellent Serge Guérin et Pierre-Henri Tavoillot dans *La guerre des générations n'aura pas lieu*[67], les retraités « font tourner la machine citoyenne » : ils sont majoritaires dans les associations, représentent un tiers des maires des communes françaises, et 4 millions d'entre eux aident de plus âgés qu'eux. Nos sociétés investissent-elles suffisamment dans la formation et l'accompagnement des professionnels de la petite enfance et des troisième et quatrième âges ? À l'évidence, non. Mais elles profitent encore moins de ce que les plus âgés pourraient transmettre. Les maisons de retraite ou les unités de soins palliatifs pourraient elles aussi constituer de formidables lieux de recherche.

Au profit, d'abord, de ceux qui y vivent. Les études menées dans ce genre d'environnement montrent que la notion de qualité de vie est en fait beaucoup plus subjective que ce qu'on peut imaginer quand on est bien portant. Une des définitions qui semble fonctionner le mieux, quand on discute avec ces patients, articule ce que l'on rêve et ce que l'on peut faire. Si l'on sait ajuster ses attentes et que l'on profite encore d'une bonne qualité de relation, on peut avoir une vraie qualité de vie dans ces moments, même en étant physiquement très diminué.

Ce partage d'expériences peut profiter à tous. Celles et ceux qui accompagnent les personnes en fin de vie disent qu'elles évoquent peu ce qui semble préoccuper la plupart d'entre nous à d'autres âges de la vie. Ainsi ces personnes ne parlent pas d'argent ni de relations de pouvoir. Elles parlent plus d'amour, de valeurs, de relation à l'autre, voire de questions spirituelles. Comment conserve-t-on la mémoire de ces personnes ? Que met-on en place pour leur permettre de transmettre leurs idées, leurs valeurs, leurs histoires, leurs émotions ? Si, en fin de vie, ce qui compte le plus n'est pas ce après quoi la société nous pousse à courir tout au long des études et de la vie active, ne serait-il pas raisonnable d'y prêter attention avant d'arriver au terme du voyage ?

Le psychologue américain John Izzo a documenté cette sagesse des anciens. Avec des collègues, il a demandé à des dizaines de personnes de désigner quelqu'un de leur entourage qui, selon elles, était plus sage que la plupart. Il a ainsi identifié 200 individus, âgés de 60 à 106 ans, chacun d'entre eux lui ayant été décrit par des amis et des connaissances comme étant « la seule personne de leur entourage qui avait trouvé le bonheur et le sens de la vie ». Le panel comporte aussi bien un barbier de village qu'un survivant de l'Holocauste, un chef aborigène qu'un patron d'entreprise. À ces 200 personnes, qui cumulent 18 000 années d'expérience de vie, il a posé les mêmes questions : « Qu'est-ce qui vous a apporté la plus grande joie ? Qu'est-ce qui compte et qu'est-ce qui est sans importance ? » Il a tiré un livre de leurs réponses : *Ce qu'il faut savoir avant de mourir*[68], dans lequel il distingue cinq traits communs aux expériences recueillies : être honnête avec soi-même, ne pas avoir de regrets, devenir amour, vivre l'instant et donner plus qu'on ne reçoit.

Dans le même ordre d'idée, les Japonais, eux, ont développé le concept de l'*ikigai*. Il postule que la « joie de vivre » ou la « raison d'être » de chacun se situe au point d'intersection entre ce que l'on aime, ce que l'on sait ou peut apprendre, ce pour quoi on peut trouver des ressources, y compris un salaire, et ce dont le monde a besoin.

S'interroger sur ces sujets permet de mieux trouver ses passion, mission, vocation et profession. Se questionner sur ces sujets peut se faire à titre individuel ou collectif, pour soi ou pour son organisation, voire pour la société dans laquelle on évolue. Il est possible de mener ce questionnement à tout âge ou d'aider les plus jeunes à le faire quand ils s'interrogent par exemple sur leur orientation. Dans les sociétés traditionnelles, les anciens détenaient ce rôle de transmission des valeurs de compassion, d'accompagnement, de sagesse, de respect de la nature. Elle était facilitée par le fait que la cellule familiale constituait aussi une unité de vie, à tous les âges. Nos sociétés ne sont plus organisées pour nous permettre d'apprendre les uns des autres, quels que soient nos âges.

Certains, comme Mary Gordon, ont compris l'importance d'une école de la compassion, où on apprend à prendre soin de soi, des autres et de la planète. Elle le fait en invitant de jeunes parents à venir avec leur tout-petit dans des établissements scolaires où les ados vont devoir apprendre, au côté de ce petit être si vulnérable, à prendre soin[69]. Cela peut paraître anecdotique, mais les évaluations de ces programmes sont très positives et peuvent éviter que des gens vivent ce dont témoigne cette vidéo poignante d'un jeune qui a souffert du manque de compassion dans les établissements où il a grandi, et qui a largement circulé sur les réseaux sociaux[70]. D'autres approches permettent de développer une école des émotions au Canada[71], où l'on invite par exemple les plus âgés à prendre soin des élèves plus jeunes, ce qui aide à responsabiliser et à développer l'empathie chez les plus grands. Le dalaï-lama apprécie ce genre de projets éducatifs qui développent la compassion. Il a contribué au développement de recherches, non tant sur le bouddhisme que sur la compréhension du rôle des émotions et de la compassion sur le développement du cerveau et dans l'éducation. Dans le livre *A Force for Good*, le journaliste du *New York Times*, Daniel Goleman[72], interviewe le dalaï-lama ainsi que les nombreux chercheurs internationaux qui, en partant de ces questionnements, créent des connaissances sur ces sujets qui sont aujourd'hui étudiées dans toujours plus d'écoles, en particulier au Canada.

Il faut aussi savoir prendre soin de ceux qui prennent soin, enfants comme adultes. On doit bien sûr y penser pour les enseignants en particulier, car, comme les médecins, ils font partie des professionnels qui, alors même qu'ils sont en première ligne pour aider les autres, peuvent souffrir d'épuisement émotionnel et de *burn out*. Une nouvelle doctorante du CRI, Océane Cordesse, qui a enseigné en primaire après avoir fait HEC et un master de sciences cognitives, a d'ailleurs décidé de relever ce défi à sa manière en essayant de créer une application destinée à accompagner ceux qui accompagnent les autres.

## Le meilleur des mondes possibles

Si vous venez de lire un journal ou de regarder les informations, vous allez trouver que plaider pour une forme de bonté, en tout cas de sagesse, inhérente à l'être humain relève de l'angélisme, j'en ai bien conscience. Je ne suis pourtant pas le seul, loin s'en faut, à penser que les raisons d'espérer sont plus nombreuses que les raisons de désespérer et qu'il n'est pas vain de faire le pari de la confiance.

Le psychologue américain Steven Pinker, professeur à Harvard, explique très bien dans son livre que, contre toute attente, nous vivons sans aucun doute dans « le meilleur des mondes possibles[73] » (ce qui n'exclut pas de continuer à l'améliorer). Tous les maux que l'humanité combat depuis l'apparition de Sapiens sont en recul : les guerres, la famine, les homicides, la pauvreté, les maladies, l'analphabétisme…

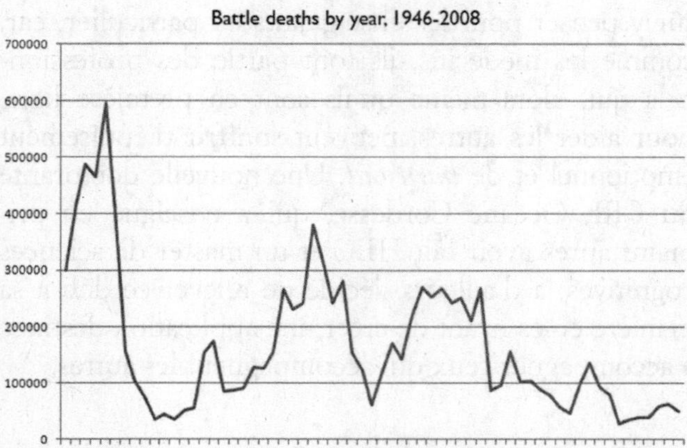


*Nombre de morts (civils et militaires) liés au combat par année et dans le monde*[74].

Yuval Noah Harari, dans *Homo Deus*[75], ne dit pas autre chose quand il rappelle, avec son humour souvent décapant, que l'obésité menace aujourd'hui plus de vies que la sous-nutrition. Les principaux points noirs des temps actuels, et ce n'est pas rien, montrant notre propension à impacter négativement la planète, concernent l'érosion de la biodiversité et des ressources et le réchauffement climatique, dont nous ne pouvons plus ignorer qu'ils menacent tous nos fragiles équilibres – écologique, agricole, économique, social, etc.

## Pour un « service public de l'apprendre »

Il n'en reste pas moins que l'humanité va mieux que jamais et qu'il existe déjà, je l'ai montré, une myriade d'initiatives qui répondent aux défis du millénaire. La société apprenante n'est pas un rêve. Joseph Stiglitz, prix Nobel d'économie, pense qu'elle est essentielle au développement économique et démocratique de nos sociétés[76]. Si l'imprimerie a permis l'émergence de premières formes de société apprenante, où les savoirs circulaient via les livres, une nouvelle étape est là, à portée de main. Comment l'organiser ? En créant un grand « service public de l'apprendre ».

Les XIX^e^ et XX^e^ siècles nous ont légué un service public de l'Éducation nationale et de l'enseignement supérieur. Alors même que Condorcet l'avait pensée dès 1792, la formation tout au long de la vie, elle, n'a jamais bénéficié d'un tel engagement de l'État. Et, nous venons de le voir, la petite enfance et les troisième et quatrième âges non plus – la responsabilité est éclatée entre collectivités locales, associations et acteurs privés. Quant au développement personnel, il ne fait l'objet d'aucune espèce d'attention de la part des acteurs publics, alors qu'on pourrait proposer des lieux comme les écoles et des outils pour faciliter le « connais-toi toi-même » et aider chacun, par exemple, à réfléchir à son *ikigai* ou à ce qui fait du sens pour nous et pour les autres à différents moments de notre vie.

Le premier pilier du « service public de l'apprendre » consisterait à nous garantir l'accès à toutes les données qui nous concernent. Aujourd'hui, les entreprises regroupées sous l'acronyme GAFAM (Google, Apple, Facebook, Amazon, Microsoft) en Occident et BATX en Chine (Baidu, Alibaba, Tencent, Xiaomi) savent des choses sur nous que nous ignorons nous-mêmes. *Idem* de toutes les applications que nous chargeons sur nos smartphones en acceptant des conditions d'utilisation que nous refuserions plus souvent de valider si nous prenions seulement la peine de les lire. Il est essentiel, dans un monde où les algorithmes vont prendre un nombre croissant de décisions dans nos vies, d'instaurer une régulation compréhensible, transparente et démocratiquement validée sur la propriété et l'usage de nos données personnelles. Nous devons pouvoir piloter nous-mêmes nos recherches de corrélations entre notre sommeil, notre alimentation, notre éducation, notre santé, nos déplacements, et mille autres choses encore.

Le deuxième pilier devrait être de développer des outils d'analyse d'intérêt public pour nous y aider. Prenons notre consommation culturelle. Aujourd'hui, Amazon nous suggère des idées de lectures souvent pertinentes, qui reposent à la fois sur notre comportement en ligne et celui d'internautes « qui nous ressemblent ». Mais le but ultime reste commercial : l'objet social d'Amazon n'est pas de nous aider à nous cultiver mais de vendre (entre autres) des livres. De même que l'objet social de Facebook n'est pas de nous aider à nous épanouir en densifiant nos relations sociales mais de collecter un maximum de données afin de les revendre à des annonceurs.

Ces plateformes ne se réguleront pas seules, comme le pense, avec bien d'autres, Sandy Parakilas. Une compagnie comme Facebook accède chaque jour à une masse de données personnelles hallucinante mais n'est en rien incitée à protéger ses usagers et à prévenir les abus, explique-t-elle en substance dans une tribune publiée en novembre 2017 dans le *New York Times*[77]. Sa conclusion : « Facebook doit être régulé plus fermement ou démantelé afin qu'aucune entité unique puisse contrôler autant de données. La compagnie ne nous protégera pas elle-même, et c'est rien moins que notre démocratie qui est en jeu. » J'oubliais : Sandy Parakilas n'est pas une activiste antinumérique. Et elle sait sans doute mieux que d'autres de quoi elle parle : elle a travaillé chez Facebook de 2011 à 2012.

On sait en outre que, non contentes de gagner des dizaines de milliards de dollars, ce qui est après tout l'objet d'une société privée, les GAFAM s'emploient également à payer le moins d'impôts possible grâce à de savants dispositifs d'optimisation fiscale. S'il fallait une preuve de leur dédain de l'intérêt public, cet argument suffirait.

La société apprenante doit inventer des dispositifs qui prennent en compte les besoins des individus, qui respectent leur vie privée, qui ne cherchent pas à commercialiser leurs données, et qui visent essentiellement à accroître leur capacité d'apprendre des choses sur eux-mêmes, ou sur leur environnement, ou sur des sujets qui peuvent avoir un intérêt personnel, professionnel ou associatif.

Imaginez un réseau routier où les seules indications seraient délivrées par des intérêts privés. On vous indiquerait plus sûrement un centre commercial qu'un petit prieuré du XVIIe siècle. C'est à cela que ressemblent aujourd'hui les routes de l'information en ligne. Dans le monde des connaissances sur le Web, vous revenez toujours chez Google, dépendez du bon vouloir de Google, des algorithmes de Google, et *in fine* de la manière dont Google a décidé de gagner sa vie à ce moment-là. Et si vous y trouvez un lien vers ce petit prieuré du XVIIe siècle, c'est soit que vous en connaissiez préalablement l'existence, soit qu'une entité à visée commerciale a intérêt à vous délivrer cette information, par exemple parce qu'il est voisin d'un lieu de consommation. Les panneaux indicateurs des autoroutes de l'information sont placés soit par les propriétaires des pages que vous consultez, soit par des vendeurs. Cela peut rencontrer l'intérêt général, mais ce dernier n'est pas au cœur du système.

Placer l'intérêt général au cœur du système n'implique pas pour autant de tout confier à l'État. L'école et l'enseignement supérieur tels qu'ils se sont structurés aux XIXe et XXe siècles sont majoritairement publics, mais l'État a su laisser se développer un secteur privé qui contribue à la réalisation de ses objectifs, grâce à différents systèmes de contrôle et de régulation. Il est possiblement trop tard pour bâtir des services aussi puissants que Google pour la recherche d'informations ou que Facebook dans le domaine des réseaux sociaux. Il n'est pas trop tard pour poser la question de la souveraineté nationale ou européenne sur nos données – nos e-mails, nos vies privées, nos historiques de navigation, etc. Ni pour bâtir des systèmes ouverts de partage de connaissance et d'expérience, ces « maïeutechs » ou « socratechs » que j'évoquais plus haut. Si la société civile et le politique ne s'emparent pas de ces questions, elles continueront d'être débattues et tranchées par les grandes entreprises de la Silicon Valley. Est-ce réellement ce que nous souhaitons ?

Ma conviction est que nous devons et pouvons créer, sous couvert du service public, des alternatives aux services commerciaux, centrés sur les individus et sur leur capacité à apprendre. Qui sait, nous pourrons peut-être même nous retrouver en position de négocier avec les GAFAM !

Prenons par exemple le sujet de la pertinence de l'information que nous trouvons sur Internet. À l'heure des *fake news* qui prolifèrent sur le Web, comment savoir quel crédit donner à une information, *a fortiori* si on est jeune ou novice sur le sujet concerné ? Traditionnellement, nous nous contentons de nous en remettre à notre esprit critique. Or, les scientifiques et les journalistes ont raffiné, au fil des décennies, ces processus en mettant en place des dispositifs de vérification des sources, de la qualité des témoignages, des protocoles expérimentaux et des relectures par les pairs experts du domaine. Ces processus de confrontation à la réalité ont contribué à l'avènement des Lumières et de la démocratie.

Mais, sur le Web, seule une petite fraction des internautes prend le temps de vérifier la véracité des informations avant de les transmettre d'un clic à travers les réseaux sociaux, ce qui peut induire des épidémies de *fake news*, surtout si celles-ci ont su manipuler nos émotions et jouer avec nos biais cognitifs. Il est clair, aujourd'hui, que des manipulateurs néo-obscurantistes savent parfaitement en jouer, et qu'ils attaquent à la fois la démocratie, les médias et les institutions scientifiques en s'appuyant sur la crédulité de certains et en utilisant les biais des algorithmes des réseaux sociaux.

Comment créer un système immunitaire qui ne soit pas un nouveau bureau de la censure pour lutter contre ces phénomènes ? Permettez-moi de revenir à nos cousines éloignées les bactéries : elles luttent contre virus et parasites depuis des milliards d'années et ont su faire évoluer une stratégie qui pourrait nous inspirer. Quand elles sont attaquées par des virus, certaines bactéries peuvent leur échapper par chance et intégrer un fragment de l'information de leur attaquant qui les aidera à identifier une nouvelle attaque, à la détruire et à transmettre cette capacité à leur descendance. Le plus intéressant ici pour nous est que la minorité ayant su résister transmet l'information qui permet à d'autres de résister à leur tour.

Si l'on transpose cette stratégie à Internet, voici ce que nous pourrions essayer de faire collectivement. Imaginez que vous ayez un navigateur (ou une extension de navigateur – plug-in pour Firefox ou autre) qui vous permette, si vous reconnaissez une information comme plus que douteuse sur le Web, de la marquer (de la tagger) et que cette information soit ajoutée à cette page Web et visible par tous ceux qui utilisent le même navigateur. Nous pourrions alors collectivement identifier, parmi les informations qui circulent le plus, celles qui sont les moins fiables, ralentir ainsi les épidémies et même prévenir les personnes qui les propagent pour les aider à être moins crédules à l'avenir.

Évidemment, un tel système est lui-même perfectible. Si vous avez un peu d'intuition ou si vous avez l'habitude des courses aux armements entre hôtes et parasites, glaives et boucliers, ou attaques et défenses, vous aurez sans doute compris que des petits malins pourront utiliser de tels systèmes pour dénigrer des informations de qualité et mettre à mal ce type de stratégies.

De fait, il n'existe aucun système qui sache résister à toutes les attaques. Mais on peut ajouter un niveau à ce dispositif pour en améliorer la qualité en demandant à celui qui annote les informations de s'identifier en indiquant son nom, sa profession, ses diplômes, voire son CV et de préciser les arguments qui le portent à contester une information. Par exemple : j'étais un témoin direct et je peux le prouver ; ou encore : j'ai trouvé une faille dans le raisonnement logique ou des preuves qui infirment tel argument. On peut ainsi espérer avoir des débats plus constructifs sur certains sujets.

De façon complémentaire, si le but n'est pas de dénoncer une information de qualité douteuse mais de recommander une information pertinente, par exemple en médecine, on peut imaginer une variante de ce que je viens d'exposer, qui est actuellement en discussion avec la faculté de médecine de Paris-Descartes et celle de Lyon. À partir de la deuxième année, sur les quelque 500 étudiants inscrits, rarement plus de 20 viennent dans l'amphi assister aux cours. Et pourtant, la plupart obtiennent généralement leur examen de fin d'année. Le doyen Friedlander envisage donc assez naturellement de fermer ses amphis pour faire gagner du temps à ses étudiants comme à ses enseignants. Les questions qu'il se pose sont de savoir ce qu'on peut faire du temps libéré (plus de mentorat serait sans doute utile), mais aussi comment savoir où les étudiants apprennent et comment s'assurer au-delà de leurs notes de la qualité de ce qu'ils apprennent (visiblement en dehors de l'amphi pour la plupart). Des étudiants en médecine d'aujourd'hui utilisent peut-être comme ceux qui les ont précédés les polycopiés mais aussi des sources numériques. Cartographier ce que les futurs médecins apprennent sur le Web, de leurs pairs, lors de leurs stages à l'hôpital, auprès des patients ou avec des médecins et des infirmières expérimentées peut aider à repenser leur formation.

Grâce au navigateur augmenté que j'évoquais, un étudiant peut signaler à tous quand il trouve une ressource lui paraissant pertinente pour ses études. D'autres peuvent confirmer ou pas leur intérêt pour un contenu, des enseignants-chercheurs ont la possibilité à leur tour de la valider, tout comme des praticiens en exercice. Si la majorité des acteurs de ces différentes catégories donnent leur aval, par exemple sous la forme d'un A, on va avoir des ressources triple A qui seront sans doute plus fiables que celles reconnues seulement par certains patients influençables, par exemple. L'idéal étant que parmi les multiples ressources que des patients vont partager entre eux, médecins et chercheurs puissent les aider à savoir lesquelles sont les plus fiables afin d'éviter les risques de charlatanisme.

Pour donner un dernier exemple de l'intérêt d'utiliser une annotation distribuée et qualifiée du Web, prenez le cas des ressources éducatives qui parlent du climat. Si une même page Web est plébiscitée par les enfants pour son côté ludique, par les enseignants pour ses vertus pédagogiques et par les chercheurs pour sa véracité scientifique, c'est évidemment une autre forme de triple A qui mérite d'être recommandé.

On voit bien la différence avec les « like » d'un Facebook. Sur les réseaux sociaux, dans leurs fonctionnements actuels, tous les avis se valent. On peut penser que c'est mieux ainsi car c'est plus démocratique. Sauf qu'en matière de sciences, cela ne suffit pas, même si évidemment le débat doit demeurer possible. Car dans un contexte scientifique, tous les avis ne se valent pas, que ce soit pour savoir si la Terre a une histoire qui se compte en milliards ou en milliers d'années, pour savoir si une thérapie est efficace ou pas. Le dispositif, que je ne fais ici qu'ébaucher, mériterait d'être affiné et testé par un processus itératif et scientifique qui permettrait de prendre en compte les spécificités des avis de chacun sans les noyer dans des moyennes où tout se vaudrait et d'adapter les stratégies à celles que ne manquera pas d'inventer la prochaine génération de manipulateurs.

Mon autre conviction est que nous ne parviendrons pas à créer ce nouveau « service public de l'apprendre » en décalquant un système inspiré de l'Éducation nationale, centralisé, jacobin, qui postule que les besoins sont bon an mal an les mêmes partout et en tout temps. Au passage, on peut même s'interroger sur la notion d'Éducation « nationale » (c'est d'ailleurs le dernier ministère à avoir gardé cet adjectif, la défense n'étant plus nationale…), alors que les savoirs se jouent des frontières et qu'aucun des enjeux globaux ne peut se traiter dans un seul pays, quel qu'il soit.

La meilleure comparaison qui me vient est celle de la régulation des transports, que l'État assume et dont il ne viendrait à personne l'idée de contester la nécessité. Cette régulation permet à chacun de se déplacer comme il l'entend, dès lors qu'il respecte le code de la route – ou les codes des espaces aérien et maritime. Des règles différentes peuvent s'appliquer selon les cas. Un train est autorisé à rouler à

300 km/h, pas une voiture. On est incité à traverser sur les passages prévus à cet effet, mais aucune loi ne sanctionne ceux qui ne le font pas (contrairement à d'autres pays). L'ensemble de ces règles s'articule par ailleurs avec des réglementations internationales, par exemple pour l'utilisation de l'espace aérien, qui incluent à la fois des notions de coordination et des conditions de sécurité matérielles. L'ensemble de ces règles est censé faciliter le « circuler ensemble », qui est une des modalités du « vivre ensemble ».

Elles n'imposent pas, en revanche, d'itinéraire obligatoire : vous pouvez relier Paris à Lyon en TGV, en avion, en voiture, et dans ce dernier cas par les nationales ou par l'autoroute (ou par tout autre itinéraire, en faisant des pauses et des détours pour profiter d'un paysage, d'une bonne table ou d'un monument)... La société de la connaissance devrait offrir une telle liberté, notamment dans l'enseignement supérieur et dans la formation tout au long de la vie, comme dans l'exemple cité plus haut des « diplômes blancs », qui permettent de sortir des itinéraires imposés par les diplômes formatés à l'avance. Aujourd'hui, elle impose à tous de prendre le même train en septembre pour arriver en juin.

Seule une telle approche donnerait à notre système d'éducation l'agilité nécessaire pour accompagner l'émergence de nouveaux champs du savoir, de nouveaux croisements entre disciplines, de nouveaux métiers. Or, aujourd'hui, l'égalité se confond avec l'uniformité. Cela permet-il seulement de réduire les inégalités ? Même pas. Ces dernières ont même tendance à s'accroître, en tout cas entre l'élite et les milieux défavorisés comme le montre, entre autres, la fameuse étude Pisa de l'OCDE[78] qui évalue les compétences des élèves de dizaines de pays dans différents registres.

Prenons une comparaison. Nous sommes tous différents – inégaux – de par notre patrimoine génétique. Si bien que certains d'entre nous sont plus exposés que d'autres au risque de contracter certaines maladies. Pour tenter de résorber cette inégalité, nous ne pratiquons pas (ou pas encore et cela ne serait pas sans poser de vraies questions éthiques...) de manipulations génétiques. La médecine nous recommandera en revanche de changer notre environnement. Nous alimenter de manière spécifique. Prendre un médicament. Pratiquer un sport particulier. Certains gestes sont valables pour l'ensemble de la population, d'autres répondent à des cas particuliers.

La société de la connaissance permet aujourd'hui de décliner cette idée en matière d'éducation. Sur le papier, les professeurs peuvent déjà adapter leur enseignement, au nom de la « liberté pédagogique » qui leur est reconnue. Mais combien peuvent réellement s'en emparer quand l'essentiel de leurs gestes sont contraints par des horaires nationaux, une taille des classes prédéfinie, des programmes qui laissent peu de temps aux pas de côté ?

Savez-vous par exemple qu'il n'existe aucune loi scientifique qui prouverait qu'il est plus efficace d'apprendre entre quatre murs, en groupes de 25-35, avec un seul enseignant, à raison de 50 minutes par discipline ? Savez-vous que ce système, auquel l'école républicaine semble si farouchement attachée, a été inventé au XVI^e siècle par les jésuites, dont Dominique Salin, jésuite lui-même, rappelle qu'ils sont « à l'origine du modèle éducatif de l'enseignement secondaire, tel qu'il fonctionne aujourd'hui en Europe, et dans la plupart des pays du monde. Soit des élèves regroupés par niveaux de compétence, en "classe", un temps scolaire fixe et rythmé par la succession des matières, l'alternance de cours magistraux et d'exercices, l'étalonnage de la réussite par un système de notes (emprunté toutefois aux Chinois)[79] » ? Quelles que soient les vertus de ce système, croyez-vous réellement qu'une organisation vieille de cinq siècles est à ce point géniale et universelle qu'elle puisse répondre aux défis du III^e millénaire ?

Commençons par donner réellement aux enseignants cette « liberté pédagogique » que leur reconnaissent les textes officiels. Mais documentons-la afin qu'elle ne se transforme pas, comme cela arrive trop souvent, en liberté de reproduire *ad vitam æternam* des dispositifs et approches pédagogiques d'un autre temps.

## Rendre possible l'avenir

Je mesure l'ampleur de la tâche. Par défaut, la plupart des parents et des enseignants ont tendance à reproduire le système qu'ils ont eux-mêmes connu, et cette solution est tentante non seulement pour sa simplicité même mais aussi parce qu'elle a effectivement fonctionné. Pendant longtemps, tant que le monde ne changeait pas trop vite, former les générations à venir comme l'avaient été les générations précédentes était un moyen de répondre aux principaux défis. Ce n'est plus le cas : les changements du monde sont trop rapides. Vous avez certes la liberté de juger que ce n'est pas une bonne chose, mais pensez-vous sérieusement pouvoir les empêcher ? Personne n'est mal intentionné. Les parents veulent le bien de leurs enfants, les enseignants le bien de leurs élèves. Dans un monde en mouvement, le meilleur service à leur rendre est de leur donner les outils intellectuels et pratiques qui permettent de penser le changement. Comme le disait Saint-Exupéry, « pour ce qui est de l'avenir, il ne s'agit pas de le prévoir, mais de le rendre possible ».

Ce changement ne viendra pas d'en haut. L'essentiel des élites a été formé par un système dont le propos est… de sélectionner des élites. Il n'est pas facile pour elles d'avouer que ce système n'est pas parfait, car on pourrait être amené à s'interroger sur leur légitimité. Et le divorce entre ces élites qui pensent pouvoir décider pour les autres et des citoyens toujours plus éduqués s'accroît.

Comment faire évoluer le système ? En commençant par permettre à ceux qui font déjà autrement de continuer, en invitant ceux qui le voudraient à oser, en évaluant et en partageant ces solutions. De là peuvent émerger des dynamiques vertueuses qui ont déjà fait leurs preuves dans les pays qui ont réussi à faire évoluer leurs systèmes de formation. Les recherches internationales identifient deux constantes : la confiance dans la capacité d'initiative des équipes et la qualité de la formation initiale et continue des enseignants.

J'ai développé une analogie avec le fonctionnement des transports ; on peut aussi s'inspirer des politiques de santé. Il existe, en médecine, un mouvement qui préconise de penser l'action selon quatre « P » : prédictif, préventif, personnalisé et participatif. Que va-t-il se passer ? Que faire pour prévenir les effets négatifs prévisibles ? Comment adapter la réponse à chacun ? Comment faire profiter la communauté des bénéfices d'une réponse individuelle ? À ces quatre « P », j'en ajouterais volontiers deux, en matière d'éducation : pairs et progrès permanents. « Pairs » pour désigner le travail horizontal qui peut être mené entre élèves, entre enseignants, entre parents et entre ces acteurs. « Progrès permanents » pour souligner que les réponses et les systèmes ne doivent jamais être considérés comme figés mais toujours chercher à progresser.

La médecine a su, en s'appuyant sur la recherche et sur le croisement entre disciplines, inspirer des politiques publiques ambitieuses, en articulant des obligations qui s'imposent à tous (la vaccination, par exemple) et des marges de liberté importantes pour les praticiens. Il ne viendrait à aucun médecin l'idée de proposer de traiter un patient sans tenir compte des apports les plus récents de la recherche – et à aucun patient de l'accepter, *a fortiori* depuis qu'Internet a démocratisé l'accès aux informations sur la santé ! C'est pourtant ce que l'on fait en matière d'éducation.

La comparaison entre éducation et médecine est triplement féconde. Tout d'abord, dans les deux cas, on s'intéresse autant à l'individu qu'à la collectivité – les destins des deux sont intimement liés, par exemple dans le cas de la diffusion d'un virus ou de *fake news*. Ensuite, les deux domaines ont à faire avec l'inné (le capital génétique, les origines) et l'acquis (l'environnement). Enfin, il existe dans toutes les études internationales un lien immédiat et réciproque entre santé et éducation. Les populations les plus éduquées sont aussi celles qui sont en meilleure forme, et réciproquement. Si vous offrez une année de plus d'éducation à une jeune fille en Afrique, cela augmente la probabilité de survie de ses enfants.

### Prédictif, préventif, personnalisé, participatif

Déclinons nos quatre « P » en matière d'éducation.

Le prédictif renvoie aux études épidémiologiques, celles qui permettent de prédire que telle prédisposition ou tel comportement aura tel effet. Cette approche est à manier avec précaution en matière d'éducation, car elle comporte le risque évident de stigmatiser certains enfants et de laisser penser que les déterminismes l'emporteront en toutes circonstances. Mais elle est aussi extrêmement fertile en ce qu'elle permet de cibler l'action de manière beaucoup plus précise.

Le préventif, en médecine, indique tous les « gestes qui sauvent », ou du moins ceux qui permettent de limiter un risque (l'un des plus connus étant par exemple de ne pas fumer). La recherche en éducation est déjà extrêmement riche en « gestes qui sauvent » : elle démontre que les encouragements et l'empathie donnent de meilleurs résultats que la sanction ou l'humiliation, *a fortiori* si elle est publique ; que la qualité de la formation initiale et continue des enseignants, nous venons de le rappeler, est le meilleur prédicteur de performance d'un système éducatif. Ils sont insuffisamment connus ou mis en pratique.

La personnalisation prend en compte le fait que chacun réagit différemment à un traitement, que ce soit pour des raisons physiologiques, psychologiques ou encore de conditions d'administration. En matière d'éducation, la recherche confirme ce que le sens commun suggère : nous n'apprenons pas tous de la même manière ni à la même vitesse.

La notion de participation, enfin, renvoie au fait de demander leur avis aux patients et, de plus en plus, de les inviter à contribuer à des recherches participatives. Cette notion est sans doute la plus étrangère au système éducatif. S'il tolère désormais de demander leur avis aux élèves sur les conditions de vie dans l'établissement (l'heure dite de « vie de classe » sert à cela), il est rarissime que les élèves soient interrogés par leurs enseignants sur ce qu'ils pensent de leur pédagogie. Il est vrai que s'ils l'étaient, ils hésiteraient sans doute à répondre sincèrement – l'enseignant étant aussi celui qui donne les notes, il pourra être considéré comme juge et partie. Mais on peut penser des dispositifs anonymes pour éviter ces travers. Le développement des données sur l'apprentissage (*learning analytics*) répond aussi à cet obstacle : les enseignants qui utilisent des outils numériques ont accès à de passionnantes informations sur la manière dont leurs élèves apprennent et peuvent adapter leurs enseignements en fonction. La traduction la plus simple et la plus répandue de cette fonctionnalité se trouve sur une plateforme comme la Khan Academy[80] : selon vos résultats aux exercices, le système vous recommandera des vidéos adaptées aux problèmes que vous avez rencontrés. Et si ces vidéos vous aident, la plateforme enregistrera l'information pour en faire profiter ceux qui, après vous, rencontreront le même type de difficultés.

Pour l'heure, seul l'enseignement supérieur s'est emparé des *learning analytics*, notamment aux États-Unis où une dizaine d'universités les utilisent, tant pour du prédictif que pour du préventif. Le prédictif permet de dire aux étudiants : « Si vous venez de tel lycée et si vous avez telles notes en début de cursus, vos risques de décrochage sont élevés. » Le préventif personnalisé permet, quant à lui, de proposer des programmes de mentorat adaptés à leur situation. Une plateforme ouverte destinée à favoriser l'adoption de ces outils a été créée par un consortium français : l'Apereo Learning Analytics Initiative[81] (membres fondateurs : université de Valenciennes et du Hainaut-Cambrésis, universités de Nancy-1 et Nancy-2, université de Rennes-1 et Institut national polytechnique de Toulouse). Une expérimentation a été lancée à l'université de Lorraine en 2017. Elle permet de « récupérer les traces numériques laissées par les étudiants sur cette plateforme ; stocker ces traces dans une base de données ; relier ces traces à d'autres informations en lien avec leur scolarité : notes, diplômes obtenus, etc.[82] ».

Le développement de ces technologies ouvre un champ nouveau au secteur privé dans un pays comme la France. Jusque-là, le service public était protégé de fait par sa gratuité – ou, dans le supérieur, sa quasi-gratuité – et par son monopole dans ce qu'on appelle la « collation des grades » : en clair, seul l'État peut délivrer un diplôme (baccalauréat, licence, master, doctorat...).

Le secteur privé existe, tant dans le scolaire que dans le supérieur, mais son expansion butait jusque-là sur ces deux obstacles. Son coût en limite forcément la portée, et l'obligation de passer sous les fourches caudines de l'État pour faire valider les titres qu'il délivre le contraint à banaliser son offre. Il existe pourtant des exceptions, en France, dans les domaines que l'État n'a pas su, pas pu ou pas voulu investir en ne donnant pas les moyens financiers et les capacités d'adaptation aux universités.

Parmi les exemples les plus connus, il y a les écoles de management, qui dépendent depuis leur naissance au XIXe siècle des chambres de commerce ou de groupes privés. Leur poids et leur efficacité ont permis aux meilleures d'entre elles d'obtenir le droit de délivrer des diplômes. Et leur coût – environ 10 000 euros par an pendant trois à cinq ans selon les cas –, qui est discriminant pour beaucoup, est néanmoins jugé acceptable par toujours plus de familles. Ainsi, entre 1980 et 2015, alors que les effectifs de l'enseignement supérieur étaient multipliés par deux, ceux des écoles de commerce étaient multipliés par huit[83]. Et depuis 2000, la part relative du privé a spectaculairement augmenté.

Autant dire que si l'État n'investit pas suffisamment dans une offre publique de qualité, certaines familles qui peuvent se le permettre contribueront au développement du financement d'une éducation privée, accroissant encore les inégalités dans la formation. Le rapport sur la stratégie nationale de l'enseignement supérieur, auquel j'ai pu participer avec un collectif mené par Sophie Béjean et Bertrand Monthubert, avait étudié ces dynamiques et proposé des pistes qu'il faudrait creuser si on veut aider de manière équitable la nouvelle génération à se préparer au monde de demain[84].

D'autres feront même le choix de se passer carrément de l'institution scolaire si elle est jugée défaillante ou insuffisamment à l'écoute des besoins spécifiques des enfants. On le voit déjà dans l'enseignement scolaire aux États-Unis, où la scolarisation à domicile (*homeschooling*) a doublé entre 1999 et 2012 (de 850 000 à 1,8 million d'enfants, soit 3,4 % des effectifs scolaires)[85]. En France, l'instruction à domicile ne concerne que 0,2 % des élèves, mais les effectifs ont augmenté de 83 % entre 2007 et 2014[86] ! Contrairement à la tendance dominante pendant longtemps, l'instruction à domicile n'est plus seulement choisie pour des motifs confessionnels ou dans des circonstances où les familles n'ont pas le choix (phobie scolaire, handicap lourd, etc.). Elle ne rime pas non plus avec désocialisation : les parents s'organisent pour que leurs enfants en rencontrent d'autres, notamment dans le cadre d'activités sportives et culturelles.

Dès lors que les outils numériques auront atteint une maturité suffisante, ils seront mis à contribution tant pour diminuer les coûts que pour améliorer la qualité des offres privées. Si le service public, dans une logique *open*, ne s'en empare pas et ne les diffuse pas, c'est un tout autre modèle de société apprenante qui se dessinera, de plus en plus soumis aux forces du marché, encore plus favorable qu'aujourd'hui à celles et ceux qui bénéficient d'un fort capital économique, culturel et relationnel.

# – 6 –

# Planète apprenante, mode d'emploi

Les prémices de la « société apprenante », dont j'appelle de mes vœux l'avènement, existent – les pages qui précèdent en offrent de nombreux exemples. Mais comment passer de l'échelle individuelle, associative ou institutionnelle à la mise en réseau de toutes ces initiatives ? C'est la question à laquelle tente de répondre le « plan pour coconstruire une société apprenante[1] » que j'ai remis en avril 2018 à Jean-Michel Blanquer, ministre de l'Éducation nationale, Frédérique Vidal, ministre de l'Enseignement supérieur, de la Recherche et de l'Innovation et Muriel Pénicaud, ministre du Travail. Ce rapport a été écrit avec quatre corapporteurs, Catherine Beccheti-Bizot, inspectrice générale de l'Éducation nationale, Guillaume Houzel, inspecteur général de l'Administration de l'Éducation nationale et de la Recherche, Gaëll Mainguy, directeur du développement et des relations internationales du Centre de recherches interdisciplinaires et Marie-Cécile Naves, cheffe de projet à la Conférence des présidents d'université (CPU).

Ce plan propose cinq actions, assorties de trente propositions, afin « de créer de nouveaux modes d'organisation, de mobiliser l'intelligence collective et d'affirmer des valeurs pour être capables de coconstruire le monde de demain ». Je vous invite, bien sûr, à le lire dans son intégralité. En voici néanmoins un résumé, que j'ai choisi d'organiser ici un peu différemment. Dans les chapitres 2 et 3, j'ai tenté de relier ce que j'avais vécu avec ce que j'avais appris. Je suis reparti de ces enseignements et les ai fait correspondre aux actions concrètes que nous proposons de mettre en œuvre dans le rapport, en nous fondant le plus souvent sur des expériences déjà engagées.

• *De l'école à l'université, le respect des codes compte au moins autant que le travail ou l'intelligence*

→ Former les décrocheurs et prévenir l'échec en licence par une personnalisation des parcours

L'impératif de lutte contre les inégalités doit être au cœur de la société apprenante. Il faut qu'elle s'adresse à tous, qu'elle ne laisse personne au bord du chemin. On l'oublie trop souvent : il y a encore trente ans, les bacheliers ne représentaient que 30 % d'une classe d'âge. Échouer au bac n'était pas sans conséquence sur la possibilité de s'insérer dans la vie professionnelle et sociale, mais cela ne faisait pas de vous une exception : vous faisiez partie des 70 % de jeunes qui étaient dans cette situation.

Aujourd'hui, le baccalauréat est devenu la norme, puisque environ 80 % d'une classe d'âge le décroche. L'échec a non seulement des conséquences encore plus pénalisantes qu'auparavant sur l'accès à l'emploi, mais il vous relègue dans une catégorie nettement minoritaire. La lutte contre le décrochage, à tous les niveaux du parcours d'études, constitue une priorité absolue. Là aussi, preuve est faite que les dispositifs qui permettent d'apprendre « autrement » sont d'une redoutable efficacité, que ce soit pour éviter de décrocher ou pour raccrocher ceux qui sont loin de l'emploi et de la formation. Il faut multiplier résolument ces dispositifs et les évaluer par une recherche adéquate pour partager les plus pertinents et former formateurs et décideurs.

• *Il n'y a rien de plus sérieux que de jouer*

→ Organiser une « fête de l'apprendre » pour célébrer tous les apprentissages

Le plaisir ne s'oppose pas à la rigueur des apprentissages. Le jeu ne relève pas toujours du seul divertissement. Comment convaincre le plus grand nombre qu'il existe une joie d'apprendre, à tout âge ? Créons un grand moment de célébration des lieux et acteurs qui embrassent ces nouvelles façons d'apprendre. À l'instar de la fête de la musique ou du téléthon, cette « fête de l'apprendre » pourrait, une fois par an, catalyser les actions innovantes, valoriser ceux qui les portent, mais surtout fédérer le grand public de manière vivante et incarnée. Elle se tiendrait, idéalement, dans tous les lieux dédiés à des apprentissages, y compris des entreprises, et toucherait tous les âges de la vie, y compris les seniors.

• *L'homme peut rester maître de la machine*

→ Développer les recherches participatives sur les apprentissages pour mobiliser l'intelligence collective, afin de comprendre les évolutions en cours

Il faut profiter massivement des apports du numérique, qui présente trois atouts majeurs et nouveaux par rapport à l'ère de l'imprimerie. D'abord, il permet d'enregistrer facilement son expérience et la façon dont elle se construit, ce qui aide à mieux l'analyser *a posteriori* et à s'en inspirer pour orienter ses parcours d'apprentissage et sa vie professionnelle. Ensuite, il facilite l'échange des bonnes pratiques : ce que chacun a appris peut aisément être partagé avec les autres, ce qui est un des fondements de la société apprenante. Enfin, l'ensemble des données recueillies peut être mis à la disposition de la recherche qui, en retour, va développer des algorithmes de recommandation capables d'aider chacun à trouver les ressources dont il a besoin, qu'il s'agisse de lieux, de contenus, de formations ou de personnes ressources.

Ce potentiel du numérique est déjà utilisé, à des degrés variables, par toutes les universités. Pourquoi ne pas créer un immense campus numérique national (ou, mieux encore, international) qui agrégerait les données déjà disponibles et les mettrait à la disposition de tous ? L'impact d'une telle plateforme serait considérable. Si l'on mutualisait et organisait de manière claire et accessible toutes les ressources disponibles, chacun pourrait librement accéder aux savoirs requis pour passer tous les diplômes existants, au besoin grâce à des formules qui mêleraient apprentissage à distance et séances sur site, dans les universités.

Il va sans dire que les avantages seraient également considérables pour rendre les études accessibles à toutes celles et ceux qui ne peuvent pas suivre un cursus traditionnel pour des raisons personnelles, économiques, de santé, en raison d'un handicap ou à cause de leurs occupations professionnelles ou familiales.

Cette plateforme ne serait pas uniquement une base de données. Les informaticiens ont démontré qu'il était possible de faire vivre un vaste réseau d'échange de savoirs et de compétences en créant Stack Overflow, un système ouvert de « questions-réponses » né en 2008, qui réussit à faire émerger les meilleures questions et les meilleures réponses et évite ainsi de se faire submerger par des contenus de qualité hétérogène. Un service comparable pourrait être développé sur le campus numérique national pour aider les utilisateurs à mieux s'orienter, à questionner et à trouver les réponses les plus adaptées à chacun.

• *L'hypercompétition ne produit pas forcément le meilleur*

→ Déployer un système d'*open badge* et réinventer la Validation des acquis de l'expérience (VAE) pour construire une société de la reconnaissance

Une des conséquences les plus délétères de l'hyper-compétitivité du système scolaire est de ne pas offrir de deuxième (et encore moins de troisième) chance. La formation initiale demeure nettement plus valorisée que la formation par l'expérience ou la formation pour adultes.

Afin de permettre à tout le monde de se former tout au long de sa vie, chacun pourrait conserver le Numéro d'identification national des étudiants (INE) qui lui a été attribué dans le secondaire et compiler ses apprentissages et ses compétences dans un « carnet d'apprenant », espace sécurisé, authentifié et protecteur des données privées. Ce système, s'il était étendu à l'Europe et au-delà, pourrait d'ailleurs aider à passer de la société à la planète apprenante. Le carnet d'apprenant, nous l'expliquons dans notre plan, pourrait « servir au développement personnel (via une interface permettant de mieux se connaître et de connaître ce que l'on connaît), à l'orientation en découvrant ce qu'il nous reste à apprendre et à l'insertion en découvrant ce qui est attendu dans différents métiers et les manières d'obtenir ces compétences[2] ».

Il permettrait aussi d'aider les autres en faisant apparaître des parcours de formation : on saurait exactement quel itinéraire a emprunté chacun pour arriver à un métier ou une fonction, ce qui serait riche en enseignements pour celles et ceux qui voudraient exercer ces mêmes métiers ou fonctions.

Une société de la connaissance passe aussi par une société de la reconnaissance. Notre carnet de l'apprenant pourrait aussi s'enrichir de certificats « permettant d'identifier, d'attribuer et de faire reconnaître tout type de connaissances, de compétences, de créations ou de réalisations, voire d'évaluer le niveau relatif de chaque apprentissage[3] ». La Normandie a déjà créé un dispositif comparable avec le projet « Badgeons la Normandie », inspiré des *open badges* que Mozilla et bien d'autres ont développés sur le modèle des badges chez les scouts.

• *Apprendre à poser les bonnes questions est préférable à emmagasiner des réponses toutes faites*

→ Favoriser et accompagner les expérimentations de démarche apprenante dans les territoires, et former les enseignants autrement

Le poète irlandais William Butler Yeats le disait : « Éduquer ce n'est pas remplir un vase, c'est allumer un feu. » Mais il n'est pas évident de passer à un modèle dans lequel chaque élève ou étudiant est invité à se faire chercheur et à (se) poser des questions, quand l'enseignement est massivement dominé par un modèle vertical – le maître délivre un savoir du haut de son estrade. Il faut pour cela un ambitieux plan de formation, à tous les niveaux.

Pour faire émerger un écosystème territorial apprenant, il est indispensable de faciliter les rencontres et les synergies sur la formation et la pédagogie, dans et en dehors des établissements scolaires et d'enseignement supérieur et de recherche. De tels lieux permettront de penser des actions qui peuvent impliquer tous les acteurs motivés, institutionnels ou associatifs, publics ou privés, mais aussi de fédérer les individus et les familles, les retraités ou les étudiants, tous pouvant être acteurs et porteurs de projets innovants qui favorisent le vivre ensemble et l'innovation.

L'autre axe essentiel touche à la formation des enseignants. Les progrès des systèmes éducatifs et l'investissement dans le développement personnel et professionnel de leurs acteurs sont en effet fortement corrélés.

Le rapport recommande en particulier cinq axes prioritaires :

1. Concevoir la préparation à l'enseignement tout au long d'un parcours cohérent, commençant avant l'entrée dans une École supérieure du professorat et de l'éducation (ESPÉ) et se terminant plusieurs années après la titularisation.

2. Former les enseignants à la gestion des émotions, à la prévention des risques psycho-sociaux et la résolution non violente des conflits.

3. Inviter les professeurs à documenter ce qu'ils font, la manière dont ils le font et les résultats observés, tout au long des carrières.

4. Confier aux équipes pédagogiques un droit réel de proposition et d'initiative pour leur formation continue qui viserait à surmonter une difficulté commune, à mener un projet ou à améliorer leur pratique à l'échelle des établissements notamment.

5. Promouvoir le compagnonnage et le mentorat pour rompre l'isolement des enseignants et atténuer les effets de la suradministration hiérarchique.

• *Nous avons tous besoin de mentors bienveillants*

→ Former des passeurs reliant terrain et recherche

Certains acteurs de la société apprenante, chercheurs ou enseignants en particulier, doivent être formés, comme des mentors, des éclaireurs et des passeurs, à une nouvelle approche professionnelle qui soit à la fois inspirée de, et adossée à la recherche et nourrie de réflexivité. Tournée vers la coopération avec les pairs et les partenaires plutôt que l'expression hiérarchique, orientée vers l'expérimentation, sa documentation et son évaluation, elle s'appuiera sur la recherche et les démarches les plus agiles et itératives.

Pour valoriser le mentorat et capitaliser sur les expériences des meilleurs mentors, des « mentorats *honoris causa* » pourront aussi être décernés aux enseignants-chercheurs français ou étrangers qui sont les plus capables de développer le potentiel des autres, en échange de quoi on leur demandera de transmettre leurs savoirs à la prochaine génération. On formera ainsi plus facilement au mentorat tous les acteurs, y compris les étudiants, voire les élèves, pour qu'ils puissent accompagner leurs camarades. L'académie des mentors créera des outils numériques pour faciliter le mentorat et une recherche participative sur les meilleures approches de ce sujet crucial pour tous ceux qui accompagnent la progression des autres, que ce soit lors de la formation initiale ou de la vie professionnelle.

Quel que soit leur établissement, les mentors ainsi sélectionnés seront invités à rejoindre l'académie des mentors, sur le modèle complémentaire de l'Institut universitaire de France, à prendre un temps dédié à réinventer leurs enseignements ou à créer des contenus, des outils, des plateformes d'enseignement ou de la recherche sur les dynamiques apprenantes.

• *Les vérités scientifiques sont transitoires*

→ Stimuler la recherche et le développement sur l'apprendre à tous les âges de la vie

L'éducation constitue un enjeu aussi vital pour les personnes et les sociétés que la santé ou le climat. Elle ne fait pourtant l'objet d'un investissement dans la recherche que très en deçà des besoins. Au mieux (*sic*), la France dépense vingt fois moins en recherche et développement dans l'éducation que dans le domaine de la santé – j'écris « au mieux » car, selon le périmètre de calcul retenu, on arrive aussi à un facteur 30 !

Les mesures à mettre en œuvre sont assez techniques et je n'entrerai pas ici dans les détails, qu'il s'agisse de la création de « centres de référence, scientifiquement remarquables et pédagogiquement investis », du développement des recherches participatives, de la création de contrats de recherche pour faciliter les liens entre les labos de recherche, les établissements scolaires et l'État, de la multiplication des « *labschools* » (écoles-laboratoires), de la mise en relation des chercheurs ou la création de bases de données sécurisées ou de la création d'un comité d'éthique de la société apprenante.

• *Les barrières entre disciplines sont faites pour être franchies*

→ Créer des « labs des métiers de demain » ouverts à tous ceux qui souhaitent contribuer à les inventer

L'avenir n'est pas écrit. Et nul ne sait à quel point les activités de demain seront impactées par la mutation numérique. Selon les études, la proportion d'emplois considérés comme « à risque » varie de 11 % (selon une étude à paraître de l'OCDE) à 80 % ! On sait en revanche qu'aucune discipline ne détient les réponses isolément et qu'il va falloir inventer de nouvelles activités rémunératrices ou non et de nouveaux modèles économiques et de nouveaux types de revenus pour inventer demain.

De la même façon qu'il est impératif de favoriser le croisement des champs de recherche, comme nous le faisons au Centre de recherches interdisciplinaires, créons des lieux d'expérimentation dans quelques branches professionnelles, par exemple au sein des pôles de compétitivité, des universités ou des campus des métiers et des qualifications.

Ces « labs des métiers de demain » agiront non comme des tours d'ivoire disciplinaires réservées à une élite, mais comme des Fab Labs ouverts à tous, et permettront donc à tous les volontaires de coconstruire les évolutions des activités et les formations correspondantes, en complément des travaux de recherche et développement privés qui ne prennent pas forcément en compte le point de vue de toutes les parties prenantes et bénéficient rarement aux PME (Petites et moyennes entreprises) et TPE (Très petites entreprises) et à tous les employés.

Les salariés du public et du privé, les apprentis, les demandeurs d'emploi et les étudiants pourront choisir de venir s'y former par la recherche, l'expérimentation, le tâtonnement, le partage d'approches novatrices, l'échange de pratiques développées en France ou à l'étranger.

En outre, parce que tous leurs acteurs peuvent être considérés comme des cochercheurs aux côtés de scientifiques professionnels, ces labs des métiers et activités (on ne sait pas même si la notion de métier survivra aux transformations en cours) de demain pourraient être des lieux de formation par la recherche et de valorisation des tuteurs d'apprentissage, pour en faire de véritables acteurs de la formation professionnelle. Il serait aussi utile que des chercheurs, ainsi que les salariés eux-mêmes, participent plus activement aux évaluations des formations existantes et contribuent à en codésigner de nouvelles.

• *Le besoin d'éthique est omniprésent*

→ Mettre en place un comité d'éthique de la société apprenante

La création, au niveau national, d'un comité d'éthique avec progressivement, comme en médecine, des déclinaisons régionales et participatives, permettrait d'éclairer et d'encadrer les sujets émergents liés notamment à la collecte et à l'analyse des données personnelles. En s'inspirant des travaux déjà conduits dans le champ biomédical, on pourra clarifier les enjeux, construire des repères, associer l'ensemble de la communauté éducative et favoriser les retours d'expérience entre tous les acteurs.

• *Il y a un risque à ne pas prendre de risques*

→ Transformer les systèmes d'apprentissage

Il est difficile d'anticiper les évolutions à venir, d'autant que ces avancées ne vont pas sans risques.

La rapidité des changements rend nécessaire une transformation des systèmes d'apprentissage comme des compétences à enseigner ; elle appelle à une recherche sur ces sujets pour savoir ce qu'on apprend le mieux en ligne, en cours, en stage, d'un enseignant, d'un pair ou d'une expérience. Elle invite à une prise de conscience et à une mobilisation de tous les acteurs qui souhaitent préparer les campus de demain et réinventer les manières de coconstruire les connaissances. Elle doit encourager la capacité à prendre des risques, à faire des erreurs et à apprendre de ses erreurs et de celles des autres pour mieux progresser.

• *Les entrepreneurs sociaux sont les éclaireurs du monde qui vient*

→ Les associer au changement

Il faut, chaque fois que c'est possible, associer les entrepreneurs sociaux aux projets de constitution ou de structuration d'écosystèmes apprenants. C'est par exemple ce que fait Lyon, qui souhaite se muer en une « métropole apprenante », qui favorisera les apprentissages pour tous les habitants du territoire, et permettra aux organisations d'évoluer et apprendre à mieux fonctionner individuellement et ensemble. En découle la nécessité d'un bon diagnostic de départ sur les besoins, les forces, les faiblesses, les ressources disponibles, les opportunités, les points de blocage et les modalités de travail collectif.

Les parties prenantes potentielles autour de la métropole, cheffe de file, sont : le rectorat de Lyon et les autres services déconcentrés de l'État ; les universités de Lyon, l'ESPÉ et l'ENS-Lyon qui héberge l'Institut français de l'éducation ; la préfecture du Rhône ; les branches professionnelles ; des acteurs de la formation continue ; des entrepreneurs sociaux ; une ou deux start-up développant des outils numériques sur l'éducation ; plusieurs associations dont Ashoka France. Ce modèle est vertueux.

• *L'intelligence collective est plus forte que l'intelligence artificielle*

→ Développer les recherches participatives sur les apprentissages pour mobiliser l'intelligence collective, afin de comprendre les évolutions en cours

La démarche des sciences participatives, dont les succès sont remarquables dans des domaines tels que la biodiversité, la santé ou l'astronomie comme nous l'avons évoqué dans ce livre, apparaît bien adaptée aux recherches sur les nouvelles manières d'apprendre et d'enseigner.

Les outils de partage en sciences participatives permettent aux chercheurs et aux citoyens cochercheurs d'adopter les principes de la science ouverte : les données des articles, des méta-analyses, des logiciels et des outils statistiques utilisés sont disponibles. *Open science*, *open data* et *open source* se combinent pour faciliter la formation, les comparaisons et les travaux ultérieurs.

Couplées à des MOOCs ou des dispositifs numériques qui permettent aux apprenants et aux acteurs de la société apprenante d'être plus réflexifs, de mieux comprendre les enjeux pour soi et pour le collectif, des plateformes dédiées à ces enjeux offrent la possibilité à chacun de progresser tout en contribuant aux progrès de la recherche.

• *Plus que jamais, il faut « se connaître soi-même »*

→ Réformer l'orientation

En France, l'échec et la réorientation fréquente en licence (seuls 40 % des étudiants valident leur L3 en trois ou quatre ans), qui induisent un coût important pour la collectivité, posent la question de l'accompagnement et de l'adéquation des parcours au niveau comme à l'information des étudiants et des lycéens. La lutte contre le phénomène des étudiants « sans solution » ou orientés « par défaut » doit être une priorité. C'est aussi l'occasion de réguler la « main invisible » du marché de l'enseignement supérieur. Or les situations de contrainte offrent souvent un cadre d'innovation.

La création d'outils interactifs sur les savoir-faire et savoir-être nécessaires dans l'enseignement supérieur est utile. L'École polytechnique fédérale de Lausanne (EPFL) a mis au point un MOOC intitulé « apprendre et étudier à l'université ». En France, des dispositifs variés et nombreux, comme le Diplôme universitaire (DU) Paréo de l'université Paris-Descartes, offrent un mentorat et des ressources pour faciliter la réorientation des étudiants en situation de prédécrochage. Simplifier les dispositifs pour permettre des années ou des semestres de césure dès le bac, voire, comme en Norvège, des temps pour apprendre à se connaître et à trouver sa voie, pourrait aider à limiter le gâchis humain lié au décrochage.

Par ailleurs, depuis juillet 2015, tous les étudiants ont le droit de prendre une année de césure dans leur cursus, sans perdre ni leur statut d'étudiant ni, le cas échéant, leur bourse. Ils bénéficient également d'un droit au retour dans l'année supérieure de leur cursus. Néanmoins, cette possibilité est encore mal connue et surtout mal reconnue par le système de l'enseignement supérieur dans ce qu'elle apporte sur le plan des compétences et du savoir-être. Les lycéens comme les étudiants de licence qui le demandent devraient par ailleurs pouvoir bénéficier d'un mentorat bienveillant, fourni par les universités et assuré par un enseignant-chercheur ou un étudiant de master ou doctorat.

Ces derniers pourront aider l'étudiant à établir des liens entre ce qu'il a appris en césure et des enseignements plus académiques.

À l'orientation active accompagnée peut s'ajouter la possibilité de moduler les contenus disciplinaires – notamment grâce au numérique –, et la valorisation de compétences académiques et non académiques – engagement associatif, apprentissage par la recherche ou année de césure pour faciliter un projet personnel ou professionnel.

Autant d'évolutions qui seront amenées à se développer avec la réforme de l'accueil des nouveaux étudiants dans l'enseignement supérieur et le besoin d'accompagnement vers la réussite de tous les étudiants.

- *De la société apprenante à la planète apprenante*

→ Pour un « GIEC de l'apprendre »

Dernier axe de cet ambitieux plan d'action : l'Europe et le monde – la planète apprenante ! C'est en effet en travaillant en synergie avec tous ceux qui, à l'international, contribuent à faire avancer ces sujets que la France pourra se transformer durablement et s'adapter aux évolutions à venir, non pas en les subissant mais en étant force de construction du monde de demain.

Une Alliance internationale des universités pour des sociétés apprenantes et durables aurait pour mission de mettre en réseau des universités et des institutions apprenantes pour mutualiser les ressources et penser les meilleures manières de faciliter la liberté d'apprendre, d'enseigner, de faire de la recherche et de faire progresser l'intelligence collective. Cela permettrait le passage à l'échelle européenne voire mondiale de dispositifs proposés au niveau national, comme la création d'un campus numérique ouvert à tous.

Nous avons proposé de s'inspirer du Groupe d'experts intergouvernemental sur l'évolution du climat (GIEC), créé en 1988 pour étudier le climat et dégager des consensus scientifiques au niveau international, et de créer un équivalent du GIEC pour les intelligences, les apprentissages et les compétences. Tout comme le GIEC s'attaque au 13^e des objectifs de développement durable des Nations unies (le climat), ce « GIEC des intelligences, des apprentissages et des compétences » s'intéresserait au 4^e objectif que la planète s'est fixé : développer une formation de qualité tout au long de la vie, accessible à tous. Comme pour les autres objectifs de développement durable, nous progresserons d'autant plus vite que nous saurons mobiliser le meilleur de la recherche et de l'innovation mondiales et former les nouvelles générations et celles en poste actuellement à acquérir les compétences nécessaires pour relever ces défis.

Cette organisation, qui pourrait être proposée par le président Macron à ses homologues internationaux avec qui il évoque déjà les sujets de l'intelligence artificielle, aurait pour mission de penser la coévolution des intelligences, individuelles, artificielles et collectives. Les cerveaux des animaux coévoluent depuis des millions d'années et la culture coévolue avec nos intelligences individuelles depuis fort longtemps. La coévolution des intelligences connaît une accélération sans précédent avec les percées de l'intelligence artificielle, sources de nouvelles peurs mais aussi porteuses de nouveaux espoirs pour construire un avenir souhaitable qui bénéficierait à tous. Nous l'avons vu, le XXI^e^ siècle s'annonce en effet comme celui de l'émergence de l'intelligence artificielle. Elle ne manquera pas d'impacter toutes les modalités d'apprentissage des hommes et des organisations.

En présentant ce plan d'action, j'espère avoir montré que les expériences, convictions et réflexions que défend ce livre peuvent se traduire en mesures concrètes – nous les avons même chiffrées.

La société apprenante n'est pas seulement un concept. C'est une réalité qu'il nous revient de faire vivre collectivement, et sans perdre de temps si nous voulons répondre pacifiquement aux défis du siècle, dans un contexte où le creusement des inégalités en matière de savoirs et de connaissances nourrit la peur et le rejet de l'Autre et donne lieu à des récupérations politiques dans de nombreux pays occidentaux.

Il est urgent de fédérer les forces existantes en France et chez nos partenaires internationaux, en particulier européens, pour permettre à chacun de développer son potentiel et de contribuer à coconstruire demain. Il en va de l'avenir de nos démocraties et de chacun d'entre nous.

Depuis la sortie de la première édition de ce livre, en à peine plus d'un an, de nombreux signes me font penser que la possibilité de créer une planète apprenante n'est pas aussi improbable que cela puisse paraître. De nombreux lecteurs en ont exprimé le souhait sur les réseaux sociaux ou en m'écrivant. Nous avons créé un MOOC intitulé « Vers une planète apprenante » et, parmi les inscrits, des milliers de personnes nous ont décrit comment ils aimaient apprendre et comment ils s'organisaient en communautés apprenantes. Ce MOOC tourné en mode documentaire (MOOD pour *massive online open documentary*) a aussi été pensé pour faciliter la recherche (MOOR pour *massive online open research*). Ces nouveaux formats nous ont permis de recueillir des milliers de témoignages et d'avis sur les dynamiques liées à l'émergence de la planète apprenante. Les retours de la première communauté d'acteurs intéressés par ces perspectives ont enrichi notre perception et nous avons tenu à intégrer leur vision dans une nouvelle version de ce MOOD, plus internationale, qui est disponible en anglais.

À l'avenir, nous souhaitons pouvoir faire évoluer les contenus et les outils mis à disposition de communautés apprenantes. Progressivement tous ceux qui le souhaiteront doivent pouvoir bénéficier d'un GPS de la connaissance, de bases de données de projets open source, de ressources libres pour se former aux ODD, de pairs et de mentors pour créer des collectifs, de lieux pour s'engager et d'événements pour se retrouver et célébrer leurs progrès. Le CRI, avec tous les partenaires qui souhaitent contribuer à ce projet ouvert, œuvre déjà en ce sens ; nul doute que ces outils et ces contenus ne pourront que s'améliorer au fil des ans grâce aux contributions de l'intelligence collective. Pour reconnaître les contributions de chacun à cette intelligence collective, il est indispensable de créer, simultanément, de nouvelles formes de reconnaissance (open portfolio, open badge, nouvelles formes de validation des acquis). La récente déclaration des universités et des grandes écoles en faveur des Objectifs de Développement Durable va dans ce sens tout comme la volonté affichée par les financeurs de la recherche (Agence Nationale de la Recherche ou Union Européenne, par exemple) de soutenir prioritairement les projets contribuant aux ODD. Les grèves des jeunes pour le climat qui, toujours plus nombreux, manifestent au nom de la science (j'aime la créativité de leurs slogans dont « *Let's make the planet Greta again* ») nous montrent que la nouvelle génération n'est pas la dernière à se mobiliser sur ces sujets. La convergence des acteurs institutionnels, des discours de certains dirigeants aux Nations unies, des patrons de toujours plus d'entreprises, de l'électorat et de la jeunesse prouvent que la prise de conscience se généralise progressivement. Il reste néanmoins à l'amplifier et à la transformer en actions concrètes à la hauteur des enjeux : un des défis est de savoir comment s'engager et comment être formé à la compréhension de leur complexité. Si j'en crois le nombre d'acteurs de tous niveaux qui s'expriment sur ces sujets dans les médias ou sur les réseaux sociaux, il me semble que l'on peut retrouver une part d'optimisme.

Dans la perspective de mobiliser toujours plus de personnes sur ce thème, nous avons signé un partenariat avec Audrey Azoulay, directrice générale de l'UNESCO en mars 2019 pour poser les premières pierres d'une alliance ouverte pour le futur de l'apprendre. L'UNESCO prépare un nouveau rapport sur le futur de l'éducation qui, comme les rapports Faure, en 1972 et Delors en 1996, pourra servir de références pour la repenser. Sa directrice générale m'a fait l'honneur de m'inviter à y contribuer. J'espère que cela nous permettra de faire entendre la voix des jeunes et des moins jeunes sur l'avenir de l'éducation. Il serait intéressant d'avoir leur avis sur les recommandations des rapports précédents et de celui à venir, d'avoir leurs opinions sur les freins actuels et les manières de les dépasser pour mettre en œuvre les transformations souhaitées.

La création, le 3 décembre 2018, par l'assemblée générale des Nations unies d'une journée internationale de l'éducation est aussi un élément prometteur. Nous souhaitons organiser un festival de la planète apprenante la semaine correspondante pour que chacun puisse célébrer ses apprentissages, les documenter et les partager. Si ce festival aura sans doute des débuts modestes, on peut rêver que, comme la fête de la musique, la fête des voisins ou le téléthon, il mobilise progressivement toujours plus de gens. Ce festival pourrait s'appuyer en particulier sur tous les réseaux engagés pour les ODD et l'éducation. Pour aller plus loin encore, nous avons commencé à évoquer la possibilité de mettre en avant les meilleures manières de relever les défis des Objectifs de Développement Durable lors de grands événements internationaux comme les expositions universelles ou les jeux olympiques. Ainsi, nous célébrerions les contributions des équipes de jeunes, d'éducateurs, d'artistes, de scientifiques et d'entrepreneurs engagés sur ces sujets et prêts à partager en *open source* leurs avancées. Si la célébration des champions sportifs fait rêver bien des jeunes qui s'engagent dans des clubs de sport aux quatre coins de la planète et mobilise bien des ressources, on peut espérer que des olympiades du développement durable auront un effet équivalent.

Déjà en juillet 2019, lors d'une assemblée de la planète apprenante, co-organisée avec nos partenaires de l'UNESCO et de l'Agence Française de Développement, nous avons pu partager les meilleures manières de former aux Objectifs de Développement Durable. À cette occasion, avec Stefania Giannini, directrice générale adjointe de l'UNESCO, nous avons eu le plaisir de remettre des prix à des étudiants, venus des quatre coins de la planète, qui se sont investis pour trouver des solutions aux défis du développement durable. Quand on voit ce que ces étudiants ont pu faire en quelques semaines, on ne peut que rêver de découvrir ce que donnerait leur motivation s'ils pouvaient s'investir pendant des années et s'appuyer sur des enseignants et des mentors bien formés en bénéficiant des résultats que d'autres ont pu obtenir avant eux. Si on veut respecter l'agenda 2030 des Nations unies, la mobilisation de la créativité et de l'engagement de millions de jeunes à travers le monde, qui peut faire des merveilles, a besoin d'être catalysée et canalisée.

Il serait par exemple intéressant de coconstruire la liste des actions qui sont simultanément bonnes pour l'individu, pour les autres et pour la planète. Pour ne donner que quelques exemples, le fait de prendre son vélo est bon pour la santé de l'individu, celle des autres via la réduction de la pollution et pour la planète via la réduction de l'émission du $CO_2$. On peut aussi considérer l'arrêt de la cigarette (qui est mauvaise pour le fumeur, pour son entourage victime de tabagisme passif et pour la planète, les mégots étant une source de pollution de l'eau et des sols). La malbouffe est un autre exemple qui entraîne des risques d'obésité et contribue à la déforestation de l'Amazonie et à l'émission de méthane produite par les vaches. Sur ces sujets comme sur bien d'autres (excès de vitesse, surconsommation de vidéos, de jeux, d'alcool, etc.), on voit qu'on peut aligner les intérêts des individus, de leur entourage et de la planète. Reste à en prendre conscience et à changer de comportements, ce qui est bien évidemment plus facile à dire qu'à faire.

Là aussi il faudrait faire preuve de créativité et mobiliser l'intelligence collective pour prendre conscience des ODD, qui sont connus par moins de 10 % des personnes interrogées en septembre 2019. Les artistes ayant souvent un temps d'avance et une capacité à mobiliser les imaginaires, je pense qu'ils doivent jouer un rôle. Yacine Ait Kaci, qui a créé Elyx devenu ambassadeur digital des Nations unies, est un bon exemple, participant à faire passer par sa simplicité et son humour le message des ODD. On pourrait aller plus loin et reconnaître les meilleurs romans, les films les plus émouvants, les jeux les plus inspirants et les chansons les plus engagées permettant de prendre soin, de soi, des autres et de la planète. On peut aussi imaginer des campagnes de communication virales comme celles où on voit à Times square une jeune adolescente en robe de mariée accompagné d'un époux qui a cinq fois son âge, tout comme cette vidéo venue de Thaïlande où un enfant de 6 ans, cigarette à la main, demande du feu à un fumeur. Réalisées pour accélérer les prises de conscience, elles peuvent nous inspirer pour en produire de nouvelles qui faciliteront les discussions sur les transitions nécessaires. La recherche doit aussi être mobilisée pour comprendre comment sortir des addictions. Si on peut s'appuyer sur des décennies de recherche en neurobiologie et sociologie des addictions, on peut aussi développer des projets d'éducation par la recherche et de sciences participatives pour comprendre comment prévenir ces comportements chez les plus jeunes et les interrompre chez ceux qui ont déjà succombé à ce type de pièges. Ces véritables guets-apens sont d'autant plus dangereux que certains acteurs ont cherché à créer des addictions à leurs produits comme le dénonce Robert Lustig que nous avons déjà cité et qui collabore désormais à la prévention de ces addictions avec le CRI, l'université de Cergy et le Center for Humane Technology de Tristan Harris. Ce dernier, lanceur d'alerte, a quitté son poste de responsable de l'éthique chez Google pour demander la création d'outils numériques qui nous aident à développer nos potentialités plutôt qu'à manipuler nos dépendances.

La loi Pacte (Plan d'action pour la croissance et la transformation des entreprises) d'avril 2019 qui invite les entreprises à réfléchir à leurs raisons d'être, à leur impact social et environnemental en plus de leur modèle économique, ou celle qui cherche à s'assurer que toutes payent des taxes et contribuent au bien commun y compris les géants du numérique, montre que le besoin de respect des règles du jeu, tout comme la quête de sens, est présent dans les entreprises. Ce besoin de sens, qui rejoint la viralité du concept d'ikigai, précédemment évoqué, montre que des changements profonds sont à l'œuvre chez toujours plus d'individus et de collectifs humains. Confucius disait que la seconde vie commence quand on sait que l'on en a qu'une. Puisque la dégradation de notre environnement devient la première préoccupation de toujours plus de gens, on peut se demander si la prise de conscience de la finitude de notre planète ne peut pas jouer un rôle équivalent. Si les citoyens, électeurs et consommateurs que nous sommes prennent conscience que nous n'avons qu'une vie et qu'une planète, ils considéreront l'impact de leurs choix pour eux, les autres et notre écosystème terrestre. Alors, ils inciteront les entreprises, les politiques et les autres à se comporter de manière plus vertueuse. Si dans une planète apprenante chacun célèbre et documente ses prises de conscience, ses évolutions et les partage, cela peut faciliter les transformations des individus et des collectifs, des institutions publiques comme des entreprises. Cela peut paraître utopique, mais il me semble que c'est une utopie nécessaire qui invite chacun d'entre nous à se conformer au précepte de Gandhi : « Soyez le changement que vous voulez voir dans le monde. »

## CONCLUSION

## Vers une humanité plus humaine

Nous avons commencé ce voyage commun le 11 septembre 2001 dans New York pétrifiée par les attentats les plus meurtriers jamais commis, et par cette question qui, depuis, m'habite quotidiennement : « Comment œuvrer pour une humanité plus… humaine ? »

Je vous ai raconté au fil des pages mon cheminement personnel. Comment, depuis de nombreuses années, j'aime explorer et même explorer de nouvelles manières d'explorer, en voyageant, en lisant, en discutant, en jouant, en faisant ou en cherchant, seul parfois, mais le plus souvent dans des collectifs qui permettent de progresser plus vite, en s'appuyant sur la diversité des points de vue, sur la richesse des apports de différentes disciplines, sur la fécondité des croisements des cultures. Comment je suis passé de chercheur, spécialiste de l'évolution de la coopération, à mentor d'étudiants souhaitant apprendre par la recherche et coopérer au-delà des barrières disciplinaires pour aborder de nouvelle manière des problématiques intéressantes. Comment j'ai progressivement compris que si les chercheurs étaient de bons apprenants, tous les apprenants pouvaient devenir chercheurs, ou en tout cas utiliser des démarches de recherche pour progresser, quels que soient leur âge ou leur milieu, à partir du moment où un sujet leur tient à cœur. Comment j'ai pu réaliser que nous pouvions tous, dès le plus jeune âge, apprendre plus vite en satisfaisant notre curiosité. Comment, par la recherche, en coopérant avec des collectifs apprenants qui nous aident à dépasser nos limites et une partie de nos biais, nous pouvions avancer plus vite tout en participant à une aventure collective. Comment je me suis convaincu progressivement que ces collectifs pourraient s'auto-organiser et apprendre à d'autres pour progressivement bâtir une planète apprenante. Comment, si on savait ensemble ébaucher de nouveaux outils numériques capables de catalyser l'émergence d'une intelligence collective planétaire, nous pourrions coopérer chacun à notre niveau et contribuer ainsi à relever les défis de notre temps. Comment, si on savait allier éthique, technologie et intelligence collective, des humains et des machines, on pourrait construire ensemble des futurs où tous puissent bénéficier des progrès à venir et chacun pourrait apprendre à prendre soin de soi, des autres et de la planète.

J'espère vous avoir convaincu à votre tour, si besoin était, que cette ambition collective ne peut se fonder que sur une révolution de nos façons d'apprendre, en tout lieu et à tout âge. Nous l'avons vu, depuis, l'accélération des progrès du numérique, de la génétique, des nanotechnologies, des sciences cognitives, ont bouleversé la donne. Pour le pire et pour le meilleur.

Le pire aura été l'invasion de la Toile par le néo-obscurantisme, la diffusion massive de fausses nouvelles (*fake news*), la radicalisation des positions, l'intoxication des opinions à grande échelle, les menaces sur la démocratie, le développement de technologies permettant de détruire les écosystèmes et de manipuler le vivant sans considération éthique…

Le meilleur, ce sont ces milliers d'initiatives et de prises de conscience qui, sur toute la surface du globe, laissent entrevoir un usage vertueux de ces mêmes technologies, et dont ce livre n'a présenté qu'un pan représentatif mais modeste.

Reste à décider, collectivement, des contours de cette humanité « plus humaine ».

L'être humain a déjà su le faire, y compris dans les pires périodes de haine et de ténèbres. Les premières étincelles des futures Lumières pétillent dans un monde marqué par les guerres de Religion et l'Inquisition, en l'absence de tout système éducatif structuré. Petit à petit, les idées émancipatrices vont se faire un chemin, d'abord clandestin, puis au grand jour, dans des circonstances bien plus contraignantes qu'aujourd'hui, pour aboutir à l'*Encyclopédie ou Dictionnaire raisonné des sciences, des arts et des métiers* de Diderot et d'Alembert et, quelques années après, au passage de l'Ancien Régime à la démocratie.

Il existait à l'époque un réel dialogue entre les différents champs du savoir (ce qu'on appelle aujourd'hui l'interdisciplinarité), des réseaux de communication informels (les « collèges invisibles »), des tiers lieux comme les cafés ou les salons pour tester et échanger les idées… Et, bien sûr, les livres et les imprimés, dont l'historienne américaine Elizabeth Eisenstein[1] décrit le rôle moteur dans la « révolution inaperçue » qui précéda les révolutions, elles bien visibles, américaine et française.

Elle explique ainsi comment, à partir de Gutenberg, la diminution du coût d'accès à l'acquisition et au partage de l'information va permettre de changer le système politique et le système juridique. Mais déjà à l'époque, comme pour les langues d'Esope, la technologie que représentait l'imprimerie pouvait être utilisée pour le pire, tels ces livres qui expliquaient comment accuser de sorcellerie les femmes libres et engagées. Aujourd'hui, on ne peut que constater le trop-plein de sexisme sur Internet, mais heureusement on y trouve aussi des contenus qui émancipent les femmes et les invitent avec #metoo à s'exprimer et à s'inclure dans des collectifs qui peuvent lutter pour l'égalité et le respect de leurs droits. L'imprimerie qui n'était au départ qu'une technologie de communication s'est révélée au fil des décennies être un puissant agent de changement. Internet a le même rôle, mais là où il fallait un siècle aux botanistes pour passer de 500 à 5 000 plants répertoriés en Europe, pour reprendre un exemple cité par Elizabeth Eisenstein, il suffit aujourd'hui de quelques années à des collectifs de citoyens-chercheurs pour mobiliser leur intelligence collective et cartographier la biodiversité, voire de quelques secondes à une intelligence artificielle pour analyser cette biodiversité une fois documentée.

Il en va de même des possibilités de croisement des disciplines, notamment grâce au big data, de la vigueur des tiers lieux ou de l'expansion des « collèges invisibles » : tout est en place pour réinventer les Lumières à l'heure du numérique et répondre aux trois questions que pose T. S. Eliot dans *The Rock* : « Où est passée la vie que nous avons perdue en vivant ? Où est passée la sagesse que nous avons perdue dans la connaissance ? Où est passée la connaissance que nous avons perdue dans l'information[2] ? »

Sachant que nous bénéficions d'un atout majeur, qui entraîne un changement de paradigme par rapport à l'époque des Lumières : le numérique est bien sûr une technologie de la communication, comme l'imprimerie, mais c'est aussi une technologie des données qui agit par elle-même. Elle peut prendre des décisions. Modéliser un génome. Créer des robots.

Nous sommes passés d'une phase de l'histoire au cours de laquelle la machine, pour fonctionner, interagissait avec l'homme, une phase de coévolution entre l'information et l'action, à une phase où se multiplient les agents autonomes qui, à partir d'informations, vont prendre des décisions autonomes. Et nous nous apprêtons à leur déléguer toujours plus d'autonomie : avant le *machine learning*, nous pouvions toujours nous dire qu'une machine ne faisait rien d'autre qu'exécuter des instructions programmées par un être humain, désormais, elle est en partie capable de se programmer elle-même. La situation antérieure était déjà vertigineuse : savez-vous que 7 % des actifs financiers mondiaux (15 000 milliards de dollars) étaient gérés par une intelligence artificielle[3] ? Qu'adviendra-t-il demain quand la machine fixera elle-même ses critères pour acheter ou vendre, ce que nous pourrions être tentés de laisser faire si, au moins à court terme, ses décisions rapportent plus ?

Le numérique est une technologie exponentielle. Il aura un impact beaucoup plus important que l'imprimerie n'en a jamais eu. Cela nous place face à des enjeux scientifiques, sociaux, éthiques et politiques qui sont, à mon humble avis, sans précédent.

On peut bien sûr se contenter d'espérer que plus les machines sauront effectuer des tâches répétitives et déshumanisantes, plus l'humain pourra consacrer du temps à « être humain » – à développer ses potentiels de créativité, d'empathie, de compréhension de soi, de compréhension des autres, à chercher ce qui fait le sens et le sel de la vie, à prendre soin de soi, des autres et de la planète… C'est le scénario relativement optimiste auquel on peut aspirer. Mais il n'a rien de certain.

D'autres scénarios plus sombres, dont se repaît Hollywood, ne sont pas moins crédibles : prise de contrôle par les machines, esclavagisation voire éradication de l'humain… Enfin, la question de la réécriture de notre propre génome et donc du statut même de l'espèce humaine est aujourd'hui posée.

Si T. S. Eliot était là aujourd'hui, il aurait peut-être ajouté à ses trois questions : « Où est passée l'information qu'on a perdue dans les données ? » Il nous inviterait probablement à nous demander : comment retisser la toile du sens ? Comment passer des données à l'information, de l'information à la connaissance, de la connaissance à la sagesse, et comment mettre tous ces savoirs au service de la vie ? Comment mettre en œuvre, au quotidien, la morale d'action proposée par le philosophe allemand Hans Jonas, qui formula en 1979 dans *Le Principe responsabilité*[4] les bases du développement durable : « Agissez de telle sorte que les effets de vos actions soient compatibles avec la permanence d'une vie humaine authentique » ?

Cet ouvrage propose des pistes de réflexion mais n'ambitionne en aucun cas de détenir une vérité. Puisse-t-il contribuer à inviter au questionnement individuel et au débat collectif sur notre futur commun.

# ANNEXE

## Les activités du CRI en 2020

(Pour découvrir les projets du CRI : https://cri. paris.org/)

Le CRI expérimente et promeut de nouvelles manières d'apprendre, d'enseigner, de faire de la recherche et de mobiliser l'intelligence collective. Notre mission est de contribuer à construire une société apprenante dont les membres apprennent à apprendre, individuellement et collectivement, à prendre soin d'eux, des autres et de la planète afin de relever les défis majeurs de notre temps. Le CRI y contribue en explorant des sujets aux interfaces des sciences du vivant, de l'apprendre et du numérique, en créant de nouvelles méthodes pédagogiques. Ses méthodes s'appuient sur la recherche, le numérique, l'interdisciplinarité, l'intelligence collective ainsi que l'apprentissage par la recherche, l'engagement et le jeu sérieux. Le cadre bienveillant et la richesse des expertises qui se trouvent au CRI en font un cadre de liberté évolutif et un espace de créativité unique, toujours plus reconnu de par le monde.

Après une dizaine de déménagements en 15 ans, où il a régulièrement doublé de taille, le CRI est installé pour les cinquante ans à venir, 8 et 10 rue Charles V, dans le Marais, dans des bâtiments de la Ville de Paris restaurés et aménagés grâce à la générosité de la Fondation Bettencourt Schueller, rénovation architecturale primée pour son caractère innovant, fruit d'une collaboration étroite entre tous les acteurs (architectes, bâtisseurs, utilisateurs et propriétaires). Ce bâtiment est un écrin qui reçoit toujours plus de visiteurs souhaitant collaborer ou simplement attirés par la diversité des événements et des projets qui y sont menés par les communautés du CRI.

Le CRI se positionne comme un *middleground*[1], un intermédiaire catalysant les interactions entre les institutions (*uppergrounds*) et les individus innovants qui cherchent de nouvelles voies et qui peuvent se sentir isolés voire marginalisés (*undergrounds*). Ces organisations particulières ont en commun de reposer sur une communauté d'innovation au sein d'un lieu dédié dont les membres créent et apprennent via la réalisation de projets et l'organisation d'événements. Une des conditions du succès de ces *middlegrounds* est de se considérer comme des jardins où peuvent fleurir bien des initiatives que l'on peut accompagner en leur offrant un terreau favorable.

Les initiatives des étudiants sont le véritable moteur de l'évolution du CRI. Nous les encourageons à créer des clubs pour y développer des projets ouverts à tous et à toutes. Le CRI propose des formations par la recherche qui vont de la maternelle au lycée, avec Savanturiers-École de la Recherche, et de la licence au doctorat et qui s'étendent tout au long de la vie.

Savanturiers-École de la Recherche est un programme éducatif, cocréé avec Ange Ansour, qui vise à développer le modèle de l'éducation par la recherche à travers trois activités :

- implanter des projets de recherche dans des classes de maternelle, primaire, collège, lycée et accueil périscolaire ;

- former des acteurs éducatifs ;
- faire de la recherche et du développement en éducation.

Il mobilise et fédère les communautés éducatives et scientifiques qui cocréent et innovent au service de l'École, avec pour ambition de construire des apprentissages rigoureux et productifs tout en développant l'esprit critique de l'élève, sa volonté d'explorer l'inconnu et le sens de la coopération ainsi que développer l'expertise des enseignants comme travailleurs du savoir et ingénieurs pédagogues-chercheurs dans leurs classes.

La licence « Frontières du vivant » est dirigée par Jean-Christophe Thalabard, également Dean de l'ensemble des programmes pédagogiques, Vincent Dahirel, Patricia Busca et Mahendra Mariadassou. Cette formation généraliste et interdisciplinaire est bien plus qu'une licence de biologie. Cette formation par la recherche vise à transmettre aux étudiants, de solides compétences et connaissances scientifiques, aussi bien disciplinaires que transversales, centrées sur l'étude du vivant, en interaction avec la physique, la chimie, les mathématiques, l'informatique ou encore les sciences sociales. Le cursus en trois ans est fortement axé sur un apprentissage à, et par, la recherche au service des Objectifs de Développement Durable (ODD) : comment mobiliser les savoirs scientifiques pour en comprendre la complexité et esquisser des solutions innovantes et susceptibles de passer à l'échelle.

L'École Universitaire de Recherche Interdisciplinaire de Paris (EURIP) rassemble master et doctorat. Lauréate d'un appel à projet du programme des investissements d'avenir, elle accompagne des étudiants désireux d'explorer les interfaces entre les sciences du vivant, les sciences de l'apprendre et les sciences du numérique, et donc en particulier les questions de la coévolution des intelligences biologiques, individuelles, collectives et artificielles.

Au sein de cette Graduate School, le master « Approches interdisciplinaires et innovantes de la recherche et de l'enseignement », dirigé par Sophie Pène, Jean-François Bonnet, David Tareste et Franck Zenasni est destiné aux étudiants désireux de suivre une formation interdisciplinaire de haut niveau. Le master propose trois parcours : Sciences du vivant, Sciences de l'apprendre et Sciences du numérique. Ce dernier track, ouvert en septembre 2019, est déjà fortement plébiscité tant par les étudiants que par les entreprises.

L'école doctorale FIRE, Frontières de l'Innovation en Recherche et Éducation, dirigée par Muriel Mambrini et David Tareste promeut des projets nécessitant le croisement de disciplines, autour des questions posées par le vivant, les apprentissages et le numérique. Ces projets couvrent un large champ d'études, allant des interactions moléculaires et cellulaires aux écosystèmes, en incluant les sociétés humaines, la cognition et la coévolution des intelligences, des humains et des machines, des individus et des collectifs. C'est l'unique école doctorale dérogatoire en France pouvant accueillir le temps d'une thèse des laboratoires pour permettre l'émergence de sujets novateurs portés par les étudiants. Les projets de thèse sont sélectionnés par un comité d'experts internationaux présidé par Andrew Murray qui dirige un PhD programme à Harvard.

Le CRI est aussi un acteur clé de la réflexion sur l'apprentissage tout au long de la vie. Il propose actuellement 6 diplômes universitaires et interuniversitaires.

Le diplôme universitaire CREER (Créativité, entrepreneuriat et recherche), initié par Vincent Dahirel, répond aux besoins de ceux qui souhaitent sortir de leur zone de confort, dans le cadre d'un collectif en formation. La formation diplômante, « Philosophie pratique de l'éducation et de la formation », dirigée par Sophie Audidière, concerne le renforcement professionnel des acteurs de l'éducation et de la formation. Elle partage des ressources pour l'invention de dispositifs expérimentaux d'enseignement et de formation. « Acteurs de la transition éducative », initiée par Florence Rizzo et Sophie Pène, est un diplôme universitaire (DU) dont l'ambition est de donner aux acteurs éducatifs les moyens d'innover pour créer l'école de demain. « Médiation scientifique innovante », diplôme coordonné par Jean-Marc Galan, vise à fournir une boîte à outils adaptée aux dispositifs de médiation scientifique innovants. « Apprendre par le jeu », impulsé par Antoine Taly, propose d'explorer le potentiel du jeu sérieux numérique au service des secteurs de l'éducation, la santé, l'innovation, le marketing, la citoyenneté, l'humanitaire, la culture, l'industrie et la recherche. Ces DU sont complétés par le DU FAIRE créé par Franck Zenasni et Ange Ansour pour établir des ponts entre recherche et enseignement.

Le CRI accueille aussi une Unité Mixte de Recherche, en partenariat avec l'Inserm et l'Université de Paris, dirigée par Ariel Lindner, cofondateur du CRI. Ce « collaboratoire », rencontre entre « collaboration » et « laboratoire », accueille des chercheurs désireux d'explorer, dans une philosophie open source, des frontières interdisciplinaires, dans un cadre bienveillant, où l'éthique, l'engagement et la mobilisation de l'intelligence collective sont clés. Le « collaboratoire » peut accueillir 60 chercheurs en transition, pour les accompagner sur des périodes de 3 mois à 5 ans en fonction de leurs projets et leur permettre de faire des choses qu'il serait sans doute plus difficile de réaliser ailleurs dont nombre de projets sont très en phase avec les idées discutées dans ce livre. Citons parmi eux, Marc Santolini qui mène des travaux de recherche sur la science de la science et qui a montré que les travaux sur les sujets émergents sont plus souvent lancés par des petites équipes composées de jeunes chercheurs interdisciplinaires. Un autre projet intéressant est celui de Ignacio Atal qui veut aider les enseignants à prendre conscience que lorsqu'ils expérimentent et observent les impacts sur leurs élèves, ils sont des chercheurs qui gagnent à se mettre en réseau et à bénéficier de méthodes qui peuvent les aider à faire progresser leurs élèves. On peut aussi citer le Motion Lab, créé par Joël Chevrier, un laboratoire d'expérimentation et de prototypage autour du mouvement pour la santé, la rééducation, la prévention, la petite enfance et l'éducation, ou encore Roberto Toro sur l'autisme, ou Anirudh Krishnakumar, étudiant en thèse, qui a développé avec le Child Mind Institute une application encourageant les sciences citoyennes, notamment pour le recueil de données de terrain sur les difficultés d'apprentissage et de comportement. Ce collaboratoire accueille aussi des projets de recherche étudiants, qui, comme iGEM que nous avons décrit et dont le projet sur la tuberculose est aujourd'hui prolongé par l'équipe de Jake Wintermute, leur permettent de définir un projet de recherche collectif où ils pourront développer leur créativité et mener à bien des expériences inédites comme celles alliant biologie et design que la dernière promotion a présentées au MoMA (Museum of Modern Art) à New York. Les activités de recherche du CRI ont aussi bénéficié d'une Chaire Axa Research Fund sur les *Approches systémiques des différences individuelles de longévité* et d'une chaire d'Orange sur les *Liens entre les dynamiques du numérique et du vivant.*

En complément à ces projets de recherche *in situ*, le CRI a développé des projets de sciences participatives comme « Doing It Together Science » (DITOs), un projet européen mené par onze partenaires sur trois ans (2016-2019) et coordonné au CRI par Imane Baiz. Le but de ce programme était notamment d'accroître l'engagement citoyen et politique dans la recherche scientifique et l'innovation sur les sujets du bio design et de la préservation de l'environnement.

Pour faciliter les activités ci-dessus et catalyser l'émergence de nouveaux projets, le CRI héberge des labs (laboratoires) développés dans le cadre de l'IIFR (Institut innovant de formation par la recherche), financé par le programme IDEFI de l'Agence nationale de la recherche et dirigé par Amodsen Chotia. Les *Gamejam* et les *hackathons* qui favorisent l'apprentissage par le prototypage rapide, le jeu et par essai-erreur sont des éléments clés de ces structures qui sont ouverts aux étudiants, aux chercheurs, aux enseignants et aux citoyens. Ces labs incluent un espace dédié au développement de jeux pour la science et l'éducation ; un Maker space initié par Kevin Lhoste, qui a fait sa thèse au CRI, est dédié au prototypage d'objets 3D et électroniques, et développe des activités fondées sur le développement, le design et l'utilisation de capteurs high-tech low cost dans différents contextes ; le VR Frontiers Lab, dirigé par Philippe Bertrand en thèse au CRI, est destiné au développement d'outils pédagogiques de réalité virtuelle par le biais de *serious games* ; un studio de production multimédia, coordonné par Xavier Desplas, où nous développons des contenus pédagogiques tels que des *Massive Open Online Courses* ou documentaires autour de nos thématiques : Éducation par le Recherche, Leaders of Learning, Leaders in Health… Les MOOCs œuvrent à la démocratisation et l'accessibilité de l'apprentissage à distance tout au long de la vie auprès du plus grand nombre. Un Health Lab et « Premiers cris », un parents & baby Lab complètent ce paysage, initiés respectivement par Olivier Bory, Lisa Jacquey et Marion Voillot. Ce sont les derniers-nés des Labs comme l'ont été auparavant nombre des initiatives étudiantes au sein du CRI.

L'équipe numérique du CRI, dirigée par Éric Chérel, développe plusieurs dispositifs numériques innovants, comme le « gymnase augmenté », qui permettront à un grand nombre d'utilisateurs d'interagir en réalité augmentée pour apprendre à s'immerger collectivement dans un univers numérique. Ce concept mêle pédagogie innovante, expérimentation technologique, recherche sur le mouvement et recherche sur l'ergonomie. Sous l'expertise de Jean-Marc Sevin, spécialiste en big data et intelligence artificielle, l'équipe développe également la plateforme WeLearn, sorte de GPS du savoir, pour accompagner les apprenants dans leurs recherches de ressources pédagogiques fiables, adaptées à leur niveau de compétence et à faciliter les processus d'apprentissage des compétences. Julien Joubin développe la plateforme projects qui accueille les projets de la communauté du CRI et de nos partenaires.

Les nouveaux modes d'apprentissage doivent pouvoir s'appliquer à tous et peuvent ralentir voire stopper la précarisation de certaines populations. Le projet *Right to repair*, né à l'initiative de deux enseignants, Franck Zenasni et Vincent Dahirel, accompagne les individus les plus fragiles et éloignés de l'emploi afin de les « embarquer » dans un projet entrepreneurial durable autour de la fabrication et réparation d'objets en mode Open Source.

Un des éléments fondateurs du CRI est sa forte ouverture à l'international, qui concourt à sa richesse, sa créativité, son énergie, sa légitimité et sa reconnaissance. La diversité des étudiants du CRI, de ses enseignants, chercheurs, conseils scientifiques et de ses équipes en témoigne, avec actuellement 54 nationalités représentées.

Sous la houlette de Gaëll Mainguy, le CRI organise plusieurs événements internationaux chaque année, dont la conférence internationale *Towards a Learning Planet* en 2017 ou bien encore, en 2019, le *World Innovation Summit for Education* et la première édition de *Learning Planet Assembly*, organisé avec l'UNESCO et l'AFD, qui marque le lancement de notre partenariat avec l'UNESCO pour créer une Alliance Ouverte pour le Futur de l'Apprentissage. Cet événement viendra renforcer le positionnement à l'international du CRI qui développe déjà un cycle annuel d'universités d'été et d'hiver, interdisciplinaires, avec ses partenaires en Chine (université Tsinghua, Shenzhen), en Colombie (Tadeo Lab, Bogota), en Inde (Maker's Asylum, Mumbai), en Suisse (École polytechnique fédérale de Lausanne, université de Genève) et à Paris (Harvard University et École d'affaires publiques de Sciences-Po). De la Harvard Summer School – The Biopolis de Paris aux STEAM Schools de Mumbai ou à notre SDG Summer School à Paris, ces formations intensives encouragent l'apprentissage par le faire et permettent aux étudiants de développer des projets entrepreneuriaux qui répondent aux Objectifs de Développement Durable des Nations unies.

Ces programmes regroupent des étudiants du monde entier aux parcours variés. Des experts en médecine, sciences, environnement, impression 3D, éducation se retrouvent autour de hackathons, d'ateliers et de master class afin de développer des projets motivants et impactants.

Le CRI accompagne également le développement de lieux inspirés de ses principes pédagogiques et portés par des personnes formées au CRI comme Open Fiesta à Shenzhen en Chine, ou encore à Bogota (Colombie). Le CRI est également porteur d'une chaire UNESCO « Sciences de l'apprendre » qui lui permet de fédérer ces partenaires et de travailler toujours plus étroitement avec cette institution internationale. Enfin, sous le pilotage d'Olivier Bréchard qui nous a rejoints dernièrement, nous souhaitons, dans le cadre de notre partenariat avec l'UNESCO, créer un rendez-vous annuel de rencontres et d'échanges autour des nouveaux modes d'apprentissages et des initiatives pédagogiques innovantes. Le CRI est accompagné dans le recrutement des chercheurs et l'évaluation des projets par un conseil scientifique à la renommée internationale présidé par Helga Nowotny (ancienne présidente du Conseil européen de la recherche, professeure émérite en sciences sociales à ETH). Ce conseil, garant de la qualité des travaux et de la formation scientifique du CRI, inclut également Andrew W. Murray, professeur au Howard Hughes Medical Institute, directeur du Center for Systems Biology, Harvard University, Leland H. Hartwell (lauréat du prix Nobel de médecine, directeur du Biodesign Institute, professeur en santé durable, chaire de médecine personnalisée, Arizona State University), Samir K. Bramachari (ancien directeur du Conseil de recherche scientifique et industriel indien [CSIR India], Chief mentor, Open Source Drug Discovery Academy), Stephen Friend (ancien directeur de l'équipe Santé d'Apple, président du Conseil de sage Bionetworks), Nadia Thalmann de la prestigieuse université singapourienne NTU, Stephan Lewandowsky de l'université de Bristol, Rob Page de l'Arizona State University, Grace Neville qui a présidé le jury IDEFI et Rob Lue, qui a dirigé HarvardX.

Le CRI incite les étudiants à créer des clubs. Chaque club permet notamment :

— d'intégrer de nouvelles disciplines, comme la réalité virtuelle avec le club VR ou les sciences cognitives avec le club SCALP !

— d'agir d'une manière concrète et optimiste pour les enjeux énergie et climat au sein de l'association Avenir Climatique ;

— de contribuer à la formation des futurs PU-PH (professeur des universités – praticien hospitalier) par de l'interdisciplinarité, au sein de l'Association médecine pharmacie science (AMPS) qui regroupe une communauté de doctorants en pharmacie ou en médecine construite autour de la recherche biomédicale ;

— de s'approprier des sujets de société, comme l'égalité femme/homme dans les sciences au sein de Wax Science ou encore l'intégration des réfugiés par la formation avec CRI For All ;

— de trouver du sens comme le club ikigai qui forme individus et collectifs à penser le design de leur existence.

Nous leur permettons d'adopter une pensée de « *hackers* »/« *makers* » tout en les accompagnant et en les challengeant pour développer leurs projets en complément de leur cursus académique. Au-delà des clubs, l'École dynamique, Science Ac', Rhizi ou L'Atelier des jours à venir sont autant de projets qui ont été lancés par des étudiants du CRI. Le statut d'étudiant-entrepreneur est fortement encouragé, ainsi que toutes les initiatives entrepreneuriales sous toutes leurs formes, de la prise d'initiative pour améliorer l'organisation interne à la création de start-up et d'associations. De nombreuses start-up ont été créées par des étudiants du CRI, dont certaines ont connu un véritable succès. On peut citer Sophie Gontier, cofondatrice d'Unibiome, Xavier Duportet, fondateur de Hello Tomorrow et d'Eligo Bioscience, une biotech qui s'attaque au marché des antibiotiques, ou Thomas Landrain, cofondateur de Just One Giant Lab, de PILI et de La Paillasse.

*Last but not least…* Rien de tout cela ne serait possible sans le dévouement de dizaines d'enseignants et l'engagement de personnes formidables qui assurent le quotidien et le soutien à toutes ces activités, et que je ne peux malheureusement pas, contrairement au générique d'un film, toutes citer ici mais qui assurent secrétariat, accueil, logistique, comptabilité, juridique, ressources humaines, lien avec les universités, suivi et soutien des étudiants, animation de la communauté du CRI, informatique, communication institutionnelle et plaidoyer, ou bien encore le développement du fundraising. Ces derniers sujets portés par Véronique Giacomoni sont clés pour assurer la pérennité et le développement de nos missions avec en préparation une prochaine campagne de levée de fonds majeure, avec le soutien et les conseils avisés de Gabriel Hawawini, ancien Dean de l'INSEAD et Trustee de l'University of the People. La coordination bienveillante de cet ensemble est assurée par Ariel Lindner, cofondateur du CRI, Jean Grellet, Chief Facilitation Officer, et Bénédicte Gallon, secrétaire générale qui a effectué le suivi des travaux de notre nouveau campus et gère les parties juridiques et financières, pendant que Gaëll Mainguy œuvre au développement et aux relations internationales. Dans un lieu qui croît aussi vite que le CRI, c'est un défi permanent que d'assurer l'équilibre entre l'existant et les projets émergents : le CRI a un rôle de pépinière qui doit préserver ce qui fonctionne et permettre l'émergence de jeunes pousses capables de contribuer au monde de demain.

# REMERCIEMENTS

Si je dédie cet ouvrage à toutes celles et tous ceux qui m'ont tant appris, c'est que je ne serais pas celui que je suis devenu sans leur aide. Sans elles et sans eux, je n'aurais pu acquérir un minimum de savoirs, de savoir-être, de savoir-vivre ou de savoir-faire et je n'aurais pas pu, su ou même voulu, écrire sur un tel sujet.

Je ne pourrai ici remercier toutes celles et tous ceux qui ont contribué à mes apprentissages depuis ma naissance, j'évoque ici bien sûr mes proches, mais aussi mes enseignants, mes étudiants, mes camarades de jeu, d'études ou de travail, mes coéquipiers, mes mentors, mes amis, ceux qui ont permis de créer et développer le CRI, ainsi que nombre de personnes dont certaines que je n'ai jamais rencontrées autrement que par des interfaces numériques ou par leurs écrits et réalisations.

Je ne suis pas devenu chercheur seul ni par magie. Outre les épisodes que je rapporte dans ce livre, je veux insister sur le rôle de Miroslav Radman, mon directeur de thèse, et d'Ivan Matic. Ensemble, nous avons créé le labo TaMaRa reprenant les premières lettres de chacun de nos noms. Je leur dois beaucoup, tant au niveau scientifique qu'au niveau humain, en particulier quand ils me disaient de me concentrer sur la recherche, les idées, les expériences, les résultats, et d'oublier les querelles de personnes épuisantes et stériles. Nous avons travaillé ensemble pendant des années sur la bactérie modèle la mieux connue : *Escherichia coli*. Avec Ivan, pendant nos thèses, nous avons travaillé sur les mécanismes d'évolution des bactéries, lui plus sur la recombinaison et les échanges de gènes entre espèces et moi sur la mutagénèse. Entre-temps est né un nouveau projet initié avec un postdoc du labo Éric-Stewart, Richard Madden de l'IHES (Institut des hautes études scientifiques) et Grégory Paul : à partir d'un système automatisé qui permet de suivre et d'analyser dix générations de ces cellules, soit 1 000 individus, nous avons détecté le vieillissement chez cet organisme modèle, ce qui permettra d'explorer de nouveaux mécanismes moléculaires du vieillissement potentiellement applicables à l'ensemble du vivant.

Miro avait fini par me convaincre de tester les théories plus ou moins farfelues que je pouvais avoir en me disant : « François, les expériences c'est comme l'amour, tu peux y penser, regarder d'autres les faire ou les écouter raconter, mais tant que tu n'auras pas essayé tu ne sauras pas ce que c'est. » Il avait évidemment raison. S'ensuivront des moments de doute, bien sûr, d'erreurs souvent, mais aussi de pur *flow*, de plaisir scientifique intense, celui de la quête, de la découverte et du partage des idées.

Pour le pur produit d'un système essentiellement fondé sur la compétition que j'étais, la recherche a été une découverte de la diversité et de la complémentarité des manières d'apprendre. On s'enrichit de tout et de tous, du stagiaire au prix Nobel, du technicien au postdoc, des bactéries comme de la littérature, des expériences comme des échecs. On y apprend en faisant, en discutant, en collaborant, parfois seul au milieu de la nuit ou dans des échanges passionnés, en congrès ou en réunion de labos, à la pause déjeuner ou à la bibliothèque, devant un ordinateur ou à la paillasse.

Chacun de ces apprentissages est essentiel, pour espérer assembler chaque pièce du puzzle et entrevoir un nouveau résultat, proposer une nouvelle hypothèse. Chaque équipe, chaque laboratoire est un collectif apprenant, qui affine ses apprentissages, apprend d'autres collectifs, d'autres labos, de la même discipline ou d'autres, qu'ils soient dans le même bâtiment où qu'ils travaillent à l'autre bout de la planète, car, à leur manière, ils nous aident à progresser en partageant leurs explorations, leurs questionnements et leurs résultats. Cette richesse et cette pertinence de l'apprentissage par la recherche, je les ai tant appréciées que j'ai essayé de les rendre accessibles au plus grand nombre. Si elles font la force des meilleures universités mondiales, pourquoi, à l'heure où le numérique nous permet de décloisonner, ne pourrait-on pas les rendre accessibles à tous ?

Telle est la raison d'être du CRI. Tout n'a pas été facile et nous avons bien sûr dû surmonter de nombreuses résistances et conservatismes, aussi me paraît-il utile d'abord de rendre hommage au courage et à l'audace de ceux qui nous ont rejoints les premiers, en particulier ceux qui, comme Ariel Lindner, l'ont fait sans avoir la sécurité que pouvait représenter le fait d'avoir un poste et une reconnaissance de la communauté scientifique. Ariel est aujourd'hui directeur de recherche à l'Inserm. Formé en Israël, en Angleterre et aux États-Unis, il a rejoint le labo où je travaillais alors comme postdoc, après une journée entière passée à parler biologie, éducation et recherche avec Miroslav Radman et moi. J'ignorais que c'était alors le début d'une longue amitié qui nous aidera à surmonter bien des moments qui ne seront pas toujours faciles pour lui dans les années qui suivront, car la plupart des ennemis de ce projet atypique focaliseront leurs attaques sur lui.

Nombre de grands savants ont également contribué à porter le CRI sur les fonts baptismaux. Le mathématicien

Jean-Pierre Bourguignon, président du Conseil européen de la recherche, fut mon prof à Polytechnique. C'est lui, avec Misha Gromov, qui nous avait suggéré de créer un séminaire interdisciplinaire sur l'innovation dans les systèmes biologiques alors qu'il dirigeait l'Institut des hautes études scientifiques de Bures-sur-Yvette, un centre créé en 1958 avec rien moins que la bénédiction du physicien Robert Oppenheimer. Parmi les grands scientifiques qui nous ont fait confiance dès le début, je dois également remercier chaleureusement Helga Nowotny, première présidente du Conseil européen de la recherche, Bruce Alberts, ancien président de l'Académie des sciences américaines, Bob Tjian, président de la plus grande fondation biomédicale américaine, le HHMI (Howard Hughes Medical Institute), Lee Hartwell, Prix Nobel de médecine et de physiologie, ou encore des mathématiciens comme Cédric Villani, médaille Fields, ou Misha Gromov, prix Abel. Je ne peux pas non plus oublier le soutien d'Élias Zerhouni, ancien dirigeant du National Institute of Health ni le rôle d'Éric Karsenti, futur médaillé d'or du CNRS, alors chercheur au Laboratoire européen de biologie moléculaire (EMBL), qui accepta le premier de diriger le conseil scientifique international de notre doctorat, ni celui de son successeur, Andrew Murray, qui dirige des activités proches des nôtres à Harvard et a passé une année sabbatique au CRI et est aujourd'hui vice-président de notre conseil scientifique. Ils nous ont permis d'éviter ce mal français qu'est l'endogamie.

Mais le CRI n'existerait pas plus sans ses étudiants – ces « vilains petits canards » qui ont accepté de venir s'ébrouer avec nous. Certains, parmi les pionniers, ne nous ont jamais quittés, comme Samuel Huron qui avait abandonné le lycée en classe de seconde et retrouvé le chemin des études via la Validation des acquis de l'expérience

(VAE), un dispositif largement sous-utilisé en France, qui permet d'obtenir des équivalences de diplôme en faisant valoir les savoirs et compétences acquis dans le monde du travail. Samuel a passé son master au CRI où, avec Antoine Mazières, il a cofondé le « fabelier », en m'expliquant le bien-fondé de l'éthique des hackers, que le duo fera venir en nombre. Kevin Lhoste se joindra bientôt à eux et ils créeront ensemble le premier *maker space* du CRI où je découvrirai les imprimantes 3D et les drones faits maison. Samuel a soutenu depuis un doctorat sur la visualisation de données primé dans les congrès internationaux. Il est aujourd'hui professeur à Télécom ParisTech, et comme beaucoup de nos anciens, nous aide à développer de nouveaux projets. Je pense aussi à Pascal Hersen, qui nous a rejoints alors qu'il était en doctorat avec Stéphane Douady, à Amodsen Chotia, qui suivait en parallèle deux cursus en physique et en biologie, ou encore à Gregory Paul qui a su mobiliser ses amis de l'ENS pour imaginer des projets de recherche interdisciplinaires. Tous ces fidèles de la première heure ont joué un rôle important dans la genèse et le développement du CRI. C'est en particulier le cas de Stéphane qui accueille toujours les nouvelles promotions pour les aider à créer de nouveaux projets ainsi que d'Ariel, Pascal et Amodsen, qui dirigent chacun un programme clé pour notre activité dans le domaine de la recherche, de la formation et de la catalyse de nouveaux projets.

Mais les meilleures volontés du monde ne sont rien sans moyens. L'État nous accompagne, notamment via le programme des Investissements d'avenir ou La France s'engage et nous jouissons du soutien de nombreuses institutions publiques comme l'Inserm, la faculté de médecine de Descartes avec les doyens Even, Berche et Friedlander, les universités Paris-Diderot, Paris-Descartes et Sorbonne-Paris-Cité, regroupées aujourd'hui au sein de l'Université de Paris dont les présidents successifs comme Christine Clerici, Frédéric Dardel, ou François Houllier, nous ont toujours soutenus depuis nos débuts. L'Université de Paris délivre les diplômes conçus et hébergés au CRI et décrits en annexe. À travers ses universités fondatrices, elle est lauréate d'un projet IDEX (Initiative d'excellence du programme des investissements d'avenir), sous le pilotage d'Édouard Kaminski, vice-président Recherche. Cette union renforcera leur rayonnement international et pourra permettre au CRI de travailler mieux encore à la transformation des universités. Je veux aussi souligner que Frédéric Dardel et François Houllier ont siégé pendant des années au conseil de l'école doctorale du CRI et nous soutiennent donc d'autant plus volontiers qu'ils connaissent la structure de l'intérieur et ont pu mesurer son impact sur les étudiants. En plus de ces présidents d'université, et de leurs prédécesseurs qui nous ont beaucoup soutenus, je me dois de remercier l'Inserm, mon employeur, dont les différents présidents ou directeurs généraux, Claude Griscelli, Christian Bréchot, André Syrota, Yves Lévy et Gilles Bloch, accompagnés par Thierry Damerval et aujourd'hui Claire Giry, ont toujours soutenu notre engagement dans des projets innovants.

La Ville de Paris que nous avons pu rencontrer grâce à Guillaume Houzel, nous aide également. Elle nous a offert des locaux idéalement situés et soutient nos projets de bien des manières. La Ville de Paris, emmenée autour d'Anne Hidalgo et Bertrand Delanoé par Jean-Louis Missika, Marie Christine Lemardeley, Ariel Weil et les équipes de Carine Saloff-Coste, nous a par exemple aidés non seulement à disposer d'un lieu unique mais aussi à créer des cours en ligne (MOOC pour *Massive Open Online Course*), à équiper nos locaux, à envisager un programme de gymnase augmenté ou à initier les Savanturiers, assurant notre intégration dans l'écosystème parisien.

Le soutien de mécènes éclairés aura également été déterminant, au premier rang desquels la famille Bettencourt Meyers, dont Liliane Bettencourt et plus récemment Françoise Bettencourt Meyers, Jean-Pierre Meyers et leurs fils, Nicolas et Jean-Victor qui nous ont fait l'honneur de visiter le CRI respectivement dans les locaux confiés par le doyen Berche, à Cochin, ou lors de l'inauguration de notre nouveau campus, rue Charles V. La visite récente de Nicolas Meyers et son vif intérêt pour les différentes activités du CRI ont marqué nos équipes et attestent l'engagement de la famille à nos côtés. Au fil des années, nous avons pu développer une relation toujours plus constructive et amicale avec tous les acteurs de la fondation, en particulier avec Armand de Boissière et Olivier Brault, respectivement secrétaire général et directeur général que nous voyons régulièrement. Auprès de la direction de la fondation, successivement, Flora Donsimoni, Bénédicte Gallon et Laura Ferri Fioni nous accompagneront pour nous aider à nous développer.

La qualité de la relation avec la Fondation Bettencourt Schueller, qui est la première de France, a donné au CRI l'assise financière qui lui a permis de se développer bien au-delà de ce que j'aurais pu imaginer. Ainsi, cette fondation finance à la fois une grande partie de notre fonctionnement et de nos programmes de formations et de recherches, mais aussi l'intégralité des importants travaux qui ont permis au CRI d'ouvrir un « campus » de près de 5 000 mètres carrés dans le quartier du Marais. Ce splendide hôtel particulier cédé par la Ville de Paris pour une durée de cinquante ans offre de surcroît cinquante-cinq logements pour des étudiants et jeunes chercheurs gérés par le Centre régional des œuvres universitaires et scolaires.

Je l'ai dit en ces termes à Olivier Brault, son directeur général : « La générosité sans égale de la Fondation

Bettencourt Schueller aide les acteurs du CRI à être généreux à leur tour. » En finançant les programmes qu'elle a choisi de cibler et les activités transverses du CRI, elle nous donne la liberté d'être fidèles à nos valeurs, de penser autrement, en dehors de la boîte, et la possibilité de faire émerger de nouveaux projets qui pourront trouver d'autres financements. Ainsi, nous avons pu héberger des projets d'étudiants, d'enseignants, de chercheurs ou de structures, start-up ou associations, qui œuvrent pour le bien commun dans les domaines de l'éducation ou de la santé. On peut citer par exemple les Savanturiers, Synlab pour l'éducation, Sapiens pour former les enseignants-chercheurs, The Conversation, qui développe un journalisme de qualité en faisant des ponts entre chercheurs et grand public, Hub IA qui fédère les acteurs de l'intelligence artificielle, iGEM qui organise des compétitions étudiantes de biologie synthétique, Just one Giant Lab (JoGB), une plateforme de science ouverte, ou Wax Science, qui s'investit dans les questions de genre.

De plus, la fondation nous accompagne dans la maturation des idées les plus structurantes et de la stratégie sans jamais s'immiscer dans la sélection des projets, des étudiants ou des chercheurs, mais en nous invitant à mettre en place des procédures exigeantes et bienveillantes à la fois pour construire une organisation efficace et agile, capable d'être autonome et de contribuer à préparer demain.

D'autres acteurs privés nous ont fait confiance, car eux aussi croient à la vision et aux missions du CRI, comme Paul Friedel chez Orange et Henri de Castries, alors dirigeant d'Axa.

Il faut aussi que je dise ici ma reconnaissance aux centaines de chercheurs, d'enseignants, d'étudiants et de personnels engagés qui ont apporté leur énergie et fait vivre au quotidien ce cadre de liberté évolutif et fécond (ce qui donne l'acronyme CLEF, qui a ouvert bien des portes).

Parmi les compagnons des débuts, je pense notamment à celles et ceux qui, à l'instar du physicien Stéphane Douady, qui recevra la médaille d'argent du CNRS, ou d'Eduardo Rocha, qui recevra la médaille de bronze pour ses approches de l'analyse des génomes, se sont connus grâce au médecin et virologiste Pierre Sonigo, qui était en première ligne lors du clonage et du séquençage du virus de l'immunodéficience humaine et qui siège dans notre conseil d'administration avec Guillaume Houzel, Christelle van Ham, Ariel Lindner et Armand de Boissière. Pierre organisait alors avec Anne Atlan une école de printemps interdisciplinaire[1] pour chercheurs, sur la petite île Berder, dans le Morbihan. Je pense aussi aux étudiants et chercheurs, emmenés par Alice Richard et Livio Riboli-Sasco, avec qui nous avons développé des programmes pour les plus jeunes : un festival de sciences, Paris-Montagne, et un programme pour lycéens de milieux défavorisés qui veulent découvrir le monde de la recherche, que nous baptisons la Science Ac' (pour Science Académie).

Je ne puis ici remercier toutes celles et tous ceux qui ont cru à notre projet et l'ont incarné, nourri et fait grandir. Mais sans leur engagement le CRI ne serait pas devenu ce qu'il est aujourd'hui.

Si j'ai beaucoup appris en travaillant, il m'apparaît aussi que l'intimité du couple et de la famille est le lieu par excellence du vivre ensemble, de la douceur et de la force des relations, des joies des naissances et des douleurs des disparitions, et de tant d'apprentissages, des plus essentiels aux plus pratiques, des plus prosaïques aux plus fondateurs. Il me semble donc important de remercier en particulier mes proches. Mes parents, mes grands-parents, mes oncles et tantes, mes sœurs et mes cousins, ma femme Angèle, nos enfants, Bosco et Sophia, nos neveux et tous les membres de notre grande tribu qui m'ont tous beaucoup appris. Traditionnellement, on souligne plus l'apport des plus âgés, mais sans rien enlever à ce que les générations précédentes ont pu m'apprendre et qui a été essentiel, il me semble aussi, à tout âge, avoir beaucoup appris de mes pairs, et en particulier de mes sœurs Antonia, Angela et Julia. C'est également le cas, sans aucun doute, de la nouvelle génération, à commencer par mes enfants, mais aussi des étudiants qui sont passés dans mon labo ou au CRI, qui m'ont aidé à mieux comprendre combien le monde avait changé en l'espace de quelques années.

J'ai récemment été invité à écrire des rapports sur l'idée de société apprenante que l'on peut définir comme une société où les apprentissages des uns facilitent ceux des autres, car nous sommes des êtres sociaux qui partagent avec plaisir ce que nous avons appris, ce qui est toujours plus facile à l'heure du numérique. J'ai beaucoup appris toute ma vie et en particulier en préparant ces rapports et je voudrais ici remercier non seulement mes coauteurs, Catherine Becchetti-Bizot, Guillaume Houzel, Gaëll Mainguy et Marie Cécile Naves, mais aussi tous ceux qui ont contribué à la réflexion collective sur ces sujets, que j'ai pu interviewer, rencontrer dans une conférence, sur le Web ou lors d'échange dans le cadre du MOOC « Vers une société apprenante » ainsi que les premiers lecteurs de ce livre dont les témoignages et les retours ont nourri ma réflexion.

Je remercie donc tous ceux qui partagent les idées visant à construire une société apprenante. Elle sera d'autant plus aboutie que nous aurons conscience de nos apprentissages et que nous pourrons toujours mieux apprendre à apprendre individuellement et collectivement. Puisque j'ai tant appris, en tant qu'acteur de la société apprenante, il est naturel que je partage à mon tour mes apprentissages pour que d'autres puissent, s'ils le jugent pertinent, apprendre de ce récit.

C'est donc pour participer à ma manière à l'élaboration de cette réflexion collective sur les nouvelles manières d'apprendre au XXI^e^ siècle que j'ai fini par accepter la proposition qui m'a été faite d'écrire ce livre, alors que je n'avais pas su trouver le temps de le faire jusque-là. Ce livre est par essence inachevé, parce que je ne peux avoir qu'une vision partielle et personnelle du sujet, et parce que le XXI^e^ siècle est loin d'être terminé.

D'autres l'auraient écrit différemment et je serais ravi de voir leurs approches, sans doute complémentaires, de ce sujet complexe. Moi-même j'aurais écrit d'autres choses à d'autres moments, tant j'apprends constamment, y compris sur les manières d'apprendre. Les outils numériques nous offrent plus de facilités pour le faire. Ainsi, comme ce que nous avons commencé à réaliser dans le cadre des MOOCs sur la planète apprenante, ceux qui suivent le MOOC participent aux recherches sur les nouvelles manières d'apprendre en partageant leurs réflexions. Nous organisons aussi un festival de la planète apprenante, qui comme la « fête de la musique » invite chacun à célébrer les manières de prendre soin de soi, des autres et de la planète. Organisé la semaine incluant la journée internationale de l'éducation des Nations unies, ce festival sera un lieu de célébration de ce qu'on a appris et de ceux qui nous ont permis d'apprendre, une grand-mère, un ami, un collègue, un jeu ou une exploration des beautés du monde. À l'initiative de tous ceux qui le souhaiteront, ces célébrations peuvent avoir lieu en famille, à l'école, à l'université, dans une entreprise ou un quartier. Cette célébration sera aussi un moment de réflexions coconstruites et de partage sur les mille et une manières d'apprendre au XXI^e^ siècle. Réfléchir à ce qu'on a appris peut nous amener à nous interroger sur ce qu'on souhaite apprendre, le partager via des outils numériques. La diffusion de ces apprentissages peut nous permettre d'être mis en relation avec un voisin ou une voisine capables de devenir des mentors bienveillants. De multiples formats sont à inventer pour célébrer et discuter des nouvelles manières d'apprendre qui s'ouvrent à nous et sur leurs complémentarités avec des méthodes plus anciennes qui ont fait leurs preuves. Il serait par exemple intéressant de pouvoir organiser des jeux du développement durable pour célébrer tous ceux qui œuvrent à l'avenir de la planète et aider à partager, en open source, les meilleures manières de contribuer aux transitions à venir.

Avant de voir cent fleurs s'épanouir, à la demande croissante de toujours plus de personnes, il m'a paru important d'essayer de rassembler mes idées pour les partager et devenir passeur à mon tour. La réalisatrice Judith Grumbach me l'avait demandé une première fois, en m'invitant à être un des « grands témoins » de son documentaire, *Une idée folle*, et elle a été associée aux premiers échanges qui ont conduit à l'écriture de ce livre. Cela n'aurait sans doute pas été possible sans la confiance, l'amitié et le professionnalisme d'Emmanuel Davidenkoff, maïeuticien s'il en est, qui a su m'aider à passer des idées à un texte qui est sans doute plus digeste que si j'avais vainement tenté de le rédiger seul, et de Philippe Robinet, notre éditeur, qui a accepté d'expérimenter avec nous à différents stades de cet ouvrage. Écrire ce livre a été d'autant plus un plaisir que j'ai eu la chance d'avoir des premiers lecteurs attentionnés et bienveillants, je tiens ici à remercier en particulier Mariam Chammat, Judith Grumbach, Ariel Lindner, Gaëll Mainguy, Marine Montégut et Dominique Taddei, mon père, à qui je dois tant. J'ai découvert aussi au passage nombre de métiers qui permettent de faire le lien entre l'auteur et le lecteur, et je tiens aussi à les remercier, car ils contribuent à cette société apprenante à leur manière. C'est le cas non seulement des illustrateurs, des imprimeurs, des représentants et des libraires mais aussi de celles et ceux qui ont la tâche d'éditer les ouvrages.

Dans le cas de ce livre, on leur a demandé un exercice inédit. Certains d'entre vous le remarqueront sans doute, nous avons choisi dans ce texte de respecter l'accord de proximité. Volonté que je partage avec nombre d'hommes et de femmes engagées, et que je viens d'illustrer dans cette phrase même. C'est inhabituel et je m'en excuse auprès de ceux que cela pourrait gêner, mais c'est une forme qui nous ramène à ce qui se fait dans d'autres pays francophones ou à ce qui se faisait en France jusqu'à ce que certains hommes décident, il y a quelques siècles, par pure misogynie, d'après ce que nous disent les historiens de la langue, que le masculin devait l'emporter sur le féminin dans la grammaire de leur époque[2]. Puisse cette petite contribution aider à œuvrer pour une société plus égalitaire sur le fond comme sur la forme, je le souhaite pour le bien de toutes et de tous.

Si j'ai appris à m'engager sur ce sujet, comme sur d'autres évoqués dans ce livre, je le dois aussi à ma culture familiale. J'ai grandi dans une famille corse où ces sujets sont débattus depuis bien avant ma naissance, car, comme dans de nombreux lieux, ils ne vont pas toujours de soi pour tout le monde. Mais, dans cette culture, la curiosité envers le monde, envers les autres, le respect d'autrui, la bataille des idées, l'engagement pour de justes causes, la capacité à combattre les iniquités et à défendre ceux et celles qui sont injustement traitées font partie des valeurs cardinales. Depuis toujours on m'a fait comprendre qu'il n'est pas de vie réussie sans responsabilités, sans penser à aider les autres à réussir à leur tour. Si j'ai eu beaucoup de chance d'apprendre de nombreuses choses, alors mes responsabilités sont d'autant plus grandes d'aider d'autres à apprendre.

Si je suis corse par mes racines, avignonnais de cœur et parisien d'adoption, je suis aussi français, européen, citoyen du monde, appartenant comme nous tous à une longue lignée d'*Homo sapiens*, et une plus longue encore d'êtres vivants, et comme le reste de notre planète, je suis fait de poussières d'étoiles. Je suis haut fonctionnaire et on me paye pour contribuer au bien commun. J'aime jouer et on me donne l'occasion de relever bien des paris, sans me tenir trop rigueur de mes nombreux échecs, qui sont autant d'occasions d'apprendre. Je suis chercheur et j'ai eu la chance d'apprendre par la recherche puis d'essayer de partager cette opportunité avec des apprenants de tous âges et de tous milieux. Quand je me suis engagé dans cette voie qui semblait séduire toujours plus de gens, on m'a dit que j'étais un entrepreneur social. Parce que ces idées pouvaient faire système, on m'a demandé de contribuer à divers rapports. Parce que ces sujets semblaient pertinents aux yeux de certains, on m'a demandé de faire des conférences et de répondre à toujours plus d'interviews puis d'écrire ce livre, et donc de devenir auteur. J'assume, autant que je le peux, ces appartenances multiples et les responsabilités qui vont avec chacune et je remercie tous ceux qui, à chaque étape, ont permis une nouvelle métamorphose.

Je remercie ici aussi toutes celles et tous ceux qui s'engagent pour contribuer à faire de notre planète commune, notre seul vaisseau spatial pour encore longtemps, un lieu où les générations présentes et à venir puissent s'épanouir en apprenant et en aidant les autres à le faire pour trouver les solutions qui leur permettront d'aller de l'avant.

Apprenons, ensemble, à prendre soin de nous-mêmes, des autres et de la planète. Ainsi, nous serons en mesure de trouver notre ikigai, et donc de donner du sens à nos vies et à nos actions. Dans le cadre du MOOC « *Vers une planète apprenante* », nombre d'éducateurs nous ont dit que leur ikigai et celui de leur institution passait par aider les apprenants à trouver le leur, à les aider à relever nos défis communs, présents et à venir. Je m'inscris personnellement dans cette dynamique et ai fait mienne une variante de la devise inscrite sur le Panthéon : « À l'intelligence collective la planète reconnaissante. »

# NOTES

## 1 – Pourquoi apprend-on différemment au XXI^e siècle ?

1. « Empathy Decline and Its Reasons : A Systematic Review of Studies With Medical Students and Residents », Melanie Neumann, Friedrich Edelhäuser, Diethard Tauschel, Martin R. Fischer, Markus Wirtz, Christiane Woopen, Aviad Haramati, Christian Scheffer, *Academic Medicine*, août 2011, volume 86 (8), p. 996-1009.

https://www.ncbi.nlm.nih.gov/pubmed/21670661

2. Henry C. Plotkin, *Darwin Machines and the Nature of Knowledge*, Harvard University Press, 1994.

3. Christopher Wills, *The Runaway Brain : The Evolution of Human Uniqueness*, Basic Books, 1993.

4. Matt Ridley, *The Origins of Virtue : Human Instincts and the Evolution of Cooperation*, Penguin Books, 1997.

5. Robin Dunbar, *Grooming, Gossip, and the Evolution of Language*, Harvard University Press, 1998.

6. Yuval Noah Harari, *Sapiens : Une brève histoire de l'humanité*, Albin Michel, 2015.

7. Eörs Szathmáry et John Maynard Smith, traduit par Nicolas Chevassus-au-Louis, *Les Origines de la vie de la naissance de la vie à l'origine du langage*, Dunod, coll. « Masson sciences », 2000.

8. Tatiana Dimitriu, *The Coevolution of Gene Mobility and Sociality in Bacteria*, Agricultural Sciences, université René-Descartes-Paris-V, 2014. Non traduit.

9. John von Neumann, *Théorie des jeux et comportements économiques*, Université des sciences sociales de Toulouse, 1977.

10. *Op. cit.*

11. *Op. cit.*

12. « Information in the Biosphere : Biological and Digital Worlds », Michael R. Gillings, Martin Hilbert, Darrell J. Kemp, *Trends in Ecology & Evolution*, Volume 31, Issue 3, p. 180-189.

13. Brian Viner, « Can this electric helmet boost your brain power ? Brian Viner puts "brain-hacking" to the test – with some suprising results », DailyMail.com, septembre 2015.

http://www.dailymail.co.uk/sciencetech/article-3251517/Can-electric-helmet-boost-brain-power.html

14. Lucia Sillig, « Transmission de pensées, les travaux sur la télépathie "synthétique" progressent chaque année. Deux rats ont fait de la collaboration cérébrale transcontinentale », *Le Temps*, juin 2013.

https://www.letemps.ch/sciences/2013/06/11/transmission-pensees

15. © Barro, Robert and Jong-Wha Lee, 2013, « A New Data Set of Educational Attainment in the World, 1950-2010 » *Journal of Development Economics*, vol. 104, p.184-198.

https://ourworldindata.org/grapher/mean-years-of-schooling ? year = 1950

16. Morgane Tual, « Après avoir terrassé le numéro 1 mondial du jeu de go, AlphaGo prend sa retraite », *Le Monde*, mai 2017.

http://www.lemonde.fr/pixels/article/2017/05/27/apres-avoir-terrasse-le-numero-1-mondial-du-jeu-de-go-alphago-prend-sa-retraite_5134882_4408996.html

17. « Le problème de l'échiquier de Sissa », Math93.com, mai 2014.

http://www.math93.com/index.php/112-actualites-mathematiques/304-le-probleme-de-l-echiquier-de-sissa

18. © Courtesy of Ray Kurzweil and Kurzweil Technologies, Inc. Source:en:Image:PPTMooresLawai.jpg

19. http://science.sciencemag.org/content/early/2016/06/01/science.aaf6850.full

20. « Des chercheurs américains veulent réécrire le génome humain », *Le Monde*, juin 2016.

http://www.lemonde.fr/sciences/article/2016/06/03/des-chercheurs-americains-veulent-reecrire-le-genome-humain_4933983_1650684.html

21. Yves Eudes « 2045, l'odyssée de la singularité », *Le Monde*, août 2017.

http://www.lemonde.fr/festival/article/2017/08/13/2045-l-odyssee-de-la-singularite_5171981_4415198.html

22. Yuval Noah Harari, *Homo Deus, Une brève histoire de l'avenir*, Albin Michel, 2017.

23. Hervé Morin, « La découverte qui bouleverse l'histoire d'"*Homo sapiens*" », *Le Monde*, juin 2017.

http://www.lemonde.fr/paleontologie/article/2017/06/07/la-decouverte-qui-bouleverse-l-histoire-d-homo-sapiens_5140236_1650762.html

24. Carl Sagan, *Pale Blue Dot : A Vision of the Human Future in Space*, Ballantine Books, 1997.

25. Jonhatan Haidt, *The Righteous Mind : Why Good People are Divided by Politics and Religion*, Penguin, 2013. Non traduit.

26. Deirdre Wilson et Dan Sperber, *Meaning and Relevance*, Cambridge University Press, 2012.

27. *Op. cit.*

## 2 – Ce que j'ai appris

1. Edward Zwick, *Le Prodige*, 2014.

2. « La "potion" de Miroslav Radman, franc-tireur des études sur le vieillissement », *Le Monde*, novembre 2011.

http://www.lemonde.fr/societe/article/2011/11/12/la-potion-de-miroslav-radman-franc-tireur-des-etudes-sur-le-vieillissement_1602131_3224.html#ci4MkFQCopMaJ6hM.99

3. *Ibid.*

4. https://fr.wikisource.org/wiki/Contes_d % E2 % 80 % 99Andersen/Le_Vilain_Petit_Canard

5. Dereck Sivers, *How to start a movement* (vidéo en ligne), TED, 2010.

https://www.ted.com/talks/derek_sivers_how_to_start_a_movement ?

6. Daniel Pennac, *Chagrin d'école*, Gallimard, 2007.

7. Axel Leclercq, « Daniel Pennac : "J'étais mauvais élève parce que j'avais peur" », +Positivr, mai 2018.

https://positivr.fr/daniel-pennac-education-curiosite/

## 3 – Enseigner différemment

1. François Taddei, « Pour un enseignement interdisciplinaire. Entretien avec la revue *Hermès* », *Hermès, La Revue*, 2013/3 (n° 67), p. 57-61.

https://www.cairn.info/revue-hermes-la-revue-2013-3-page-57.htm

2. Voir la présentation du dossier pour la première génération du master :

http://www.abi.snv.jussieu.fr/people/erocha/aivweb/faq.html

3. David Kelley, *Comment construire votre confiance créative ?* (vidéo en ligne), TED, 2012.

https://www.ted.com/talks/david_kelley_how_to_build_your_creative_confidence?language=fr

4. Neil Gershenfeld, *Les Fab Labs* (vidéo en ligne), TED, 2006.

https://www.ted.com/talks/neil_gershenfeld_on_fab_labs?language=fr

5. Blaise Gauquelin, « En Hongrie, la ségrégation scolaire des enfants roms s'aggrave », *Le Monde*, septembre 2016.

http://www.lemonde.fr/europe/article/2016/09/26/en-hongrie-la-segregation-scolaire-des-enfants-roms-s-aggrave_5003404_3214.html#reggG8qAm1dJoUie.99

6. The RSA, *Everyone is a changemaker – Bill Drayton* (vidéo en ligne), YouTube, mai 2012.

https://www.youtube.com/watch?v=V0w_o5PAzPQ

7. https://www.ashoka.org/fr/lhistoire-dashoka

8. David Bornstein, *Comment changer le monde, les entrepreneurs sociaux et le pouvoir des idées nouvelles*, La Découverte, 2005.

9. Thomas Kuhn (trad. Laure Meyer), *La Structure des révolutions scientifiques* [« Structure of scientific revolutions »], Flammarion, coll. « Champs », 2008 (1re éd. 1962).

10. François Jacob, « Science de jour, science de nuit », Académie française, 1987.

http://www.academie-francaise.fr/science-de-jour-science-de-nuit-communication-lacademie-des-sciences-morales-et-politiques

11. Alison Gopnik, *Que pensent les bébés ?* (vidéo en ligne), TED, 2011.

https://www.ted.com/talks/alison_gopnik_what_do_babies_think?language=fr

12. Alison Gopnik, *Le Bébé philosophe*, Éditions Le Pommier, 2012.

13. © Tiffany Ard.

14. P. S. Blackawton *et al.*, « Blackawton Bees », *Biology Letters*, the Royal Society Publishing, décembre 2010.

http://rsbl.royalsocietypublishing.org/content/7/2/168

15. TEDx Talks, *La maîtresse et la fourmi, une nouvelle fable à l'école : Ange Ansour at TEDxParis* (vidéo en ligne), YouTube, décembre 2013.

https://www.youtube.com/watch?v=xXKNto_TOXM

16. D. D. Guttenplan, « French Scientist Invites Public Into Research Realm », *New York Times*, avril 2013.

http://www.nytimes.com/2013/04/01/world/europe/01iht-educlede01.html

17. Elizabeth L. Eisenstein, *La Révolution de l'imprimé : à l'aube de l'Europe moderne*, La Découverte, 1991.

18. J. Rogers Hollingsworth, « High Cognitive Complexity and the Making of Major Scientific Discoveries, Knowledge », *Communication and Creativity*, Arnaud Sales et Marcel Fournier, p. 129-155, 2007.

## 4 – Avant d'apprendre, désapprendre

1. http://nichapour.free.fr/SciencesNat/TS_obligatoire/A_Genetique_evolution/2_Autres_mecanismes_diversification/Transmission_culturelle_comportements/

2. Louis-Ferdinand Céline, *La Vie et l'œuvre de Philippe Ignace Semmelweis*, Gallimard, 1924.

3. *Fliegende Blätter,* octobre 1892.

4. Daniel Simons, *The Monckey Business Illusion* (vidéo en ligne), YouTube, avril 2010.

https://www.youtube.com/watch?v=IGQmdoK_ZfY

5. Thomas Wood et Ethan Porter, « The Elusive Backfire Effect : Mass Attitudes' Steadfast Factual Adherence », *Social Science Research Network*, août 2016.

https://ssrn.com/abstract = 2819073

6. https://slate.com/health-and-science/2018/01/weve-been-told-were-living-in-a-post-truth-age-dont-believe-it.html

7. Laure Noualhat, « La vitesse réduit le monde à rien », *Libération*, juillet 2010.

http://www.liberation.fr/societe/2010/07/03/la-vitesse-reduit-le-monde-a-rien_663490

8. Robert H. Lustig, *The Hacking of the American Mind*, Penguin, 2017.

9. Stéphane Foucart, « Réseaux sociaux, sucre… Les Occidentaux accros à la dopamine », *Le Monde*, janvier 2018.

http://abonnes.lemonde.fr/sciences/article/2018/01/29/reseaux-sociaux-sucre-l-occident-sous-dopamine_5248802_1650684.html

10. Jacques Lecomte, *Donner un sens à sa vie*, Odile Jacob, 2007.

11. Jonathan Haidt, *L'Hypothèse du bonheur*, Éditions Mardaga, 2010 ; *The Righteous Mind : Why Good People are Divided by Politics and Religion*, Penguin, 2012 et *Sur les racines morales des libéraux et des conservateurs* (vidéo en ligne), TED, 2008.

https://www.ted.com/talks/jonathan_haidt_on_the_moral_mind?language=fr#t-11195

12. *Op. cit.*

13. « La médiation scientifique en zone de conflit », blog de « L'Atelier des jours à venir », octobre 2016.

https://joursavenir.wordpress.com/2016/12/10/la-mediation-scientifique-en-zone-de-conflit/

14. Robert Rosenthal et Lenore Jacobson, *Pygmalion à l'école*, Casterman, 1994.

15. David Trouilloud et Philippe Sarrazin, « Les connaissances actuelles sur l'effet Pygmalion : processus, poids et modulateurs », *Revue française de pédagogie*, n° 145, octobre-novembre-décembre 2003, p. 89-119.

16. Hugo Mercier et Dan Sperber, « Why do humans reason ? Arguments for an argumentative theory », *Behavioral and Brain Sciences*, 2011, p. 34 et p. 57-111.

17. Guillaume de Lamérie, « Recherche scientifique sans connaissance de soi n'est que ruine de la science », *Science… et pseudo-sciences*, avril 2014.

http://www.pseudo-sciences.org/spip.php?article2299

18. Thomas Kuhn, *La Structure des révolutions scientifiques*, *op. cit.*

19. Bruner et Postman, *On the Perception of Incongruity : a paradigm*, *Journal of Personality*, volume 18, 2, décembre 1949, p. 206–223.

20. Coroar, *Red Spade Experiment, Jerome Bruner et Leo Postman* (video en ligne), YouTube, octobre 2009.

https://www.youtube.com/watch?v=yFYBY_YUH5I

21. Aurélie Marchal, « Fable indienne sur l'intelligence collective : les aveugles et l'éléphant », Am-desingthinking-blog, octobre 2015.

http://am-designthinking-blog.com/fable-indienne-sur-lintelligence-collective-les-aveugles-et-lelephant

22. © Pascale Lourmand/Calmann-Lévy.

23. https://www.youtube.com/watch?v=aMpeBTuFOKY&t = 14s

24. http://www.oecd.org/pisa/test-fr/

25. Pierre Vianin, *La Motivation scolaire – Comment susciter le désir d'apprendre ?*, De Boeck, 2006.

26. https://les-savanturiers.cri-paris.org/

27. Compte Twitter @petitprince33

28. Temple Grandin, « Le monde a besoin de toutes sortes d'esprits » (vidéo en ligne), TED, 2010.

https://www.ted.com/talks/temple_grandin_the_world_needs_all_kinds_of_minds?language=fr#t-61842

29. © Rosalie Winard.

30. Temple Grandin, *Penser en images et autres témoignages sur l'autisme*, trad. Virginie Schaefer, préf. Oliver Sacks, Odile Jacob, 1997.

31. Sharon Terry, *Science didn't understand my kids' rare dicease until I decide to study it* (vidéo en ligne), TED, 2016.

https://www.ted.com/talks/sharon_terry_science_didn_t_understand_my_kids_rare_disease_until_i_decided_to_study_it#t-605893

32. https://fold.it/portal/

33. https://www.seintinelles.com/

34. https://lapaillasse.org/

35. http://www.gamesforchange.org

36. Katie Salen, Robert Torres, Loretta Wolozin, Rebecca Rufo-Tepper et Arana Shapiro, *Quest to learn : Growing a School for Digital Kids*, MIT Press, 2010.

37. *Libre pour apprendre*, coédition Acte Sud/Playbac, traduit par Elsa Petit, 2016.

38. Mihaly Csikszentmihalyi, *Flow, le secret du bonheur* (vidéo en ligne), TED, 2004.

https://www.ted.com/talks/mihaly_csikszentmihalyi_on_flow?language=fr

39. Mélanie Strauss, *Sommeil et apprentissage*, colloque « Sciences cognitives et éducation », Collège de France, 2014.

https://www.college-de-france.fr/media/stanislas-dehaene/UPL1489204065771701647_CDF_13nov2014_Strauss.pdf

40. « Sleep spindles in midday naps enhance learning in preschool children », Laura Kurdziel, Kasey Duclos and Rebecca M. C. Spencer, *PNAS*, October 22, 2013.

41. https://www.hepl.ch/cms/accueil/formation/unites-enseignement-et-recherche/did-mathematiques-sciences-nat/laboratoire-lausannois-lesson-st/les-lesson-et-learning-study.html

42. Robert N. Rapoport, « Les trois dilemmes de la recherche-action », *Connexions* n° 7, 1973, p. 115.

43. Margaret Davidson, *Louis Braille, l'enfant de la nuit*, Gallimard Jeunesse, 2002 (1re éd. États-Unis, 1983).

44. « Louis Braille et l'alphabet braille », Syndicat national des ophtalmologistes de France.

http://www.snof.org/encyclopedie/louis-braille-et-lalphabet-braille

45. Helen Adams Keller, *Sourde, muette, aveugle*, Payot, rééd. 2001.

46. Margaret Davidson, *La Métamorphose d'Helen Keller*, trad. Noël Chassériau, Gallimard Jeunesse, 1999.

47. Helen Selsdon, « Movie Magic : Helen Keller in Paris to honor Louis Braille, 1952 », American Foundation for the Blind, mars 2016.

http://www.afb.org/blog/afb-blog/movie-magic-helen-keller-in-paris-to-honor-louis-braille-1952/12

48. « Hungry to learn across the world », BBC News, octobre 2009.

http://news.bbc.co.uk/2/hi/south_asia/8299780.stm

49. © Manjunath Kiran/AFP photo.

50. http://sylviashow.com/

51. TEDx talks, *Let's make stuff fun ! Super Awesome Sylvia at TEDxSanJoseCAWomen* (vidéo en ligne), YouTube, 2013.

https://www.youtube.com/watch?v=9dTfUiQn-rk

52. TEDx talks, *Go out there and make something ! Sylvia Todd at TEDxSanDiego 2013* (vidéo en ligne), YouTube, 2013.

https://www.youtube.com/watch?v=YqnB9sP_5lA

53. Chris Anderson, *Makers : La nouvelle révolution industrielle* (1re édition, États-Unis, 2012), trad. Michel Le Séac'h, Pearson, 2012.

54. Syndia N. Bhanoo, « A science star already, tinkering with the idea of growing up », *New York Times*, avril 2013.

http://www.nytimes.com/2013/04/24/science/sylvia-todd-science-star-tinkers-with-the-idea-of-growing-up.html

55. © Aude Guerrucci/Pool/Sipa USA.

56. *Flying Fingers*, Action Publishing, 2005.

57. *Dancing Fingers*, Action Publishing, 2008.

58. Adora Svitak, *Ce que les adultes peuvent apprendre des enfants* (vidéo en ligne), TED, 2010.

https://www.ted.com/talks/adora_svitak?language=fr

59. Romain Franklin, « Assassinat d'un gavroche pakistanais, Iqbal Masih, âgé de 12 ans, militait contre l'esclavage des enfants », *Libération*, avril 1995.

http://www.liberation.fr/planete/1995/04/20/assassinat-d-un-gavroche-pakistanais-iqbal-masih-age-de12-ans-militait-contre-l-esclavage-des-enfant_129646

60. *Free the Children*, Harper Perennial, rééd. 1999.

61. Voir le documentaire *El Sistema*, de Paul Smaczny et Maria Stodtmeier, 2008.

62. http://www.elsistema-france.org/Evaluation-de-la-premiere-annee-de-l-orchestre-pilote

63. Kiran Bir Sethi, *Kiran Bir Sethi apprend aux enfants à s'affirmer* (vidéo en ligne), TED, 2010.

https://www.ted.com/talks/kiran_bir_sethi_teaches_kids_to_take_charge?language=fr#t-882

64. http://www.dfcworld.com/SITE

65. http://www.batisseursdepossibles.org/

66. http://worldslargestlesson.globalgoals.org/fr/

67. http://www.un.org/sustainabledevelopment/fr/objectifs-de-developpement-durable/

68. Marilyne Baumard, « Un lycéen de 15 ans cosigne une recherche scientifique dans le magasine *Nature* », *Le Monde*, janvier 2013.

http://www.lemonde.fr/societe/article/2013/01/05/un-lyceen-de-15-ans-cosigne-une-recherche-dans-le-magazine-scientifique-nature_1813192_3224.html

69. « Un lycéen de 15 ans cosigne une étude dans la revue *Nature* », *Sciences et Avenir*, janvier 2013.

https://www.sciencesetavenir.fr/espace/un-lyceen-de-15-ans-cosigne-une-etude-dans-la-revue-nature_33642

70. http://rsbl.royalsocietypublishing.org/content/early/2010/12/18/rsbl.2010.1056.full.

71. Beau Lotto et Amy O'Toole, *La science, c'est pour tout le monde, même les enfants* (vidéo en ligne), TED, 2012.

https://www.ted.com/talks/beau_lotto_amy_o_toole_science_is_for_everyone_kids_included?language=fr

72. https://www.ted.com/talks/alison_gopnik_what_do_babies_think?language=fr

73. Alison Gopnik *et al*, « Changes in cognitive flexibility and hypothesis search across human life history from childhood to adolescence to adulthood », *PNAS*, juillet 2017.

http://www.pnas.org/content/114/30/7892

74. Maria Montessori, *Google Founders talk to Maria Montessori* (vidéo en ligne), YouTube, 2010.

https://www.youtube.com/watch?v=0C_DQxpX-Kw

75. http://www.ina.fr/video/AFE99000001

76. http://boutique.arte.tv/f11245-revolution_ecole_1918_1939

77. Alexander S. Neill, *Libres enfants de Summerhill*, La Découverte, 2004.

78. « Expert Conversation : using open source drug discovery to help treat negletected diseases », *The Conversation*, juin 2017.

https://theconversation.com/expert-conversation-using-open-source-drug-discovery-to-help-treat-neglected-diseases-79318

79. Christina Lamb et Malala Yousafzai, *Moi Malala, je lutte pour l'éducation et je résiste aux talibans*, Calmann-Lévy, 2013 ; rééd. Le Livre de Poche, 2014.

80. Nathalie Lacube, « Malala Yousafzai, 17 ans, un Nobel pour le droit des enfants », *La Croix*, octobre 2014.

http://www.la-croix.com/Actualite/Monde/Malala-Yousafzai-17-ans-un-Nobel-pour-les-droits-des-enfants-2014-10-10-1219317

81. https://www.bibliosansfrontieres.org/

82. Maryline Baumard, « Une bibliothèque nomade pour les réfugiés », *Le Monde*, décembre 2016.

http://www.lemonde.fr/m-actu/article/2016/12/27/une-bibliotheque-nomade-pour-les-refugies_5054550_4497186.html

83. Maryline Baumard, *La France enfin première de la classe*, Fayard, 2013.

84. https://fr.vikidia.org/wiki/Vikidia : Accueil

85. Charles Leadbeater. *Innovation in Education : Lessons from Pioneers Around the World,* photographies de Romain Staropoli, Bloomsbury, États-Unis, 2012.

86. https://abonnes.lemonde.fr/education/article/2017/09/08/une-idee-folle-un-documentaire-resolument-optimiste-sur-l-ecole_5183006_1473685.html

87. Maryline Baumard, « Vicky Colbert, l'âme d'*Escuela Nueva* », *Le Monde*, octobre 2013.

http://www.lemonde.fr/education/article/2013/10/29/la-colombienne-vicky-colbert-laureate-du-prix-wise_3502487_1473685.html

88. Marie Delcas, « Comment la Colombie a renouvelé l'école », *Le Monde*, octobre 2013.

http://www.lemonde.fr/education/article/2013/10/29/comment-la-colombie-a-renouvele-l-ecole_3502488_1473685.html#jABkO1lsHxChjdQD.99

89. *Ibid.*

90. Jeremy Scahill et l'équipe de The Intercept, *La Machine à tuer, la guerre des drones*, Lux Éditeur, août 2017.

91. Aurélie Collas, « Classement des lycées : Alfred-Nobel de Clichy-sous-Bois parvient à faire mentir les déterminismes », *Le Monde*, mars 2016.

http://www.lemonde.fr/campus/article/2016/03/30/classement-des-lycees-alfred-nobel-de-clichy-sous-bois-parvient-a-faire-mentir-les-determinismes-sociaux_4892334_4401467.html#DcdPTHD0EtyeB5QR.99

92. *Ibid.*

93. Geoff Mulgan, *A Short Intro to the Studio School* (vidéo en ligne), TED, 2011.

https://www.ted.com/talks/geoff_mulgan_a_short_intro_to_the_studio_school#t-21346

## 5 – Apprendre à (se) poser les bonnes questions

1. http://www.chessgames.com/perl/chessgame?gid=1069358

2. Kasparov, Garry et King, Daniel J. (2000), *Kasparov Against the World : The Story of the Greatest Online Challenge*, KasparovChess Online.

3. Michael Nielsen, *Reinventing Discovery : The New Era of Networked Science*, Princeton University Press, 2011.

4. https://polymathprojects.org/

5. Étienne Ghys, « Mathématiciens polycéphales », *Le Monde*, août 2013.

http://www.lemonde.fr/sciences/article/2013/08/26/mathematiciens-polycephales_3466643_1650684.html#TP9t5cLalDK61T2m.99

6. Yann Algan *et al.*, « Cooperation in a peer production experimental experience evidence from Wikipedia », 2013.

http://www.eief.it/files/2013/08/yann-algan.pdf

7. Walter Isaacson, *Les Innovateurs*, J.-C. Lattès, 2010.

8. Chris Anderson, *Makers : La nouvelle révolution industrielle*, *op. cit.*

9. http://gallica.bnf.fr/ark:/12148/bpt6k77233m

10. © James Carlson (jamescarlson.me).

11. Annie Kahn, « Un gène éthique qui vaut de l'or », *Le Monde*, novembre 2009.

http://www.lemonde.fr/planete/article/2009/11/27/un-gene-ethique-qui-vaut-de-l-or_1272940_3244.html#hkcED0fcVHIQ6Q4Z.99

12. http://www.joursavenir.org/

13. DrawMeWhy, *Science it's your thing* (vidéo en ligne), YouTube, 2012.

https://www.youtube.com/watch?v=oWMbnOlwJas

14. http://wax-science.fr/

15. http://itcounts-app.org/#/home

16. IEEE (Institute of Electrical and Electronics Engineers), VGTC (Visualization and Graphics Technical Community), Doctoral Dissertation Award.

17. http://www.theses.fr/2016USPCC008

18. Éric Nunnès, « Vincennes et Dauphine sans entraves », *Le Monde*, août 2017.

http://www.lemonde.fr/campus/article/2017/08/04/vincennes-et-dauphine-sans-entraves_5168863_4401467.html#U13-AhmslsMvU0Q3Y.99

19. Nicole Rege Colet, Lynn McAlpine, Joëlle Fanghanel et Cynthia Weston, « Le concept de *Scholarship of Teaching and Learning* », *Recherche et formation*, n° 67, 2011, p. 91-104.

20. https://www.arcep.fr/uploads/tx_gspublication/barometre_du_numerique-2017-271117.pdf

21. Camille Stomboni, « La Sorbonne, méritocrate avant l'heure », *Le Monde*, août 2017.

http://www.lemonde.fr/campus/article/2017/07/30/la-sorbonne-meritocrate-avant-l-heure_5166686_4401467.html#XiBxIx-G1suh7y16I.99

22. « Une app pour mesurer l'environnement sonore dans le canton de Genève », Actualités ENAC, février 2017.

https://actu.epfl.ch/news/une-app-pour-mesurer-l-environnement-sonore-dans-l/

23. « Des citoyens japonais créent une carte de la radioactivité en pied de nez au gouvernement », *Japanization*, juillet 2016.

http://japanization.org/des-citoyens-japonais-creent-une-carte-de-la-radioactivite/

24. https://www.seintinelles.com/

25. Hervé Morin, « Sciences participatives : les Français prêts à participer à la recherche », *Le Monde*, juin 2016.

http://www.lemonde.fr/sciences/article/2016/05/23/les-francais-prets-a-participer-a-la-recherche_4924875_1650684.html#v7KravkpZLDkrILJ.99

26. *Op. cit.*

27. *Op. cit.*

28. https://www.fondation-lamap.org/

29. « Flying High », *The Economist*, juin 2016.

https://www.economist.com/international/2016/06/25/flying-high

30. Audrey Fisné, « Gaokao : 10 choses à savoir sur le bac chinois », *Libération*, juin 2016.

http://www.liberation.fr/planete/2016/06/09/gaokao-10-choses-a-savoir-sur-le-bac-chinois_1458224

31. Vous trouverez une revue de la recherche sur ce site : https://www.linkedin.com/pulse/innovation-ouverte-et-management-dyktiocratique-pour-une-le-metayer/

32. https://www.kaggle.com/

33. http://www.lemonde.fr/economie/article/2013/12/11/kaggle-le-classement-atp-de-la-creme-du-big-data_3528500_3234.html#QfCujUPQtdYo5u1W.99

34. https://www.innocentive.com/

35. https://www.lesechos.fr/22/11/2005/LesEchos/19545-076-ECH_innocentive--les-chasseurs-de-prime-de-la-r-d-mondiale.htm#5zDqOiglSqxBWBp9.99

36. http://success.topcoder.com/topcoder-videos-customer-success-community-engagement-and-best-practices/extreme-value-outcomes-in-open-innovation-harvard-professor-karim-lakhani-discussing-topcoder

37. https://www.mooc-list.com/course/gse2x-leaders-learning-edx. Image reproduite avec l'aimable autorisation du président et des membres du Harvard College.

38. https://fr.wikipedia.org/wiki/R % C3 % A9seau_d % 27 % C3 % A9changes_r % C3 % A9ciproques_de_savoirs

39. http://www.lemonde.fr/sciences/article/2015/03/23/arduino-cerveau-a-tout-faire_4599562_1650684.html#LdcjlC6V3juJrih8.99

40. *Ibid.*

41. http://www.lemonde.fr/sciences/article/2017/11/13/art-et-science-un-mariage-plus-que-de-raison_5214230_1650684.html#hlbRZdpSSc3D073T.99

42. *Ibid.*

43. https://www.demain-lefilm.com/

44. http://www.oecd.org/pisa-fr/

45. *Reinventing Organizations : Vers des communautés de travail inspirées*, Diateino, 2015.

46. https://www.youtube.com/watch?v=NZKqPoQiaDE

47. http://www.lemonde.fr/entreprises/article/2015/11/06/a-la-recherche-de-l-entreprise-revee_4804661_1656994.html#pSQ33pRzHkbtfOhl.99

48. https://www.ladepeche.fr/article/2017/05/22/2579337-dominique-pon-directeur-clinique-pasteur-quand-peut-humaniser-choses.html

49. *How's Life ? Measuring Well-being*, OCDE, 2017.
http://www.oecd.org/std/how-s-life-23089679.htm

50. Ray Oldenburg, *The Great, Good Place*, Da Capo Press, 1989. Le livre d'Oldenburg n'ayant jamais été traduit en français, vous pouvez vous reporter à l'état des lieux publié en mai 2017 sur le site « The Conversation » par David Vallat, professeur à l'université Lyon Claude-Bernard, spécialiste d'économie sociale et solidaire et management des connaissances. Il définit ces lieux comme « un terrain neutre (ni chez soi, ni chez quelqu'un d'autre) qui égalise les statuts sociaux et où l'activité principale est la conversation ».
https://theconversation.com/les-tiers-lieux-2-0-une-nouvelle-facon-dapprehender-le-monde-76723

51. *Ibid.*

52. © Woelab
https://www.woelabo.com

53. http://www.lemonde.fr/afrique/article/2017/08/13/tout-s-invente-dans-le-fab-lab-de-lome-meme-la-ville-de-demain_5171989_3212.html#J2w5hy32DPa0fDHi.99

54. http://www.lemonde.fr/campus/article/2016/11/15/sename-koffi-agbodjinou-lire-rimbaud-aide-plus-un-developpeur-que-de-connaitre-a-fond-java_5031328_4401467.html#vRkyJY2lGF6haMI6.99

55. http://www.cahiers-pedagogiques.com/FabUlis-3-0-Un-laboratoire-de-pratiques-numeriques-en-ULIS

56. *Ibid.*

57. http://fab.cba.mit.edu/about/charter/

58. John Dewey, *Expérience et éducation*, Armand Colin, 1968.

59. https://www.lifelonglearningfest.sg/smart/hello/LoadMainPage?EventID=w459ofvn

60. http://www.festivalvanhetleren.nl/pagina.asp?pag=236

61. http://sydneylearningfestival.com.au/

62. http://danmarkslaeringsfestival.dk/english/

63. *La Lettre perdue – Les racines de l'engagement*, Stock, 2012.

64. https://learning.xprize.org/teams

65. http://www.liberation.fr/societe/2013/03/30/a-rennes-la-fac-decale-les-cours-pour-desengorger-le-metro_892511

66. https://heckmanequation.org/resource/invest-in-early-childhood-development-reduce-deficits-strengthen-the-economy/

67. Calmann-Lévy, 2017.

68. *Un Monde différent*, 2010.

69. http://rootsofempathy.org/

70. https://youtube/84mHoLjBpvA

71. https://www.youtube.com/watch?v=GFgLQOwLClk&feature=youtube

72. *A Force for Good : the Dalaï Lama's Vision for our World*, Bloomsbury, 2015.

73. Steven Pinker, *La Part d'ange en nous. Histoire de la violence et de son déclin* (*The Better Angels of Our Nature. Why Violence Has Declined*), traduit de l'anglais (États-Unis) par Daniel Mirsky, Les Arènes, 2017.

74. Bethany Ann Lacina & Nils Petter Gleditsch (2005), « Monitoring trends in global combat : A new dataset of battle deaths », *European Journal of Population*, 21(2-3) : p. 145-166.

https://www.vox.com/2015/6/4/8725775/pinker-capitalism

75. *Op. cit.*

76. Bruce Greenwald et Joseph Stiglitz, *Creating a Learning Society – A New Approach to Growth*, Reader's Edition, 2014.

77. https://www.nytimes.com/2017/11/19/opinion/facebook-regulation-incentive.html

78. http://www.oecd.org/pisa-fr/

79. https://www.la-croix.com/Famille/Parents-Enfants/Dossiers/Education-et-Valeurs/Y-a-t-il-une-pedagogie-jesuite-_NP_-2009-04-28-534117

80. https://fr.khanacademy.org/

81. https://www.apereo.org/regional/esup-portail

82. http://www.sup-numerique.gouv.fr/cid113065/learning-analytics-une-tendance-emergente-dans-l-education.html

83. https://cache.media.enseignementsup-recherche.gouv.fr/file/2016/04/7/NI_16.10_-_Effectifs_etudiants_2015-2016_689047.pdf

84. http://www.enseignementsup-recherche.gouv.fr/pid30540/strategie-nationale-de-l-enseignement-superieur-stranes.html

85. https://www2.ed.gov/about/offices/list/oii/nonpublic/statistics.html#homeschl

86. Anne-Aël Durand, « École hors contrat ou à la maison : de quoi parle-t-on ? », *Le Monde*, 2016.

http://www.lemonde.fr/les-decodeurs/article/2016/06/09/ecole-hors-contrat-ou-a-la-maison-de-quoi-parle-t-on_4945162_4355770.html#UXsh6qOt77dSmE2Y.99

## 6 – Planète apprenante, mode d'emploi

1. https://cri-paris.org/wp-content/uploads/2018/04/Un-plan-pour-coconstruire-une-societe-apprenante.pdf
2. *Ibid.*
3. *Ibid.*

## Conclusion. Vers une humanité plus humaine

1. *La Révolution de l'imprimé : à l'aube de l'Europe moderne op. cit.*

2. Eliot, T. S., *The Rock*, London, Faber & Faber, 1934.

3. Philippe Escande, « BlackRock : “Aladdin” et l'investissement merveilleux », *Le Monde*, 2017.

http://www.lemonde.fr/economie/article/2017/03/30/blackrock-aladdin-et-l-investissement-merveilleux_5103222_3234.html#bD71PHUFKc51IOR6.99

4. Hans Jonas, *Le Principe responsabilité*, Champs Flammarion, 1990.

## Annexe
## Les activités du CRI en 2020

1. Terminologie développée par Benoît Sarazin, Patrick Cohendet et Laurent Simon dans *Les Communautés d'innovations, de la liberté créatrice à l'innovation organisée*, éditions EMS, 2017.

## Remerciements

1. François Taddei, « Pour un enseignement interdisciplinaire. Entretien avec la revue *Hermès* », *Hermès, La Revue*, 2013/3 (n° 67), p. 57-61.

https://www.cairn.info/revue-hermes-la-revue-2013-3-page-57.htm

2. Ariane Chemin, « Genre, le désaccord », *Le Monde*, 2012.

http://www.lemonde.fr/culture/article/2012/01/14/genre-le-desaccord_1629145_3246.html

# Table

Le Livre de Poche s'engage pour l'environnement en réduisant l'empreinte carbone de ses livres. Celle de cet exemplaire est de :
400 g éq. $CO_2$
Rendez-vous sur
www.livredepoche-durable.fr

PAPIER À BASE DE FIBRES CERTIFIÉES

Composition réalisée par PCA

Achevé d'imprimer en décembre 2019, en France par
Maury Imprimeur – 45330 Malesherbes
N° d'imprimeur : 242012
Dépôt légal 1re publication : janvier 2020
LIBRAIRIE GÉNÉRALE FRANÇAISE
21, rue du Montparnasse – 75298 Paris Cedex 06

18/0999/9